Dieses Taschenbuch enthält sechs Erzählungen englischer und amerikanischer Autoren des 19. und 20. Jahrhunderts:

– eine spielt auf einem Walfang-Segler im Pazifik (harte und wortgewaltige Männer bei einem barbarischen Geschäft)
– eine auf einem Postschiff, das um Kap Horn segelt (der Kapitän hält eisern westwärts, unbeirrbar bis zur Teufelei)
– eine auf einem kaum noch seetüchtigen Frachtsegler Richtung Bankok (in der Erinnerung eines alten Kapitäns, der damals herrlich jung war)
– eine auf einem Fährdampfer über die Cook-Straße in Neuseeland (ein Kind ahnt noch kaum, was für einen Umbruch in seinem Leben diese kurze Überfahrt von einem Ufer ans andere bedeutet)
– eine auf einem Luxusliner von Amerika nach Frankreich (ein elegantes Ehepaar erweist sich in der Entrücktheit des Lebens an Bord als keineswegs unwandelbar treu)
– und eine auf einem amerikanischen Zerstörer bei Pearl Harbour (aus der Pespektive eines Maschinisten unter Deck).

Ein ungemein interessantes und außerordentlich fesselndes zweisprachiges Lesebuch mit Salzwassergeschmack.

dtv zweisprachig · Edition Langewiesche-Brandt

SAILORS · SEEFAHRER

Britische und amerikanische Erzählungen
aus dem 19. und 20. Jahrhundert

Übersetzt von
Richard Fenzl, Hanna van Laak, Eva Leipprand, Andreas Nohl

Herausgegeben von Andreas Nohl

Deutscher Taschenbuch Verlag

Neuübersetzung / Deutsche Erstausgabe
1. Auflage November 1996
Deutscher Taschenbuch Verlag GmbH & Co. KG, München
Deutsche Rechte beim dtv
Lizenz für Fitzgerald: Harold Ober Ass. Inc., New York,
durch Agentur Liepman, Zürich,
für Forester: Intercontinental Literary Agency, London
Umschlagentwurf: Celestino Piatti
Satz: FoCoTex Klaus Nowak, Berg bei Starnberg
ISBN 3-423-09352-8. Printed in Germany

Jeremiah N. Reynolds
Mocha Dick · Mocha Dick 6 · 7
Übersetzung: Andreas Nohl

Jack London
Make Westing · Westwärts 54 · 55
Übersetzung: Hanna van Laak

Joseph Conrad
Youth · Jugend 74 · 75
Übersetzung: Richard Fenzl

Katherine Mansfield
A Voyage · Eine Reise 156 · 157
Übersetzung: Hanna van Laak

F. Scott Fitzgerald
The Rough Crossing · Stürmische Überfahrt 178 · 179
Übersetzung: Andreas Nohl

C. S. Forester
The Boy Stood on the Burning Deck ·
Der Junge stand auf dem brennenden Deck 228 · 229
Übersetzung: Eva Leipprand

Nachwort 255

Glossar seemännischer Fachbegriffe 258

Jeremiah N. Reynolds
Mocha Dick or The White Whale of the Pacific
A Leaf from a Manuscript Journal

We expected to find the island of Santa Maria still more remarkable for the luxuriance of its vegetation, than even the fertile soil of Mocha; and the disappointment arising from the unexpected shortness of our stay at the latter place, was in some degree relieved, by the prospect of our remaining for several days in safe anchorage at the former. Mocha lies upon the coast of Chili, in lat. 38° 28′ south, twenty leagues north of Mono del Bonifacio, and opposite the Imperial river, from which it bears w. s. w. During the last century, this island was inhabited by the Spaniards, but it is at present, and has been for some years, entirely deserted. Its climate is mild, with little perceptible difference of temperature between the summer and winter seasons. Frost is unknown on the lowlands, and snow is rarely seen, even on the summits of the loftiest mountains.

It was late in the afternoon, when we left the schooner; and while we bore up for the north, she stood away for the southern extremity of the island. As evening was gathering around us, we fell in with a vessel, which proved to be the same whose boats, a day or two before, we had seen in the act of taking a whale. Aside from the romantic and stirring associations it awakened, there are few objects in themselves more picturesque or beautiful, than a whale-ship, seen from a distance of three or four miles, on a pleasant evening, in the midst of the great Pacific. As she moves gracefully over the water, rising and falling on the gentle undulations peculiar to this sea; her sails glowing in the quivering light of the fires that flash from below, and a thick volume of smoke ascending from the midst, and curling away in dark masses upon

Jeremiah N. Reynolds
Mocha Dick oder Der Weiße Wal vom Pazifik
Blätter aus einem handgeschriebenen Tagebuch

Wir erwarteten, dass die Insel Santa Maria den fruchtbaren Boden von Mocha an Üppigkeit der Vegetation noch übertreffen werde; und die Enttäuschung darüber, dass wir an letzterem Ort nur so kurzen Aufenthalt hatten, wurde bis zu einem gewissen Grad durch die Aussicht gemildert, uns mehrere Tage an sicherem Ankerplatz an dem ersteren aufzuhalten. Mocha liegt an der chilenischen Küste, 48° 28′ südlicher Breite, sechzig Meilen nördlich von Mono del Bonifacio und gegenüber vom Rio Imperial, der westsüdwestlich davon seinen Lauf hat.

Im letzten Jahrhundert war die Insel von Spaniern bewohnt, aber sie ist nun gänzlich verlassen und zwar schon seit ein paar Jahren. Ihr Klima ist mild, mit kaum wahrnehmbarem Temperaturunterschied zwischen Sommer und Winter. In den Niederungen gibt es keinen Frost, und Schnee ist selbst auf den Gipfeln der höchsten Berge kaum je zu sehen.

Es war spät am Nachmittag, als wir vom Schoner abstießen; und während wir uns gen Norden hielten, lag das Schiff an der Südspitze der Insel. Als sich der Abend hernieder senkte, trafen wir auf ein Schiff, das sich als dasjenige herausstellte, dessen Boote wir ein, zwei Tage vorher beobachtet hatten, wie sie sich eines Wals bemächtigten. Ganz abgesehen von der Romantik und den erregenden Vorstellungen, die es erweckte, gibt es unter allen Gegenständen nur wenige, die malerischer oder schöner sind als ein Walfänger-Schiff, das man aus einer Entfernung von drei oder vier Meilen an einem freundlichen Abend mitten im großen Pazifik sieht. Wie es anmutig durchs Wasser gleitet, auf- und absteigend mit der sanften Dünung, die dieses Meer auszeichnet; seine Segel leuchtend in dem zitternden Licht der Feuer, die von unten heraufflackern, und eine dicke Rauchwolke, die sich aus der Mitte erhebt und in dunklen Schwaden im Wind zerstiebt; nur wenig Phantasie

the wind; it requires little effort of the fancy, to imagine one's self gazing upon a floating volcano.

As we were both standing to the north, under easy sail, at nine o'clock at night we had joined company with the stranger. Soon after, we were boarded by his whale-boat, the officer in command of which bore us the compliments of the captain, together with a friendly invitation to partake the hospitalities of his cabin. Accepting, without hesitation, a courtesy so frankly tendered, we proceeded, in company with Captain Palmer, on board, attended by the mate of the Penguin, who was on his way to St Mary's to repair his boat, which had some weeks before been materially injured in a storm.

We found the whaler a large, well-appointed ship, owned in New York, and commanded by such a man as one might expect to find in charge of a vessel of this character; plain, unassuming, intelligent, and well informed upon all the subjects relating to his peculiar calling. But what shall we say of his first mate, or how describe him? To attempt his portrait by a comparison, would be vain, for we have never looked upon his like; and a detailed description, however accurate, would but faintly shadow forth the *tout ensemble* of his extraordinary figure. He had probably numbered about thirty-five years. We arrived at this conclusion, however, rather from the untamed brightness of his flashing eye, than the general appearance of his features, on which torrid sun and polar storm had left at once the furrows of more advanced age, and a tint swarthy as that of the Indian. His height, which was a little beneath the common standard, appeared almost dwarfish, from the immense breadth of his overhanging shoulders; while the unnatural length of the loose, dangling arms which hung from them, and which, when at rest, had least the appearance of ease, imparted to his uncouth and muscular frame an air

gehört dazu, sich vorzustellen, man betrachte einen schwimmenden Vulkan.

Um neun Uhr des Abends, da wir beide mit leichter Takelung gegen Norden lagen, schlossen wir uns dem Fremden an. Gleich nachdem wir von seinem Walfangboot an Bord genommen worden waren, überbrachte uns der Schiffsoffizier die Empfehlungen des Kapitäns sowie eine Einladung, die Gastlichkeit seiner Kajüte in Anspruch zu nehmen. Wir zögerten nicht, uns eine so offen und höflich erwiesene Freundlichkeit gefallen zu lassen, und gingen gemeinsam mit Kapitän Palmer an Bord, begleitet von dem Schiffsoffizier der «Penguin», der auf dem Weg nach Santa Maria war, um sein Boot reparieren zu lassen, das in einem Sturm Schaden erlitten hatte.

Das Schiff war, so sahen wir, geräumig und gut ausgestattet, seine Besitzer saßen in New York, und es wurde von einem Mann befehligt, wie man ihn sich für ein Fahrzeug dieser Klasse nur wünschen konnte; schlicht, ohne Anmaßung, klug und wohlunterrichtet in allen Belangen, die zu seinem besonderen Geschäft gehörten. Aber was sollen wir von seinem Ersten Steuermann sagen, wie sollen wir ihn beschreiben? Sein Porträt in einem Vergleich zu versuchen, wäre vergeblich, denn wir haben seinesgleichen nie gesehen; und eine genaue Beschreibung, wie sorgfältig auch immer, würde nur eine schwache Ahnung von der Gesamtheit seiner außerordentlichen Erscheinung geben. Er zählte wahrscheinlich um die fünfunddreißig Jahre. Zu diesem Schluss gelangten wir aber eher aufgrund der ungezähmten Leuchtkraft seiner unruhigen Augen als durch den allgemeinen Eindruck seines Gesichtes, auf dem die sengende Sonne und der Polarsturm schon die Runzeln eines höheren Alters bewirkt hatten, und durch eine dunkle Hautfarbe wie die eines Indianers. Seine Größe, wenig unter dem Mittel, wirkte wegen der Breite seiner überhängenden Schultern geradezu zwergenhaft; während die unnatürliche Länge seiner lose von ihnen herab baumelnden Arme, die, wenn sie in Ruhestellung waren, nicht den mindesten Anschein von Behendigkeit hatten, seinem ungeschlach-

of grotesque awkwardness, which defies description. He made few pretensions as a sailor, and had never aspired to the command of a ship. But he would not have exchanged the sensations which stirred his blood, when steering down upon a school of whales, for the privilege of treading, as master, the deck of the noblest liner that ever traversed the Atlantic. According to the admeasurement of his philosophy, whaling was the most dignified and manly of all sublunary pursuits. Of this he felt perfectly satisfied, having been engaged in the noble vocation for upward of twenty years, during which period, if his own assertions were to be received as evidence, no man in the American spermaceti fleet had made so many captures, or met with such wild adventures, in the exercise of his perilous profession. Indeed, so completely were all his propensities, thoughts, and feelings, identified with his occupation; so intimately did he seem acquainted with the habits and instincts of the objects of his pursuit, and so little conversant with the ordinary affairs of life; that one felt less inclined to class him in the genus *homo*, than as a sort of intermediate something between man and the cetaceous tribe.

Soon after the commencement of his nautical career, in order to prove that he was not afraid of a whale, a point which it is essential for the young whaleman to establish beyond question, he offered, upon a wager, to run his boat 'bows on' against the side of an 'old bull', leap from the 'cuddy' to the back of the fish, sheet his lance home, and return on board in safety. This feat, daring as it may be considered, he undertook and accomplished; at least so it was chronicled in his log, and he was ready to bear witness, on oath, to the veracity of the record. But his conquest of the redoubtable MOCHA DICK, unquestionably formed the climax of his exploits.

Before we enter into the particulars of this triumph,

ten, muskulösen Körper eine seltsame Tölpelhaftigkeit verliehen, die sich gar nicht recht beschreiben lässt. Er schnitt für einen Seemann nur wenig auf, und er hatte nie das Kommando über ein Schiff angestrebt. Aber die Empfindungen, die sein Blut erregten, wenn er auf einen Schwarm von Walen lossteuerte, hätte er auch nicht gegen das Privileg getauscht, selbst dem nobelsten von allen Linienschiffen, die den Atlantik kreuzten, an Deck vorzustehen. Nach Maßgabe seiner Philosophie war der Walfang die würdigste und männlichste aller Beschäftigungen auf diesem Planeten. Damit war er vollkommen zufrieden; er ging seiner edlen Berufung seit über zwanzig Jahren nach, und innerhalb dieser Zeit, wenn man seine eigenen Äußerungen für bare Münze nehmen darf, hatte kein Mann in der amerikanischen Walflotte so viele Fänge oder so haarsträubende Abenteuer in der Ausübung dieses gefahrvollen Berufs erlebt wie er. In der Tat, all seine Träume, Gedanken und Empfindungen waren so vollständig mit seinem Beruf in Einklang, und so genau schien er mit den Gewohnheiten und Instinkten der Objekte seiner Jagd vertraut zu sein (und so wenig kundig in den Dingen des üblichen Lebens), dass man sich weniger versucht fühlte, ihn der Spezies Mensch zuzurechnen als einer Art Zwischengattung zwischen Mensch und Wal.

Bald nach dem Beginn seiner Seemanns-Karriere bot er, um darzutun, dass er sich vor Walen nicht fürchtete – fraglos die wichtigste Voraussetzung für den jungen Walfänger –, die Wette an, er wolle «Bug voraus» sein Boot gegen die Seite eines «alten Bullen» fahren, vom Boot aus auf den Rücken des Fisches springen, an Ort und Stelle seine Harpune hineinrammen und sicher an Bord zurückkehren. Dieses Kunststück, so verwegen es erscheinen mag, hatte er gewagt und vollbracht; zumindest stand es so in seinem Logbuch verzeichnet, und er war bereit, die Wahrheit des Berichts unter Eid zu bezeugen. Doch der Höhepunkt seiner Heldentaten war ohne Frage sein Kampf gegen den fürchterlichen MOCHA DICK.

Bevor wir auf die Einzelheiten seines Triumphs eingehen,

which, through their valorous representative, conferred so much honour on the lancers of Nantucket, it may be proper to inform the reader who and what Mocha Dick was. (...) This renowned monster, who had come off victorious in a hundred fights with his pursuers, was an old bull whale, of prodigious size and strength. From the effect of age, or more probably from a freak of nature, as exhibited in the case of the Ethiopian Albino, a singular consequence had resulted – *he was white as wool!* Instead of projecting his spout obliquely forward, and puffing with a short, convulsive effort, accompanied by a snorting noise, as usual with his species, he flung the water from his nose in a lofty, perpendicular, expanded volume, at regular and somewhat distant intervals; its expulsion producing a continuous roar, like that of vapour struggling from the safety-valve of a powerful steam engine. Viewed from a distance, the practised eye of the sailor only could decide, that the moving mass, which constituted this enormous animal, was not a white cloud sailing along the horizon. On the spermaceti whale, barnacles are rarely discovered; but upon the head of this *lusus naturæ*, they had clustered, until it became absolutely rugged with the shells. In short, regard him as you would, he was a most extraordinary fish; or, in the vernacular of Nantucket, 'a genuine old sog', of the first water.

Opinions differ as to the time of his discovery. It is settled, however, that previous to the year 1810, he had been seen and attacked near the island of Mocha. Numerous boats are known to have been shattered by his immense flukes, or ground to pieces in the crush of his powerful jaws; and, on one occasion, it is said that he came off victorious from a conflict with the crews of three English whalers, striking fiercely at the last of the retreating boats, at the moment it was rising from the water, in its hoist up to the ship's

der durch diesen kühnen Vertreter den Harpunieren von Nantucket so viel Ehre machte, mag es ratsam sein, den Leser darüber aufzuklären, wer und was Mocha Dick war. Dieses berühmte Ungetüm, aus hundert Gefechten mit seinen Verfolgern siegreich hervorgegangen, war ein alter Walbulle von ungeheurer Größe und Kraft. Das Alter – oder wahrscheinlicher eine Mißbildung, wie im Fall des Äthiopischen Albinos beurkundet – hatte nur eins zur Folge gehabt: er war weiß wie ein Schaf! Statt seine Fontäne – wie bei seiner Spezies üblich – versteckt nach vorn zu richten und sie, begleitet von einem Schnarchgeräusch, mit kurzer, zuckender Anstrengung herauszupusten, schleuderte er in regelmäßigen, doch etwas größeren Abständen das Wasser in einer hohen, lotrechten, verschwenderischen Fülle aus seiner Nase; diese Entladung wurde von einem unablässigen Heulen begleitet, wie von Dampf, der aus dem Sicherheitsventil einer starken Dampfmaschine zischt.

Aus der Entfernung konnte das geübte Auge des Seemanns nur feststellen, dass die bewegte Masse, die dieses gewaltige Tier ausmachte, keine weiße Wolke war, die am Horizont entlang segelte. Auf einem Pottwal sind selten Seepocken zu entdecken; doch auf dem Kopf dieses *lusus naturae* waren sie in Trauben angewachsen, bis er von Kalkgehäusen höckrig war. Kurzum, betrachten Sie ihn wie Sie wollen: er war ein höchst außergewöhnlicher Fisch; oder, in der Sprache von Nantucket, «ein richtiger alter Kämpe» erster Güte.

Bezüglich der Zeit seiner Entdeckung gehen die Meinungen auseinander. Es ist jedoch festgehalten, dass er vor dem Jahre 1810 nahe der Insel Mocha gesichtet und angegriffen worden war. Es ist bekannt, dass zahlreiche Boote von seinen riesigen Flossen zerschmettert oder von seinen mächtigen Kiefern zu Stücken zermalmt wurden; von einer anderen Gelegenheit, in der er aus einem Streit mit drei Walfängern und ihren Mannschaften siegreich hervorging, wird berichtet, dass er auf das letzte der abziehenden Boote einschlug, als es, bis zum Davit eingetaucht, gerade wieder aus dem Was-

davits. It must not be supposed, howbeit, that through all this desperate warfare, our leviathan passed scathless. A back serried with irons, and from fifty to a hundred yards of line trailing in his wake, sufficiently attested, that though unconquered, he had not proved invulnerable. From the period of Dick's first appearance, his celebrity continued to increase, until his name seemed naturally to mingle with the salutations which whalemen were in the habit of exchanging, in their encounters upon the broad Pacific; the customary interrogatories almost always closing with, 'Any news from Mocha Dick?' Indeed, nearly every whaling captain who rounded Cape Horn, if he possessed any professional ambition, or valued himself on his skill in subduing the monarch of the seas, would lay his vessel along the coast, in the hope of having an opportunity to try the muscle of this doughty champion, who was never known to shun his assailants. It was remarked, nevertheless, that the old fellow seemed particularly careful as to the portion of his body which he exposed to the approach of the boat-steerer; generally presenting, by some well-timed manœuvre, his back to the harpooner; and dexterously evading every attempt to plant an iron under his fin, or a spade on his 'small'. Though naturally fierce, it was not customary with Dick, while unmolested, to betray a malicious disposition. On the contrary, he would sometimes pass quietly round a vessel, and occasionally swim lazily and harmlessly among the boats, when armed with full craft, for the destruction of his race. But this forbearance gained him little credit, for if no other cause of accusation remained to them, his foes would swear they saw a lurking deviltry in the long, careless sweep of his flukes. Be this as it may, nothing is more certain, than that all indifference vanished with the first prick of the harpoon; while cutting the line, and a hasty retreat to

ser sich erhob. Wie dem auch sei, wir brauchen nicht anzunehmen, dass unser Leviathan in all diesen verzweifelten Kämpfen unverletzt blieb. Ein Rücken voller Eisenkrampen und Taue von fünfzig bis hundert Yards Länge, die er hinter sich herschleppte, belegen zur Genüge, dass er zwar unbesiegt, aber keinesweg unverwundbar war. Seit der Zeit seines ersten Erscheinens wuchs Dicks Berühmtheit stetig, bis ein Name sich wie von selbst den Begrüßungen verband, die die Walfänger bei ihren Treffen auf dem weiten Pazifik austauschten; nach den üblichen Fragen hieß es fast immer: «Irgendetwas Neues von Mocha Dick?» Wahrhaftig, fast jeder Kapitän, der Kap Horn umsegelte, sofern er irgendeinen beruflichen Ehrgeiz besaß oder sich selbst für fähig hielt, den König der Meere zu überwältigen, führte sein Schiff die Küste entlang in der Hoffnung auf eine Chance, die Kraft dieses tapferen Streiters zu erproben, von dem nicht bekannt war, dass er je seinen Angreifern ausgewichen wäre. Gleichwohl wurde bemerkt, dass der alte Bursche besondere Vorsicht darin walten ließ, welchen Körperteil er dem näher kommenden Bootssteurer darbot; meist hielt er, in zeitlich gut bemessener List, seinen Rücken dem Harpunier hin; und geschickt wich er jedem Versuch aus, eine Eisenspitze unter seine Flosse oder einen Spieß in seine «Lende» zu stoßen. Obgleich von Natur aus ungestüm, zeigte Dick normalerweise, solange er nicht belästigt wurde, keine Veranlagung zur Bösartigkeit.

Im Gegenteil kreiste er manchmal gemächlich um ein Schiff herum, und bei Gelegenheit schwamm er faul und harmlos inmitten von Booten, die es mit Waffen und aller Kraft darauf abgesehen hatten, seine Spezies zu vernichten. Doch diese Langmut trug ihm wenig ein, denn wenn seinen Feinden auch sonst keine Rechtfertigung blieb, sie schworen, dass sie in dem langen, sorglosen Schweifen seiner Flossen etwas Teuflisches lauern sahen. Sei dem, wie ihm wolle, nichts ist mehr gewiss, als dass mit dem ersten Stich der Harpune alle Gleichgültigkeit verging; während für seine gedemütigten Angreifer häufig das Kappen des Seils

their vessel, were frequently the only means of escape from destruction, left to his discomfited assaulters.

Thus far the whaleman had proceeded in his story. (...) 'I will not weary you', said he, 'with the uninteresting particulars of a voyage to Cape Horn. Our vessel, as capital a ship as ever left the little island of Nantucket, was finely manned and commanded, as well as thoroughly provided with every requisite for the peculiar service in which she was engaged. I may here observe, for the information of such among you as are not familiar with these things, that soon after a whale-ship from the United States is fairly at sea, the men are summoned aft; then boats' crews are selected by the captain and first mate, and a ship-keeper, at the same time, is usually chosen. The place to be filled by this individual is an important one; and the person designated should be a careful and sagacious man. His duty is, more particularly, to superintend the vessel while the boats are away, in chase of fish; and at these times, the cook and steward are perhaps his only crew. His station, on these occasions, is at the mast-head, except when he is wanted below, to assist in working the ship. While aloft, he is to look out for whales, and also to keep a strict and tireless eye upon the absentees, in order to render them immediate assistance, should emergency require it. Should the game rise to windward of their pursuers, and they be too distant to observe personal signs, he must run down the jib. If they rise to leeward, he should haul up the spanker; continuing the little black signal-flag at the mast, so long as they remain on the surface. When the 'school' turn flukes, and go down, the flag is to be struck, and again displayed when they are seen to ascend. When circumstances occur which require the return of the captain on board, the colours are to be hoisted at the mizzen peak. A ship-keeper must further be sure that provisions are ready for

und ein eiliger Rückzug zum Schiff die einzige Möglichkeit war, dem Tod zu entrinnen.

So weit war der Walfänger in seiner Geschichte fortgeschritten. «Ich will Sie», sagte er, «nicht mit den unwichtigen Einzelheiten einer Reise um Kap Horn langweilen. Unser Schiff, so tüchtig wie nur je ein Schiff, das die Insel Nantucket verließ, war bestens bemannt und befehligt und ebenso umsichtig bestückt mit allen Gerätschaften für den Zweck, den wir uns vorgenommen hatten. Ich darf hier bemerken, zur Erklärung für diejenigen von Ihnen, die sich in diesen Dingen nicht auskennen, dass gleich nachdem ein Walfang-Schiff von den Vereinigten Staaten ausgelaufen ist, die Männer nach achtern an Deck gerufen werden; denn werden Bootsmannschaften vom Kapitän und Ersten Offizier ausgewählt, und bei gleicher Gelegenheit wird normalerweise ein Wachmann ernannt. Das Amt, das dieser Mann zu erfüllen hat, ist wichtig; und die dafür vorgesehene Person sollte ein umsichtiger und bedachtsamer Mann sein. Seine Pflicht ist es, genauer gesagt, das Schiff zu beaufsichtigen, wenn die Boote auf Jagd unterwegs sind; zu dieser Zeit sind möglicherweise der Koch und der Steward seine einzige Crew. Sein Standort bei dieser Gelegenheit ist auf dem Masttopp, außer wenn er unten gebraucht wird, um bei Schiffsarbeiten zu helfen. Während er oben ist, muss er nach Walen ausschauen und auch ein genaues und unermüdliches Auge auf die Ausfahrer halten, um rasch Hilfe leisten zu können, wenn Notlagen es erfordern. Wenn die Tiere sich luvwärts schlagen und ihre Verfolger zu weit weg sind, um Handzeichen zu erkennen, muss er die Fock einholen. Wenn die Tiere leewärts ausbrechen, muss er den Besan aufziehen; die kleine schwarze Signalflagge lässt er am Mast, so lange die Wale an der Wasseroberfläche bleiben. Wenn die ‹Schule› ihre Schwanzflossen wendet und abtaucht, muss die Flagge gestrichen, und wenn sie wieder auftaucht, muss sie erneut gehisst werden. Wenn Umstände es erfordern, dass der Kapitän an Bord zurückkehrt, muss die Flagge am Besan hoch. Ein Wachmann muss außerdem sicher sein, dass für die Männer gesorgt ist, wenn sie an Bord

the men, on their return from the chase, and that drink be amply furnished, in the form of a bucket of 'switchel'. 'No whale, no switchel,' is frequently the rule; but *I* am inclined to think that, whale or no whale, a little rum is not amiss, after a lusty pull.

'I have already said, that little of interest occurred, until after we had doubled Cape Horn. We were now standing in upon the coast of Chili, before a gentle breeze from the south, that bore us along almost imperceptibly. It was a quiet and beautiful evening, and the sea glanced and glistened in the level rays of the descending sun, with a surface of waving gold. The western sky was flooded with amber light, in the midst of which, like so many islands, floated immense clouds, of every conceivable brilliant dye; while far to the north-east, looming darkly against a paler heaven, rose the conical peak of Mocha. The men were busily employed in sharpening their harpoons, spades, and lances, for the expected fight. The look-out at the mast-head, with cheek on his shoulder, was dreaming of the 'dangers he had passed', instead of keeping watch for those which were to come; while the captain paced the quarter-deck with long and hasty stride, scanning the ocean in every direction, with a keen, expectant eye. All at once, he stopped, fixed his gaze intently for an instant on some object to leeward, that seemed to attract it, and then, in no very conciliating tone, hailed the mast-head:

'"Both ports shut?" he exclaimed, looking aloft, and pointing back-ward, where a long white bushy spout was rising, about a mile off the larboard bow, against the glowing horizon. "Both ports shut? I say, you leaden-eyed lubber! Nice lazy son of a sea-cook *you* are, for a look-out! Come down, Sir!"

'"There she blows! – sperm whale – old sog, sir," said the man, in a deprecatory tone, as he descended from his nest in the air. It was at once seen that the

kommen, und dass ausgiebig Getränke bereitstehen, in Form einer Pütz mit ‹Switchel› [Punsch mit Sirup, Ingwer, Essig, Rum]. ‹Kein Wal, kein Switchel› gilt als Regel. Aber ich neige zu der Ansicht, dass nach einer lustigen Ruderpartie, ob Wal oder nicht, ein Schluck Rum nie etwas schadet.

Ich sagte bereits, dass nichts Aufregendes geschah, bis wir Kap Horn umsegelt hatten. Wir lagen nun auf Höhe der chilenischen Küste, vor einer sanften Brise aus dem Süden, die uns fast unmerklich vorwärtstrug. Es war ein ruhiger, schöner Abend, und das Meer glänzte und leuchtete in den waagrechten Strahlen der untergehenden Sonne wie eine wogende Fläche aus Gold. Der Himmel im Westen war von bernsteinfarbenem Licht durchflutet, und in seiner Mitte trieben ungeheure, an Inseln erinnernde Wolken in jeder nur denkbaren Farbbrechung; während fern im Nordosten gegen einen blasseren Himmel sich die dunkle, konische Silhouette von Mocha erhob.

Die Männer waren emsig beim Schärfen ihrer Harpunen, Spieße und Lanzen, für den erwarteten Kampf. Der Ausguck im Masttopp, mit der Wange auf der Schulter, träumte von den ‹durchstandenen Gefahren›, statt auf die zu achten, die vor uns lagen; während der Kapitän mit langen, schnellen Schritten übers Achterdeck ging und den Ozean nach jeder Richtung mit aufmerksamen Blicken absuchte. Auf einmal blieb er stehen und konzentrierte seinen Blick auf irgendeinen Gegenstand leewärts, der ihn zu bannen schien, und dann rief er, in nicht sonderlich gewinnendem Ton, zum Masttopp hinauf:

«Beide Klüsen dicht?» und er wies, hinauf schauend, hinter sich, wo ungefähr eine Meile vom Backbordbug entfernt eine weiße, sprühende Fontäne sich vor dem hellen Horizont erhob. «Beide Klüsen dicht? Du Landratte mit Tomaten vor den Augen, sag ich! Du bist mir ein schöner fauler Sohn von einem Schiffskoch für einen Ausguck! Komm runter, Sɪʀ!»

«Da bläst er! – n Pottwal – n alter Kämpe, Sir», sagte der Mann entschuldigend, als er von seinem Nest in der Luft herabstieg. Es war sofort zu erkennen, dass die Kreatur ohne

creature was companionless; but as a lone whale is generally an old bull, and of unusual size and ferocity, more than ordinary sport was anticipated, while unquestionably more than ordinary honour was to be won from its successful issue.

'The second mate and I were ordered to make ready for pursuit; and now commenced a scene of emulation and excitement, of which the most vivid description would convey but an imperfect outline, unless you have been a spectator or an actor on a similar occasion. Line-tubs, water-kegs, and wafe-poles, were thrown hurriedly into the boats; the irons were placed in the racks, and the necessary evolutions of the ship gone through, with a quickness almost magical; and this too, amidst what to a landsman would have seemed inextricable confusion, with perfect regularity and precision; the commands of the officers being all but forestalled by the enthusiastic eagerness of the men. In a short time, we were as near the object of our chase, as it was considered prudent to approach.

'"Back the main-top-s'l!" shouted the captain. "There she blows! there she blows! – there she blows!" – cried the look-out, who had taken the place of his sleepy shipmate, raising the pitch of his voice with each announcement, until it amounted to a downright yell. 'Right ahead. Sir! – spout as long an 's thick as the mainyard!'

'"Stand by to lower!" exclaimed the captain; "all hands; cook, steward, cooper – every d – d one of ye, stand by to lower!"

'An instantaneous rush from all quarters of the vessel answered this appeal, and every man was at his station, almost before the last word had passed the lips of the skipper.

'"Lower away!" – and in a moment the keels splashed in the water. "Follow down the crews; jump in my boys; ship the crotch; line your oars; now

Begleitung war; doch da ein Einzelgängerwal im allgemeinen ein alter Bulle und über das gewöhnliche Maß hinaus groß und wild ist, wurde mehr als das übliche Jagdvergnügen erwartet, während ohne Frage bei erfolgreichem Abschluss mehr als die übliche Ehre heraussprang.

Der zweite Steuermann und ich erhielten Befehl, für die Verfolgung alles klar zu machen; damit setzte ein Schauspiel des Wetteifers und Aufruhrs ein, von dem auch die lebendigste Beschreibung nur ein unzureichendes Bild geben würde, es sei denn, Sie wären schon mal als Zuschauer oder Beteiligter in einer ähnlichen Lage gewesen. Leinen, Wasserfässchen und Kappbeile wurden eilig in die Boote geworfen; die Harpunen wurden in die Racks gestellt, das Schiff wurde in einer an Hexerei grenzenden Schnelligkeit allen notwendigen Prozeduren unterzogen; und das alles mit einer vollkommenen Ordnung und Präzision inmitten eines, wie es einer Landratte wohl vorgekommen wäre, heillosen Durcheinanders; die Kommandos der Offiziere wurden in begeistertem Eifer von den Männern vorweggenommen. In kürzester Zeit hatten wir uns dem Ziel unserer Jagd so weit genähert, wie es sich mit dem Gebot der Vernunft noch übereinbringen ließ.

«Großtoppsegel backsetzen!» befahl der Kapitän. «Da vorne bläst er! Da! Da!» rief der Ausguck, der den Platz seines schläfrigen Schiffskameraden eingenommen hatte, wobei die Tonlage seiner Stimme mit jedem Ausruf höher wurde, bis sie sich regelrecht überschlug. «Gerade voraus, Sir! Die Fontäne ist hoch und dick wie die Großrah!»

«Klar zum Fieren!» rief der Kapitän; «alle Mann: Koch, Steward, Böttcher, jeder verdammte Einzelne von euch, klar zum Fieren!»

Im Nu antwortete dieser Aufforderung ein allgemeines Gerenne aus allen Teilen des Schiffs, und jeder Mann war fast an seinem Platz, bevor das letzte Wort über die Lippen des Kapitäns gekommen war.

«Boote fieren!» – und in einem Augenblick klatschten die Kiele auf's Wasser. «Mannschaften in die Boote; springt rein, Jungs; nehmt die Haken mit; leint die Riemen an; und

pull, as if the d – l was in your wake!" were the successive orders, as the men slipped down the ship's side, took their places in the boats, and began to give way.

'The second mate had a little the advantage of me in starting. The stern of his boat grated against the bows of mine, at the instant I grasped my steering-oar, and gave the word to shove off. One sweep of my arm, and we sprang foaming in his track. Now came the tug-of-war. To become a first-rate oarsman, you must understand, requires a natural gift. My crew were not wanting in the proper qualification; every mother's son of them pulled as if he had been born with an oar in his hand; and as they stretched every sinew for the glory of darting the first iron it did my heart good to see the boys spring. At every stroke, the tough blades bent like willow wands, and quivered like tempered steel in the warm sunlight, as they sprang forward from the tension of the retreating wave. At the distance of half a mile, and directly before us, lay the object of our emulation and ambition, heaving his huge bulk in unwieldly gambols, as though totally unconscious of our approach.

'"There he blows' An old bull, by Jupiter! Eighty barrels, boys, waiting to be towed alongside! Long and quick – shoot ahead! Now she feels it; waist-boat never could beat us; now she feels the touch! – now she walks through it! Again – *now*!" Such were the broken exclamations and adjurations with which I cheered my rowers to their toil, as, with renewed vigor, I plied my long steering-oar. In another moment, we were alongside our competitor. The shivering blades flashed forward and backward, like sparks of light. The waters boiled under our prow, and the trenched waves closed, hissing and whirling, in our wake, as we swept, I might almost say were *lifted*, onward in our arrowy course.

dann pullt, als ob ihr den Teufel im Kielwasser hättet!» hieß die Reihenfolge der Befehle, als die Männer sich an der Seite des Schiffs hinunterließen, ihre Plätze in den Booten einnahmen und ablegten.

Der zweite Steuermann hatte anfangs einen kleinen Vorsprung vor mir. Als ich mein Ruder ergriff und Kommando gab, abzustoßen, schabte sein Bootsheck an unserm Bug. Eine rasche Kehre mit meinem Arm, und wir sprangen in seine schäumende Spur. Jetzt kam es darauf an. Zum erstklassigen Ruderer gehört eine natürliche Begabung, müssen Sie wissen. Meine Besatzung hatte, was diese betrifft, keinen Mangel; jeder dieser von einer Mutter geborenen Söhne pullte, als wäre er mit einem Ruder in der Hand auf die Welt gekommen; als die Jungs jede ihrer Sehnen spannten für den Ruhm, als erste die Harpune zu schleudern, tat es meinem Herzen wohl, sie so dahinschießen zu sehen. Mit jedem Schlag bogen sich die Ruderblätter wie Weidenruten, und wenn sie aus der Spannung der nachgebenden Woge hervortauchten, zitterten sie wie gehärteter Stahl im warmen Sonnenlicht. In der Entfernung von einer halben Meile und direkt vor uns lag das Ziel unseres Wettstreits und unserer Begierde; es reckte den riesigen Rumpf in ungelenken Sprüngen in die Luft, als ob es von unserem Herannahmen nicht das mindeste ahnte.

‹Da bläst er! Ein alter Bulle, bei Jupiter! Achtzig Fässer, Jungs, warten, dass wir sie längs festtäuen. Lang und schnell – schießt voraus! Das Mitteldeckboot kann uns niemals schlagen; jetzt spüren sie uns! – jetzt lernen sie uns kennen! Noch mal – jetzt!› So waren die gebrochenen Ausrufe und Beschwörungen, mit denen ich meine Ruderer zu ihrem Kraftakt anfeuerte, so wie ich selbst mit frischer Kraft mein langes Steuerruder bediente. Im nächsten Augenblick waren wir mit unserem Mitstreiter gleichauf. Die zitternden Ruderblätter schossen wie Lichtfunken vor und zurück. Das Wasser kochte unter unserem Bug, und die zerteilten Wogen vereinigten sich zischend und wirbelnd in unserem Kielwasser wieder, als wir auf unserem Pfeilkurs dahin schnellten, um nicht zu sagen: flogen.

'We were coming down upon our fish, and could hear the roar of his spouting above the rush of the sea, when my boat began to take the lead.

'"Now, my fine fellows,"' I exclaimed, in triumph, "now we'll show them our stern – only spring! Stand ready, harpooner, but don't dart, till I give the word."

'"Carry me on, and his name's *Dennis*!"* cried the boat-steerer, in a confident tone. We were perhaps a hundred feet in advance of the waist-boat, and within fifty of the whale, about an inch of whose hump only was to be seen above the water, when, heaving slowly into view a pair of flukes some eighteen feet in width, he went down. The men lay on their oars. "There he blows, again!" cried the tub-oarsman, as a lofty, perpendicular spout sprang into the air, a few furlongs away on the starboard side. Presuming from his previous movement, that the old fellow had been "gallied" by other boats, and might probably be jealous of our purpose, I was about ordering the men to pull away as softly and silently as possible, when we received fearful intimation that he had no intention of balking our inclination, or even yielding us the honour of the first attack. Lashing the sea with his enormous tail, until he threw about him a cloud of surf and spray, he came down, at full speed, "jaws on", with the determination, apparently, of doing battle in earnest. As he drew near, with his long curved back looming occasionally above the surface of the billows, we perceived that it was *white as the surf around him*; and the men stared aghast at each other, as they uttered, in a suppressed tone, the terrible name of MOCHA DICK!

'"Mocha Dick or the d – l," said I, "this boat never sheers off from anything that wears the shape of a

* A whale's name is 'Dennis', when he spouts blood.

Als mein Boot die Führung übernommen hatte, griffen wir unseren Fisch an und konnten durch das Rauschen des Meeres hindurch das Brüllen seiner Fontäne hören.

‹Jetzt, meine wackeren Kameraden›, rief ich im Triumph, ‹jetzt zeigen wir ihnen unser Heck – nur voraus! Steh bereit, Harpunier, aber wirf nicht vor meinem Kommando.›

‹Gib mir das Kommando, und sein Name ist *Dennis*!›* rief der Bootssteuermann in zuversichtlichem Ton. Wir waren vielleicht hundert Fuß vor dem Mitteldeckboot und fünfzig Fuß vom Wal entfernt, von dessen Rumpf nur eine kleine Insel über dem Wasser zu sehen war, als er langsam ein Paar gut achtzehn Fuß breiter Flossen ins Blickfeld hob und abtauchte. Die Männer legten sich in die Ruder. ‹Da bläst er wieder!› schrie der für das Seil zuständige Ruderer, und eine stattliche senkrechte Fontäne spritzte in die Luft wenige Achtelmeilen von Steuerbord entfernt. Da ich nach seiner vorangegangenen Bewegung davon ausging, dass der alte Kerl von anderen Booten schon ‹belästigt› worden war und unserem Vorhaben wahrscheinlich mit Misstrauen begegnete, wollte ich soeben die Männer anweisen, so behutsam und leise wie möglich das Boot zu wenden, als wir das entsetzliche Anzeichen bemerkten, dass der Wal keineswegs den Vorsatz hatte, sich unserer Absicht zu widersetzen oder auch nur uns die Ehre des ersten Angriffs zu überlassen: Mit seinem gewaltigen Schwanz die See aufpeitschend, bis eine Wolke aus Gischt und schäumendem Wasser über ihn brandete, griff er uns mit voller Geschwindigkeit und aufgerissenem Rachen an, offenbar um den Kampf ernsthaft aufzunehmen. Als er näher kam, ragte zeitweise sein langer gebogener Rücken aus den Wogen auf, und wir gewahrten, dass er *weiß wie das schäumende Wasser* um ihn her war; die Männer sahen sich voller Bestürzung an, während sie mit unterdrückten Stimmen den schrecklichen Namen MOCHA DICK hervorbrachten.

‹Mocha Dick oder der Teufel›, sagte ich, ‹dieses Boot drückt sich niemals vor etwas, das die Gestalt eines Wals hat. Pullt

---

* Ein Wal wird Dennis genannt, wenn seine Fontäne voller Blut ist.

whale. Pull easy; just give her way enough to steer."
As the creature approached, he somewhat abated his
frenzied speed, and, at the distance of a cable's length,
changed his course to a sharp angle with our own.

'"Here he comes!" I exclaimed. "Stand up, harpooner! Don't be hasty – don't be flurried. Hold your
iron higher – firmer. Now!" I shouted, as I brought
our bows within a boat's length of the immense mass
which was wallowing heavily by. *"Now! – give it to
him solid!"*

'But the leviathan plunged on, unharmed. The
young harpooner, though ordinarily as fearless as a
lion, had imbibed a sort of superstitious dread of Mocha Dick, from the exaggerated stories of that prod-
igy, which he had heard from his comrades. He regarded him, as he had heard him described in many
a tough yarn during the middle watch, rather as
some ferocious fiend of the deep, than a regular-built,
legitimate whale! Judge then of his trepidation, on
beholding a creature, answering the wildest dreams
of his fancy, and sufficiently formidable, without any
superadded terrors, bearing down upon him with
thrashing flukes and distended jaws! He stood erect,
it cannot be denied. He planted his foot – he grasped
the coil – he poised his weapon. But his knee shook,
and his sinewy arm wavered. The shaft was hurled,
but with unsteady aim. It just grazed the back of the
monster, glanced off, and darted into the sea beyond.
A second, still more abortive, fell short of the mark.
The giant animal swept on for a few rods, and then, as
if in contempt of our fruitless and childish attempt to
injure him, flapped a storm of spray in our faces with
his broad tail, and dashed far down into the depths
of the ocean, leaving our little skiff among the waters where he sank, to spin and duck in the whirlpool.

'Never shall I forget the choking sensation of disappointment which came over me at that moment.

sachte; weicht nur so viel aus, dass es zum Steuern reicht.›
Im Näherkommen zügelte das Tier seine rasende Geschwindigkeit ein wenig und änderte, eine Kabellänge von uns entfernt, seinen Kurs in spitzem Winkel zu unserem eigenen Kurs.

‹Da kommt er!› rief ich aus. ‹Steh auf, Harpunier! Ganz ruhig – ohne Aufregung. Halte deinen Spieß höher – halt' ihn fester. Jetzt!› rief ich, als ich unseren Bug auf Bootslänge an die gewaltige Masse heranbrachte, die schwer herumwälzte. ‹Jetzt! – gib's ihm tüchtig!›

Doch der Leviathan tauchte davon, unverletzt. Der junge Harpunier, obwohl sonst mutig wie ein Löwe, hatte aus den übertriebenen Geschichten über dieses Ungeheuer, die er von seinen Kameraden gehört hatte, eine Art abergläubischer Furcht vor Mocha Dick in sich eingesogen. Er sah in ihm, wie er's nicht anders in den Beschreibungen des vielen garstigen Seemansgarns während der Mittelwache gehört hatte, eher einen grausamen Dämon der Tiefe als einen normal gebauten rechtschaffenen Wal! Beurteilen Sie also seine Angst, im Anblick der Kreatur, die seine wildesten Alpträume widerspiegelte und ihnen genugsam – ohne zusätzliche Schrecken – entsprach, die nur mit dreschenden Flossen und aufgesperrtem Rachen auf ihn losging. Der Junge stand aufrecht, das können wir nicht leugnen. Er stand fest – er packte die Tauwerkrolle – er hielt seine Waffe wiegend in der Hand. Aber seine Knie schwankten, und sein sehniger Arm zitterte. Der Wurfspieß wurde geschleudert, doch unsicher gezielt. Er streifte nur den Rücken des Ungeheuers, prallte ab und schoss in die See dahinter. Ein zweiter, noch mehr misslungen, ging daneben. Das riesige Tier stürzte ein Stück auf uns zu und schlug dann, wie in Verachtung über unseren fruchtlosen und kindischen Versuch, es zu verletzen, mit seinem breiten Schwanz einen Sturm von Gischt in unsere Gesichter und stieß dann plötzlich in die Tiefe des Ozeans hinab, wobei unser kleines Schiff im Strudel, der ihm folgte, kreiselte und untertauchte.

Nie werde ich das würgende Gefühl der Enttäuschung vergessen, das mich in diesem Augenblick überwältigte. Mein

My glance fell on the harpooner. "Clumsy lubber!" I vociferated, in a voice hoarse with passion; "*you* a whaleman! You are only fit to spear eels! Cowardly spawn! Curse me, if you are not *afraid* of a whale!"

'The poor fellow, mortified at his failure, was slowly and thoughtfully hauling in his irons. No sooner had he heard me stigmatize him as "afraid of a whale", than he bounded upon his thwart, as if bitten by a serpent. He stood before me for a moment, with a glowing cheek and flashing eye; then, dropping the iron he had just drawn in, without uttering a word, he turned half round, and sprang headforemost into the sea. The tub-oarsman, who was re-coiling the line in the after part of the boat, saw his design just in season to grasp him by the heel, as he made his spring. But he was not to be dragged on board again without a struggle. Having now become more calm, I endeavoured to soothe his wounded pride with kind and flattering words; for I knew him to be a noble-hearted fellow, and was truly sorry that my hasty reproaches should have touched so fine a spirit so deeply.

'Night being now at hand, the captain's signal was set for our return to the vessel; and we were soon assembled on her deck, discussing the mischances of the day, and speculating on the prospect of better luck on the morrow.

'We were at breakfast next morning, when the watch at the fore-top-gallant head sung out merrily, "There she breaches!" In an instant everyone was on his feet. "Where away?" cried the skipper, rushing from the cabin, and upsetting in his course the steward, who was returning from the caboose with a replenished biggin of hot coffee. "Not loud but deep" were the grumblings and groans of that functionary, as he rubbed his scalded shins, and danced about in agony; but had they been far louder, they would have

Blick fiel auf den Harpunier. ‹Du Tölpel!› brüllte ich, die Stimme vor Erregung heiser; ‹du und ein Walfänger! Du kannst vielleicht Aale aufspießen! Feige Brut! Verdamm' mich, wenn du nicht Angst vor nem Wal hast.›

Der arme Kerl, gedemütigt von seinem Versagen, holte langsam und nachdenklich seine Waffe ein. Kaum hatte er mich ihn schmähen hören, dass er ‹Angst vor nem Wal› habe, sprang er wie von einer Schlange gebissen auf seine Ruderbank. Einen Augenblick stand er vor mir, mit glühenden Wangen und blitzenden Augen; dann warf er seinen Wurfspieß, den er gerade erst eingeholt hatte, aus, drehte sich ohne ein Wort halb um und sprang mit dem Kopf voraus ins Meer. Der für das Seil zuständige Ruderer, der im hinteren Teil des Boots das Tau wieder aufrollte, sah sein Vorhaben gerade rechtzeitig, um ihn, als er sprang, an den Fußgelenken zu erwischen. Doch er ließ sich nicht ohne Widerstand an Bord hieven. Ich hatte mich beruhigt und versuchte, seinen gekränkten Stolz mit freundlichen und schmeichelnden Reden zu besänftigen; denn ich kannte ihn als einen hochherzigen Mann, und es tat mir wirklich leid, dass meine unbedachten Vorwürfe einen so wackeren Menschen so tief getroffen hatten.

Da die Nacht anbrach, signalisierte der Kapitän, dass wir zum Schiff zurückkehren sollten; und bald hatten wir uns an Deck versammelt, beredeten die Missgeschicke des heutigen und grübelten über die besseren Erfolgsaussichten des morgigen Tags.

Wir saßen am nächsten Morgen beim Frühstück, als der Ausguck an der Spitze der vorderen Bram munter sang: ‹Dort tauchen die Wale auf!› Sofort war jeder auf den Beinen. ‹Welche Richtung?› rief der Kapitän, der aus seiner Kajüte heraufgeeilt kam und auf seinem Weg den Steward über den Haufen rannte, welcher mit einer frisch gefüllten Kanne Kaffee aus der Kombüse zurückkehrte. ‹Nicht laut, aber tief empfunden› waren die Knurr- und Stöhnlaute dieses Bediensteten, als er seine verbrühten Schienbeine hielt und vor Schmerzen umhertanzte; doch wären sie auch lauter gewesen, sie wären

been drowned in the tumult of vociferation which answered the announcement from the mast-head.

'"Where away?" repeated the captain, as he gained the deck.

'"Three points off the leeward bow."

'"How far?"

'"About a league, Sir; heads same as we do. There she blows!" added the man, as he came slowly down the shrouds, with his eyes fixed intently upon the spouting herd.

'"Keep her off two points! Steady! – steady, as she goes!"

'"Steady it is, Sir," answered the helmsman.

'"Weather braces, a small pull. Loose to'-gallants's'ls! Bear a hand, my boys! Who knows but we may tickle their ribs at this rising?"

'The captain had gone aloft, and was giving these orders from the main-to'-gallant-cross-trees. "There she top-tails! there she blows!" added he, as, after taking a long look at the sporting shoal, he glided down the back stay. "Sperm whale, and a thundering big school of 'em!" was his reply to the rapid and eager enquiries of the men. "See the lines in the boats," he continued; "get in the craft; swing the cranes!"

'By this time the fish had gone down and every eye was strained to catch the first intimation of their reappearance.

'"There she *spouts*!" screamed a young greenhorn in the main chains, "close by; a mighty big whale, Sir!"

'"We'll know that better at the trying out, my son", said the third mate, drily.

'"Back the main-top-s'l!" was now the command. The ship had little headway at the time, and in a few minutes we were as motionless as if lying at anchor.

'" Lower away, all hands!" And in a twinkling, and together, the starboard, larboard, and waist-boats

untergegangen in dem Aufruhr aus Geschrei, das der Ankündigung vom Mastkorb antwortete.

‹Welche Richtung?› wiederholte der Kapitän, als er das Deck erreichte.

‹Drei Strich vom Bug leewärts.›

‹Wie weit?›

‹Etwa eine Seemeile, Sir; halten den gleichen Kurs wie wir. Da blasen sie!› sagte der Mann, während er langsam die Wanten heruntergeklettert kam, ohne mit den Augen von der prustenden Herde abzulassen.

‹Zwei Strich bei! Recht so! Genau, genau diesen Kurs halten!›

‹Ruder ist gestützt, Sir›, antwortete der Rudergänger.

‹Achterholer, leicht einholen. Löst die Bramsegel! In die Hände gespuckt, Jungs! Wer weiß, vielleicht kitzeln wir sie heute morgen zwischen den Rippen!›

Der Kapitän war nach oben in die Takelung gestiegen und gab seine Kommandos von der Großbramsaling aus. ‹Dort schlagen sie mit den Schwanzflossen! Dort blasen sie!› sagte er, als er nach einem langen Blick auf die verspielt sich tummelnde Schar den Achterstag hinunterglitt. ‹Pottwale, und zwar eine verdammt große Herde›, war seine Antwort auf die schnellen, begierigen Fragen der Männer. ‹Legt die Leinen in die Boote›, fuhr er fort; ‹rein mit euch in die Fahrzeuge; schwenkt die Davits aus!›

Jetzt war der Fischzug unter Wasser abgetaucht, und alle Blicke suchten angestrengt nach dem ersten Anzeichen ihres Wiedererscheinens.

‹Dort prusten sie!› rief ein junger Grünschnabel an den Hauptketten, ‹ganz nah; ein mächtiger großer Wal, Sir!›

‹Das werden wir beim Auskochen genauer feststellen, mein Sohn›, sagte der dritte Steuermann trocken.

‹Großmarssegel backsetzen›, lautete nun das Kommando. Das Schiff hatte nur noch wenig Fahrt, und in wenigen Minuten lag es so bewegungslos, als ob es geankert hätte.

‹Fieren, alle Mann!› Im Nu schlugen Steuerbord-, Backbord- und Mitteldeckboote gemeinsam aufs Wasser. Jeder

struck the water. Each officer leaped into his own; the crews arranged themselves at their respective stations; the boat-steerers began to adjust their "craft"; and we left the ship's side in company; the captain, in laconic phrase, bidding us to "get up and get fast", as quickly as possible.

'Away we dashed, in the direction of our prey, who were frolicking, if such a term can be applied to their unwieldly motions, on the surface of the waves. Occasionally, a huge, shapeless body would flounce out of its proper element, and fall back with a heavy splash; the effort forming about as ludicrous a caricature of agility, as would the attempt of some overfed alderman to execute the Highland fling.

'We were within a hundred rods of the herd, when, as if from a common impulse, or upon some preconcerted signal, they all suddenly disappeared. "Follow me!" I shouted, waving my hand to the men in the other boats; "I see their track under water; they swim fast, but we'll be among them when they rise. Lay back," I continued, addressing myself to my own crew, "back to the thwarts! Spring *hard*! We'll be in the thick of 'em when they come up; only *pull*!"

'And they did pull, manfully. After rowing for about a mile, I ordered them to "lie". The oars were peaked, and we rose to look out for the first "noddlehead" that should break water. It was at this time a dead calm. Not a single cloud was passing over the deep blue of the heavens, to vary their boundless transparency, or shadow for a moment the gleaming ocean which they spanned. Within a short distance lay our noble ship, with her idle canvas hanging in drooping festoons from her yards; while she seemed resting on her inverted image, which, distinct and beautiful as its original, was glassed in the smooth expanse beneath. No sound disturbed the general silence, save our own heavy breathings, the low gurgle of the water

Steuermann sprang in seines; die Mannschaften begaben sich an die vorgesehenen Plätze; die Bootssteurer richteten ihre ‹Fahrzeuge›; und wir stießen gemeinsam von der Seite des Schiffs ab; der Kapitän bat uns kurz und treffend, wir sollten uns so schnell wie möglich ‹auf und davon machen›.

Wir sausten los, in Richtung auf unsere Beute, die, wenn ein solcher Begriff ihren schwerfälligen Bewegungen gerecht wird, auf den Wellen ihre Possen trieb. Dann und wann preschte eine riesige, formlose Masse aus dem ihr natürlichen Element hervor und fiel mit schwerem Platschen zurück; diese Anstrengung gab ein ähnlich lächerliches Zerrbild von Wendigkeit wie ein übersättigter alter Ratsherr, der am traditionellen Wurf-Wettbewerb des schottischen Hochlands teilnimmt.

Wir waren weniger als fünfhundert Meter von der Herde entfernt, als die Tiere plötzlich – wie aus einem gemeinsamen Antrieb oder nach einem verabredeten Signal – verschwanden. ‹Folgt mir!› rief ich und winkte den Männern in den anderen Booten; ‹ich kann ihren Kurs unter Wasser sehen; sie schwimmen schnell, aber wir sind mitten unter ihnen, wenn sie hochkommen. Legt euch in die Riemen›, fuhr ich, an mich selbst und meine Mannschaft gewandt, fort. ‹*Kräftig!* Wir sind mitten im Getümmel, wenn sie hochkommen; *pullt!*›

Sie legten sich in die Riemen, was das Zeug hielt. Nach über einer Meile ließ ich sie ‹ruhen›. Die Riemen wurden eingezogen; wir standen auf, um den ersten ‹Birnenkopf› die Wasserfläche durchstoßen zu sehen. Jetzt herrschte Totenstille. Keine einzige Wolke zog durch das tiefe Blau des Himmels, um Abwechslung in seine unendliche Durchsichtigkeit zu bringen oder um für einen Moment ihren Schatten auf den funkelnden Ozean zu werfen, der von diesem Himmel überspannt wurde. Unser edles Schiff lag in kurzer Entfernung, seine schlaffen Segel hingen in kraftlosen Falten von den Rahen; es schien auf seinem umgekehrten Abbild zu ruhen, welches sich – ebenso einzigartig schön wie das Original – in der ausgedehnten glatten Fläche darunter spiegelte. In der allgemeinen Stille war kein Laut zu hören als unsere eigenen schweren Atem-

against the side of the boat, or the noise of flapping wings, as the albatross wheeled sleepily along through the stagnant atmosphere. We had remained quiet for about five minutes, when some dark object was descried ahead, moving on the surface of the sea. It proved to be a small "calf", playing in the sunshine.

'"Pull up and strike it," said I to the third mate; "it may bring up the old one – perhaps the whole school."

'And so it did, with a vengeance! The sucker was transpierced, after a short pursuit; but hardly had it made its first agonized plunge, when an enormous cow-whale rose close beside her wounded offspring. Her first endeavour was to take it under her fin, in order to bear it away; and nothing could be more striking than the maternal tenderness she manifested in her exertions to accomplish this object. But the poor thing was dying, and while she vainly tried to induce it to accompany her, it rolled over, and floated dead at her side. Perceiving it to be beyond the reach of her caresses, she turned to wreak her vengeance on its slayers, and made directly for the boat, crashing her vast jaws the while, in a paroxysm of rage. Ordering his boat-steerer aft, the mate sprang forward, cut the line loose from the calf, and then snatched from the crotch the remaining iron, which he plunged with his gathered strength into the body of the mother, as the boat sheered off to avoid her onset. I saw that the work was well done, but had no time to mark the issue; for at that instant, a whale "breached" at the distance of about a mile from us, on the starboard quarter. The glimpse I caught of the animal in his descent, convinced me that I once more beheld my old acquaintance, Mocha Dick. That falling mass was white as a snow-drift!

'One might have supposed the recognition mutual, for no sooner was his vast square head lifted from the sea, than he charged down upon us, scattering

stöße, das leise Gurgeln des Wassers gegen die Bootsseite oder das Geräusch von Flügelschlägen, als ein Albatross schläfrig durch die reglose Luft zog. Wir waren etwa fünf Minuten ruhig gewesen, als wir etwas Dunkles vor uns erspähten, das sich an die Meeresoberfläche heraufbewegte. Es stellte sich als kleines ‹Kalb› heraus, das im Sonnenschein spielte.

‹Pull ran und spieß' es auf›, sagte ich zum dritten Steuermann; ‹das bringt die Alte hoch – vielleicht die ganze Herde.›

So kam es, und zwar mit voller Wucht! Der Säugling war nach kurzer Verfolgung durchbohrt; doch kaum war er schmerzgepeinigt abgetaucht, da erschien eine gewaltige Walkuh neben ihrem verwundeten Jungen. Das erste, was sie tat, war, es unter ihre Flosse zu nehmen, um es fortzutragen; nichts konnte anrührender sein als die mütterliche Zärtlichkeit, die sich in ihren Bemühungen kundtat, dieses Ziel zu erreichen. Doch das arme Ding starb schon; während sie noch versuchte, es davon zu überzeugen, mit ihr mitzuschwimmen, rollte es den Bauch nach oben und trieb tot an ihrer Seite. Da sie merkte, dass es für Liebkosungen unerreichbar war, wendete sie sich um, um ihre ganze Rache an seinen Schlächtern auszulassen, und bewegte sich genau auf das Boot zu, wobei sie ihren weiten Rachen in Raserei aufriss. Der Steuermann, indem er den Bootssteuerer nach hinten beorderte, sprang nach vorn, schnitt die Leine vom Kalb los, schnappte sich vom gegabelten Ständer den verbliebenen Wurfspieß und rammte ihn, als das Boot dem Angriff der Mutter auswich, mit seiner äußersten Kraft in ihren Körper. Ich sah, dass er gute Arbeit geleistet hatte, fand aber keine Zeit zum Loben; denn im gleichen Augenblick brach, etwa eine Meile von uns Steuerbord achteraus, ein Wal hervor. Was ich bei seinem Abtauchen von ihm sehen konnte, überzeugte mich, dass ich wieder meinen alten Bekannten zu Gesicht bekam: Mocha Dick. Die hinab sinkende Masse war weiß wie ein Schneegestöber.

Man hätte glauben können, dass das Wiedererkennen auf Gegenseitigkeit beruhte, denn kaum hatte er seinen riesigen Quadratschädel aus dem Meer gehoben, schon griff er an,

the billows into spray as he advanced, and leaving a wake of foam a rod in width, from the violent lashing of his flukes.

'"He's making for the bloody water!" cried the men, as he cleft his way toward the very spot where the calf had been killed. "Here, harpooner, steer the boat, and let me dart!" I exclaimed, as I leaped into the bows. "May the *'Goneys'* eat me, if he dodge us *this* time though he were Beelzebub himself! Pull for the red water!"

'As I spoke the fury of the animal seemed suddenly to die away. He paused in his career, and lay passive on the waves, with his arching back thrown up like the ridge of a mountain. "The old sog's lying to!" I cried, exultingly. "Spring, boys! spring *now*, and we have him! All my clothes, tobacco, everything I've got, shall be yours, only lay me 'longside that whale before another boat comes up! My *grimky*! what a hump! Only look at the irons in his back! No, don't *look* – PULL! Now, boys, if you care about seeing your sweethearts and wives in old Nantuck! – if you love Yankee-land – if you love *me* – pull ahead, *won't* ye? Now then, to the thwarts! Lay back, my boys! I feel ye, my hearties! Give her the touch! Only five seas off! *Not* five seas off! One minute – *half* a minute more! Softly – no noise! Softly with your oars! That will do –"

'And as the words were uttered, I raised the harpoon above my head, took a rapid but no less certain aim, and sent it, hissing, deep into his thick white side!

'"Stern all! for your lives!" I shouted; for at the instant the steel quivered in his body, the wounded leviathan plunged his head beneath the surface, and whirling around with great velocity, smote the sea violently, with fin and fluke, in a convulsion of rage and pain.

'Our little boat flew dancing back from the seething

zerstäubte im Vorwärtsdringen die Wogen zu Gischt und schleppte ein von der Gewalt seiner Flossenschläge fünf Meter breit schäumendes Kielwasser hinter sich her.

‹Er schwimmt auf's blutige Waser zu!› schrien die Männer, als er sich seinen Weg zu der Stelle bahnte, wo das Kalb getötet worden war. ‹Hier, Harpunier, steure das Boot und lass mich werfen!› rief ich aus und sprang nach vorn in den Bug. ‹Der Teufel soll mich holen, diesmal entwischt er uns nicht, und wenn er Beelzebub persönlich wäre! Pullt zum roten Wasser!›

Während ich noch sprach, schien die Wut des Tiers plötzlich abzuklingen. Mocha Dick hielt in seiner Bahn inne und lag untätig in den Wellen, sein gewölbter Rücken glich einem Hügelkamm. ‹Der alte Kämpe liegt bei!› jubelte ich. ‹Los, Jungs! los jetzt, und wir kriegen ihn! Alles, was ich habe, Kleider, Tabak, gehört euch, nur bringt mich längsseits an den Wal heran, bevor ein anderes Boot kommt! Donnerwetter! was für ein Buckel! Seht nur die Harpunen in seinem Rücken! Nein, guckt nicht hin, PULLT! Also, Jungs, wenn euch dran liegt, eure Mädchen und Frauen im alten Nantuck' wiederzusehen! – wenn ihr Yankee-Land liebt – wenn ihr mich liebt –, dann pullt volle Fahrt voraus, das wollt ihr doch, oder? Also dann, auf die Plätze! Legt euch ins Zeug, meine Kerls! Ich kann euch spüren, meine Guten! Geht ganz nah ran! Nur noch fünf Brecher! Keine fünf Brecher mehr! Eine Minute – noch eine halbe Minute! Sacht – keinen Lärm! Sacht mit euren Riemen! So ist's gut.›

Die Worte gesprochen, hob ich die Harpune über meinen Kopf, zielte rasch, aber nicht minder sicher, und schickte sie zischend tief in seine dicke weiße Seite!

‹Heck voraus! um euer Leben!› rief ich, denn in dem Augenblick, als der Stahl in seinem Körper zitterte, tauchte der verwundete Leviathan seinen Kopf unter Wasser und peitschte, indem er sehr schnell herumwirbelte, in einem Ausbruch von Raserei und Schmerz mit Schwanz- und Rückenflosse das Meer auf.

Unser kleines Boot floh schaukelnd vor dem brodelnden

vortex around him, just in season to escape being overwhelmed or crushed. He now started to run. For a short time, the line rasped, smoking, through the chocks. A few turns round the loggerhead then secured it; and with oars a-peak, and bows tilted to the sea, we went leaping onward in the wake of the tethered monster. Vain were all his struggles to break from our hold. The strands were too strong, the barbed iron too deeply fleshed, to give way. So that whether he essayed to dive or breach, or dash madly forward, the frantic creature still felt that he was held in check. At one moment, in impotent rage, he reared his immense blunt head, covered with barnacles, high above the surge; while his jaws fell together with a crash that almost made me shiver; then the upper outline of his vast form was dimly seen, gliding amidst showers of sparkling spray; while streaks of crimson on the white surf that boiled in his track, told that the shaft had been driven home.

'By this time, the whole "school" was about us; and spouts from a hundred spiracles, with a roar that almost deafened us, were raining on every side; while in the midst of a vast surface of chafing sea, might be seen the black shapes of the rampant herd, tossing and plunging, like a legion of maddened demons. The second and third mates were in the very centre of this appalling commotion.

'At length, Dick began to lessen his impetuous speed. "Now, my boys," cried I, "haul me on; wet the line, you second oarsman, as it comes in. Haul away, ship-mates! – why the devil don't you haul? Leeward side – *leeward*! I tell you! Don't you know how to approach a whale?"

'The boat brought fairly up upon his broadside as I spoke, and I gave him the lance just under the shoulder blade. At this moment, just as the boat's head was laid off; and I was straitening for a second lunge

Strudel, der um Mocha Dick herum war, gerade rechtzeitig, um nicht hineingerissen oder zertrümmert zu werden. Kurze Zeit spulte das Seil über die Klampen und rauchte. Nach ein paar Windungen um den Dickkopf kam es zur Ruhe; mit fast senkrechten Rudern, mit krängendem Boot hüpften wir im Nachstrom des angebundenen Ungeheuers weiter. Vergebens waren all seine Kämpfe, sich aus unserer Gewalt zu befreien. Die Seile waren zu stark, der eiserne Widerhaken zu tief ins Fleisch gerammt, als dass er hätte wegsacken können. So dass die verzweifelte Kreatur – ob sie zu tauchen oder auszubrechen versuchte oder kopflos vorwärts jagte – stets spürte, dass sie angebunden war. Einmal reckte Mocha Dick seinen riesigen stumpfen, von Muscheln bedeckten Kopf in ohnmächtiger Wut über die hohen Wogen empor; während seine Kiefer mit einem Krachen zusammenschlugen, dass es mich fast schauderte; dann ließen sich undeutlich die Umrisse seiner riesigen Gestalt erkennen, die in Schauern funkelnden Sprühwassers einherschwamm; blutrote Streifen in der weißen Gischt, die in seiner Spur schäumte, zeugten davon, dass der Speer sein Ziel gefunden hatte.

Mittlerweile war die ganze ‹Schule› um uns herum; und Fontänen aus Hunderten von Spritzlöchern gingen mit fast ohrenbetäubendem Gebrüll neben uns nieder; während man inmitten der weiten Oberfläche des aufgewühlten Meeres die schwarzen Schatten der zügellosen Herde sehen konnte, die wie ein Heer wild gewordener Dämonen empor- und hinabtauchten. Der zweite und der dritte Steuermann waren genau im Zentrum dieses entsetzlichen Tumults.

Endlich ließ Dick in seiner ungestümen Geschwindigkeit nach. ‹Jetzt Jungs!› rief ich; ‹bringt mich ran; zweiter Ruderer, mach die Leine nass, wenn sie reinkommt; zieht, Kameraden! – warum zum Teufel zieht ihr nicht? Leeseite – *leewärts!* Euch zeig ich's! Wisst ihr nicht, wie man sich einem Wal nähert?›

Das Boot kam, während ich sprach, ziemlich nah an seine Breitseite heran, und ich gab ihm die Lanze gleich unter das Schulterblatt. In diesem Augenblick, eben als der Bug des Boots abstieß und ich meine Lanze für einen zweiten Stoß

my lance, (...) a piercing cry from the boat-steerer drew my attention quickly aft, and I saw the waist-boat, or more properly a fragment of it, falling through the air, and underneath, the dusky forms of the struggling crew, grasping at the oars, or clinging to portions of the wreck; while a pair of flukes, descending in the midst of the confusion, fully accounted for the catastrophe. The boat had been struck and shattered by a whale!

'"Good heaven!" I exclaimed, with impatience, and in a tone which I fear showed me rather mortified at the interruption, than touched with proper feeling for the sufferers; "good heavens! – hadn't they sense enough to keep out of the red water! And I must lose this glorious prize, through their infernal stupidity!" This was the first outbreak of my selfishness.

'"But we must not see them drown, boys," I added, upon the instant; "cut the line!" The order had barely passed my lips, when I caught sight of the captain, who had seen the accident from the quarter-deck, bearing down with oar and sail to the rescue.

'"Hold on!" I thundered, just as the knife's edge touched the line; "for the glory of old Nantuck, hold on! The captain will pick them up, and Mocha Dick will be ours, after all!"

'This affair occurred in half the interval I have occupied in the relation. In the mean time, with the exception of a slight shudder, which once or twice shook his ponderous frame, Dick lay perfectly quiet upon the water. But suddenly, as though goaded into exertion by some fiercer pang, he started from his lethargy with apparently augmented power. Making a leap toward the boat, he darted perpendicularly downward, hurling the after oarsman, who was helmsman at the time, ten feet over the quarter, as he struck the long steering-oar in his descent. The unfortunate seaman fell, with his head forward, just

ausrichtete, zog plötzlich ein durchdringender Schrei des Bootssteurers meine Aufmerksamkeit auf sich, und ich sah, wie das Mitteldecksboot, oder vielmehr ein Stück davon, durch die Luft flog, und darunter die dunklen Umrisse der kämpfenden Mannschaft, die die Ruder gepackt hielt oder sich an Teile des Wracks klammerte; nur ein Paar Schwanzflossen, das aus der Mitte des Durcheinanders sich zurückzog, war für das Unglück verantwortlich. Das Boot war von einem Wal getroffen und zerschmettert worden.

‹Herr im Himmel!› rief ich ungeduldig und in einem Ton, der, wie ich fürchte, eher meinen Verdruss über die Unterbrechung als das aufrichtige Mitgefühl für die Betroffenen zeigte; ‹Herr im Himmel! – hatten sie nicht genug Verstand, aus dem roten Wasser draußen zu bleiben! Und mir entgeht durch ihre bodenlose Dummheit diese prächtige Beute!› Das war zunächst ein Ausbruch meiner Selbstsucht.

‹Aber wir dürfen nicht zusehen, wie sie ertrinken, Jungs›, fügte ich im gleichen Augenblick hinzu; ‹kappt die Leine!› Der Befehl war kaum von meinen Lippen, als ich den Kapitän entdeckte, der das Unglück vom Achterdeck aus gesehen hatte und mit Ruder und Segel zur Rettung eilte.

‹Halt!› donnerte ich, gerade als die Schneide des Messers das Seil berührte; ‹um die Ehre von Old Nantuck, halt ein! Der Kapitän fischt sie auf, und Mocha Dick wird doch noch unser!›

Die Sache dauerte nur halb so lang, wie ich für die Erzählung brauche. In der Zwischenzeit lag Mocha Dick, abgesehen von einem schwachen Erschauern, das ein- oder zweimal seine schwere Gestalt zittern machte, vollkommen ruhig auf dem Wasser. Doch mit einemmal, als ob ein heftigerer Schmerz ihn zu neuer Anstrengung anstachelte, befreite er sich mit offenbar vermehrter Kraft aus seiner Schwäche. Mit einem Satz zum Boot hin schoss er senkrecht in die Tiefe und schleuderte, als er bei seinem Hinabtauchen gegen das lange Steuerruder schlug, den hinteren Ruderer, der gerade Steuerer war, zehn Fuß über das Heck in die Höhe. Der unglückliche Matrose fiel mit dem Kopf voraus auf die Schwanz-

upon the flukes of the whale, as he vanished, and was drawn down by suction of the closing waters, as if he had been a feather. After being carried to a great depth, as we inferred from the time he remained below the surface, he came up, panting and exhausted, and was dragged on board, amidst the hearty congratulations of his comrades.

'By this time two hundred fathoms of line had been carried spinning through the chocks, with an impetus that gave back in steam the water cast upon it. Still the gigantic creature bored his way downward, with undiminished speed. Coil after coil went over, and was swallowed up. There remained but three flakes in the tub!

'"Cut!" I shouted; "cut quick, or he'll take us down!" But as I spoke, the hissing line flew with trebled velocity through the smoking wood, jerking the knife he was in the act of applying to the heated strands out of the hand of the boat-steerer. The boat rose on end, and her bows were buried in an instant; a hurried ejaculation, at once shriek and prayer, rose to the lips of the bravest, when, unexpected mercy! the whizzing cord lost its tension, and our light bark, half filled with water, fell heavily back on her keel. A tear was in every eye, and I believe every heart bounded with gratitude, at this unlooked-for deliverance.

'Overpowered by his wounds, and exhausted by his exertions and the enormous pressure of the water above him, the immense creature was compelled to turn once more upward, for a fresh supply of air. And upward he came, indeed; shooting twenty feet of his gigantic length above the waves, by the impulse of his ascent. He was not disposed to be idle. Hardly had we succeeded in bailing out our swamping boat, when he again darted away, as it seemed to me with renewed energy. For a quarter of a mile, we parted the op-

flossen des Wals, als dieser verschwand, und wurde durch den Sog des sich schließenden Wassers hinuntergezogen, als ob er eine Feder gewesen wäre. Nachdem er in große Tiefe mitgerissen worden war – wie wir aus der Zeit, die er unter Wasser blieb, schlossen –, kam er ausgepumpt und nach Luft ringend wieder nach oben, und wir hievten ihn unter den herzlichen Glückwünschen der Kameraden an Bord.

Mittlerweile waren zweihundert Faden Seil durch die Klampen abgerollt, mit einer Wucht, die das Wasser, das darüber gegossen wurde, dampfen machte. Immer noch nahm das gewaltige Geschöpf seinen Weg abwärts, ohne an Geschwindigkeit zu verlieren. Windung auf Windung lief ab und wurde verschlungen. Nur noch drei Lagen befanden sich im Seilbehälter.

‹Kappt das Seil!› rief ich; ‹kappt es schnell, oder er reisst uns unter Wasser!› Doch während ich rief, jagte die zischende Leine mit verdreifachter Schnelligkeit durch das rauchende Holz und schlug dem Steuermann das Messer, das er an den erhitzten Strang setzen wollte, aus der Hand. Das Heck des Bootes hob sich, und zugleich tauchte der Bug unter. Ein hervorgepresster Stoßseufzer, halb Aufschrei und halb Gebet, kam den Tapfersten von den Lippen, als – unverhoffte Gnade! – das sausende Tau seine Spannung verlor und unser leichtes Boot, halb mit Wasser gefüllt, schwerfällig auf seinen Kiel zurück fiel. In jedem Auge glänzte eine Träne, und ich glaube, jedes Herz schlug vor Dankbarkeit bei dieser unvorhergesehenen Rettung.

Überwältigt von den Wunden, zermürbt von seinen Anstrengungen und dem starken Druck des Wassers, war der Koloss gezwungen, zum Atemholen noch einmal hinauf zu kommen. Und er kam, wahrhaftig; er schoss, durch die Kraft seines Auftriebs, mit zwanzig Fuß seiner riesigen Länge über die Wellen hinaus.

Kaum war es uns geglückt, unser vollgelaufenes Boot leer zu schöpfen, als er erneut – und, wie mir schien, mit neugewonnener Kraft – davon schoss. Über eine Viertel Meile schnitten wir durchs Wasser, als ob dessen

posing waters as though they had offered no more resistance than air. Our game then abruptly brought to, and lay as if paralysed, his massy frame quivering and twitching, as if under the influence of galvanism. I gave the word to haul on; and seizing a boat-spade, as we came near him, drove it twice into his small; no doubt partially disabling him by the vigour and certainty of the blows. Wheeling furiously around, he answered this salutation, by making a desperate dash at the boat's quarter. We were so near him, that to escape the shock of his onset, by any practicable manœuvre, was out of the question. But at the critical moment, when we expected to be crushed by the collision, his powers seemed to give way. The fatal lance had reached the seat of life. His strength failed him in mid-career, and sinking quietly beneath our keel, grazing it as he wallowed along, he rose again a few rods from us, on the side opposite that where he went down.

'"Lay around, my boys, and let us set on him!" I cried, for I saw his spirit was broken at last. But the lance and spade were needless now. The work was done. The dying animal was struggling in a whirlpool of bloody foam, and the ocean far around was tinted with crimson. "Stern all!" I shouted, as he commenced running impetuously in a circle, beating the water alternately with his head and flukes, and smiting his teeth ferociously into their sockets with a crashing sound, in the strong spasms of dissolution. "Stern all! or we shall be stove!"

'As I gave the command, a stream of black, clotted gore rose in a thick spout above the expiring brute, and fell in a shower around, bedewing, or rather drenching us, with a spray of blood.

'"*There's the flag!*" I exclaimed; "there! thick as tar! Stern! every soul of ye! He's going in his flurry!" And the monster, under the convulsive influence of

Widerstand nicht mehr als Luft sei. Dann drehte unsere Jagdbeute unvermittelt bei und lag wie gelähmt da; der massige Körper zitterte und zuckte wie unter galvanischem Einfluss. Ich gab Kommando, anzuholen; als wir näher kamen, ergriff ich den Bootsspaten und hieb ihn zweimal in die Schmalseite Mocha Dicks; gewiss trugen die Wucht und Entschiedenheit, mit der ich die Schläge führte, zu seiner Kampfunfähigkeit bei. Er drehte sich zornig um sich selbst und beantwortete die Begrüßung, indem er einen verzweifelten Ausfall gegen das Heck unternahm.

Wir waren ihm so nah, dass es völlig undenkbar war, seiner Attacke durch irgendwelche Manöver zu entkommen. Doch im entscheidenden Augenblick, als wir glaubten, wir würden beim Zusammenprall zerschmettert, ließen seine Kräfte nach. Der todbringende Speer hatte den Lebensnerv getroffen. Seine Kraft verließ ihn mitten in der Bewegung, er sank ruhig unter unseren Kiel, streifte ihn im Weitertauchen, und dann stieg er ein paar Ruten von uns, auf der anderen Seite des Boots, wieder auf.

‹Dreht bei, Jungs! Hetzen wir ihn!› schrie ich, denn ich sah, dass sein Lebenswille endlich gebrochen war. Und Speer und Spaten waren nun nicht mehr nötig. Das Werk war vollbracht. Das sterbende Tier kämpfte mit sich in einem Strudel blutigen Schaums, und das Meer in weitem Umkreis war dunkelrot gefärbt. ‹Heck voraus, alle Mann!› rief ich, da es jäh sich umzuwenden begann, das Wasser abwechselnd mit Kopf und Schwanz peitschte und seine Zähne – in den heftigen Zuckungen des Verendens – mit lautem Krachen aufeinanderschlug. ‹Heck voraus, alle Mann! oder wir werden zertrümmert!›

Als ich das Kommando gab, stieg ein Strahl schwarzen, klumpigen Safts in einer dicken Fontäne aus dem das Leben aushauchenden Untier hervor und fiel ringsum in einem Regen nieder, der uns mit Blut übersprühte – oder vielmehr durchtränkte.

‹*Er zeigt Flagge!*› rief ich aus; ‹dort! Dick wie Teer! Heck voraus! Jeder von euch! Sein Todeskampf beginnt!› Das Ungeheuer warf unter den Krämpfen seiner letzten Zuckungen

his final paroxysm, flung his huge tail into the air, and then, for the space of a minute, thrashed the waters on either side of him with quick and powerful blows; the sound of the concussions resembling that of the rapid discharge of artillery. He then turned slowly and heavily on his side, and lay a dead mass upon the sea through which he had so long ranged a conqueror.

'"He's fin up at last!" I screamed, at the very top of my voice. "Hurrah! hurrah! hurrah!" And snatching off my cap, I sent it spinning aloft, jumping at the same time from thwart to thwart, like a madman.

'We now drew alongside our floating spoil; and I seriously question if the brave commodore who first, and so nobly, broke the charm of British invincibility, by the capture of the Guerriere, felt a warmer rush of delight, as he beheld our national flag waving over the British ensign, in assurance of his victory, than I did, as I leaped upon the quarter-deck of Dick's back, planted my wafe-pole in the midst, and saw the little canvas flag, that tells so important and satisfactory a tale to the whaleman, fluttering above my hard-earned prize.

'The captain and second mate, each of whom had been fortunate enough to kill his fish, soon after pulled up, and congratulated me on my capture. From them I learned the particulars of the third mate's disaster. He had fastened, and his fish was sounding, when another whale suddenly rose, almost directly beneath the boat, and with a single blow of his small, absolutely cut it in twain, flinging the bows, and those who occupied that portion of the frail fabric, far into the air. Rendered insensible, or immediately killed by the shock, two of the crew sank without a struggle, while a third, unable in his confusion to disengage himself from the flakes of the tow-line, with which he had become entangled, was, together with the fragment to which the warp was attached, borne down by the

den riesigen Schwanz in die Höhe und drosch dann – für die Dauer einer Minute – mit schnellen, gewaltigen Schlägen auf das Wasser zu seinen beiden Seiten; der Lärm der Erschütterungen glich einem raschen Artilleriefeuer. Dann wälzte es sich langsam und schwerfällig auf eine Seite und lag – eine tote Masse – auf dem Meer, in dem er so lange als Sieger gegolten hatte.

‹Er hat die Ruderflosse endlich oben!› überschlug sich meine Stimme. ‹Hurra! Hurra! Hurra!› Ich riss die Mütze vom Kopf, schleuderte sie in die Luft und sprang gleichzeitig wie toll von Ruderbank zu Ruderbank.

Wir fuhren nun längsseits an unsere schwimmende Beute heran; ich bezweifle allen Ernstes, ob der mutige Commodore, der als erster und so glorreich mit dem Aufbringen der *Guerriere* den Ruf von der britischen Unbesiegbarkeit zerstörte und zur Bestätigung seines Siegs unsere Nationalflagge über der britischen wehen sah, ein heißeres Glücksempfinden verspürte als ich, der ich aufs Achterteil von Dicks Rücken sprang und meine Axt in die Mitte rammte und die kleine Blutflagge betrachtete, die – so wichtig und beredt für einen Walfänger – über meiner schwer errungenen Trophäe flatterte.

Der Kapitän und der zweite Steuermann, die beide glücklich ihre Tiere getötet hatten, kamen bald angerudert und gratulierten mir zu meinem Fang. Von ihnen erfuhr ich die Einzelheiten von dem Unfall des dritten Steuermanns. Er hatte seinen Fisch fest am Seil, und der Fisch sackte ab, als plötzlich ein zweiter Wal auftauchte, fast genau unter ihrem Boot, der es mit einem einzigen Schlag seiner Schmalseite vollkommen entzwei hieb und den Bug und diejenigen, die sich auf diesem Teil des zerbrechlichen Gebildes befanden, hoch in die Luft schleuderte.

Vom Schrecken betäubt oder auch sofort tot, gingen zwei wehrlos unter, während ein dritter – in seiner Verwirrung unfähig, sich von dem Schleppseil zu befreien, in das er verstrickt war – zusammen mit dem Teil, an dem die Warpleine hing, von dem harpunierten Wal in die

harpooned whale, and was seen no more! The rest, some of them severely bruised, were saved from drowning by the timely assisstance of the captain.

'To get the harness on Dick, was the work of an instant; and as the ship, taking every advantage of a light breeze which had sprung up within the last hour, had stood after us, and was now but a few rods distant, we were soon under her stern. The other fish, both of which were heavy fellows, lay floating near; and the tackle being affixed to one of them without delay, all hands were soon busily engaged in cutting in. Mocha Dick was the longest whale I ever looked upon. He measured more than seventy feet from his noddle to the tips of his flukes; and yielded one hundred barrels of clear oil, with a proportionate quantity of "head-matter". It may emphatically be said, that "the scars of his old wounds were near his new", for not less than twenty harpoons did we draw from his back; the rusted mementos of many a desperate rencounter.'

The mate was silent. His yarn was reeled off. His story was told; and with far better tact than is exhibited by many a modern orator, he had the modesty and discretion to stop with its termination. In response, a glass of 'o-be-joyful' went merrily round (...)

'Come, come, my old fellow!' exclaimed the captain (...); 'you forget the evening you are to have at Santa Maria. It is three o'clock in the morning, and more.' Bidding farewell to our social and generous entertainers, we were soon safely on board our ship, when we immediately made all sail to the north.

To me, the evening had been one of singular enjoyment. Doubtless the particulars of the tale were in some degree highly coloured, from the desire of the narrator to present his calling in a prominent light, and especially one that should eclipse the occu-

Tiefe gerissen und nicht mehr gesehen wurde! Die Übrigen, einige schwer verletzt, wurden durch die schnelle Hilfe des Kapitäns vorm Ertrinken gerettet.

Das Geschirr anzulegen, war das Werk eines Augenblicks; da das Schiff hinter uns gelegen hatte und nun eine leichte Brise, die in der letzten Stunde aufgekommen war, bestmöglich ausnutzte und nur noch ein paar Ruten entfernt war, befanden wir uns bald unter seinem Heck. Die anderen Fische, beides schwere Kerle, trieben nahebei; die Talje war kaum an einem von ihnen befestigt, da beteiligten sich schon alle Mann eifrig am Zerlegen. Mocha Dick war der längste Wal, der mir je zu Gesicht gekommen war. Er maß von seinem Kopf bis zur Schwanzspitze mehr als siebzig Fuß; und brachte einhundert Fässer reinen Trans, mitsamt der dazugehörigen Menge Walrat. Es sollte ausdrücklich hinzugefügt werden, dass ‹die Narben seiner alten Wunden nah bei seinen neuen lagen›, denn wir zogen nicht weniger als zwanzig Harpunen aus seinem Rücken heraus – die verrosteten Erinnerungsstücke an viele schreckliche Kämpfe.»

Der Steuermann schwieg. Sein Garn war zu Ende gesponnen, seine Geschichte erzählt; und mit weit größerem Takt, als viele heutige Erzähler ihn zeigen, hatte er die Bescheidenheit und Würde, mit ihrem Ende aufzuhören. Als Antwort darauf machte ein Glas des «Seelentrösters» fröhlich die Runde.

«Komm, komm, mein alter Kamerad!» rief der Kapitän. «Du vergisst, dass du morgen Abend in Santa Maria sein musst. Es ist drei Uhr und später.» Nachdem wir uns von unseren angenehmen und großzügigen Gastgebern verabschiedet hatten, waren wir bald wieder sicher an Bord unseres Schiffes und setzten kurz darauf volle Segel nach Norden.

Für mich war es eine außerordentlich instruktive Nacht gewesen. Zweifellos waren manche Einzelheiten in der Geschichte überzeichnet, entsprechend der Absicht des Erzählers, der seinen Beruf in besonderem Licht erstrahlen lassen wollte – nicht zuletzt um das Geschäft des Robbenfängers in den Schatten zu stellen. Als Entschuldigung für diese – alles in

pation of sealing. But making every allowance for what, after all, may be considered a natural embellishment, the facts presented may be regarded as a fair specimen of the adventures which constitute so great a portion of the romance of a whaler's life; a life which, viewing all the incidents that seem inevitably to grow out of the enterprise peculiar to it, can be said to have no parallel. Yet vast as the field is, occupied by this class of our resolute seamen, how little can we claim to know of the particulars of a whaleman's existence! That our whale ships leave port, and usually return, in the course of three years, with full cargoes, to swell the fund of national wealth, is nearly the sum of our knowledge concerning them. Could we comprehend, at a glance, the mighty surface of the Indian or Pacific seas, what a picture would open upon us of unparalleled industry and daring enterprise!

What scenes of toil along the coast of Japan, up the straits of Mozambique, where the dangers of the storm, impending as they may be, are less regarded than the privations and sufferings attendant upon exclusion from all intercourse with the shore! Sail onward, and extend your view around New-Holland, to the coast of Guinea; to the eastern and western shores of Africa; to the Cape of Good Hope; and south, to the waters that lash the cliffs of Kergulan's Land, and you are ever upon the whaling-ground of the American seaman. Yet onward, to the vast expanse of the two Pacifics, with their countless summer isles, and your course is still over the common arena and highway of our whalers. The varied records of the commercial world can furnish no precedent, can present no comparison, to the intrepidity, skill, and fortitude, which seem the peculiar prerogatives of this branch of our marine. These characteristics are not the growth of forced

allem nur natürliche – Übertreibung lassen wir gelten, dass die dargestellten Tatsachen wohl als wahrhaftes Abbild der Abenteuer angesehen werden können, die den Zauber eines Walfängerlebens ausmachen; eines Lebens, von dem in Anbetracht all der Fährnisse, die unvermeidlich aus dieser Unternehmung zu erwachsen und dazuzugehören scheinen, gesagt werden kann, dass es einzigartig ist. Doch so weit, wie das Feld ist, das von unseren zupackenden Seeleuten bestellt wird – wie wenig können wir uns anmaßen, zu wissen, was das Leben eines Walfängers im Einzelnen ausmacht! Dass unsere Walfangschiffe den Hafen verlassen und in der Regel im Laufe von drei Jahren voll beladen zurückkehren, um unseren nationalen Wohlstand zu mehren, ist ungefähr alles, was wir über sie wissen. Könnten wir uns, auch nur flüchtig, die gewaltige Oberfläche der Indischen oder Pazifischen Ozeane vorstellen, welches Bild unvergleichlicher Geschäftigkeit und waghalsigen Unternehmertums würde sich vor uns öffnen! Welche Szenen mühseliger Plackerei vor den Küsten Japans, in den Meerengen von Mozambique, wo die Sturmgefahren, so bedrohlich sie sein mögen, für geringer geachtet werden als die Entbehrungen und Leiden, die das vollständige Abgeschnittensein von jeder Verbindung zum Festland hervorruft! Segelt weiter und umfahrt Neu-Holland bis zur Küste von Guinea mit eurem Blick; bis zur Ost- und zur Westküste Afrikas; zum Kap der Guten Hoffnung; und nach Süden zu dem Meer, das die Klippen der Kerguelen umspült, und dann seid ihr immerzu noch auf dem Walfanggrund der amerikanischen Seeleute. Doch weiter, bis hin zur gewaltigen Ausdehnung der beiden Pazifiks mit ihren zahllosen Sommerinseln, und euer Kurs geht immer noch durch vertrautes Gebiet auf den Wegen unserer Walfänger. Die verschiedenen Berichte von der handeltreibenden Welt wissen aus der Geschichte nichts Vergleichbares zu benennen, nichts, was sich mit der Kühnheit, Kunst und Kraft messen kann, welche die besondere Auszeichnung dieses Teiles unserer Marine sind. Diese Eigenschaften sind nicht die Frucht angestrengter Bemühung; sie lassen sich damit nicht überein bringen. Sie sind das natürliche Ergebnis

exertion; they are incompatible with it. They are the natural result of the ardour of a free people; of a spirit of fearless independence, generated by free institutions. Under such institutions alone, can the human mind attain its fullest expansion, in the various departments of science, and the multiform pursuits of busy life.

der Begeisterung und des Eifers freier Männer, aus einem Geist furchtloser Unabhängigkeit, der von freien Gesetzen und Einrichtungen gebildet wurde. Unter solchen Gesetzen und Einrichtungen allein kann das menschliche Bewusstsein seine volle Größe entfalten, sowohl in den verschiedenen Fachgebieten der Wissenschaft wie in den vielfältigen Betätigungen des wirtschaftlichen Lebens.

Jack London
Make Westing

> Whatever you do, make westing! make westing!
> *Sailing directions for Cape Horn*

For seven weeks the *Mary Rogers* had been between 50° south in the Atlantic and 50° south in the Pacific, which meant that for seven weeks she had been struggling to round Cape Horn. For seven weeks she had been either in dirt, or close to dirt, save once, and then, following upon six days of excessive dirt, which she had ridden out under the shelter of the redoubtable Terra del Fuego coast, she had almost gone ashore during a heavy swell in the dead calm that had suddenly fallen. For seven weeks she had wrestled with the Cape Horn greybeards, and in return been buffeted and smashed by them. She was a wooden ship, and her ceaseless straining had opened her seams, so that twice a day the watch took its turn at the pumps.

The *Mary Rogers* was strained, the crew was strained, and big Dan Cullen, master, was likewise strained. Perhaps he was strained most of all, for upon him rested the responsibility of that titanic struggle. He slept most of the time in his clothes, though he rarely slept. He haunted the deck at night, a great, burly, robust ghost, black with the sunburn of thirty years of sea and hairy as an orang-outang. He, in turn, was haunted by one thought of action, a sailing direction for the Horn: *Whatever you do, make westing! make westing!* It was an obsession. He thought of nothing else, except, at times, to blaspheme God for sending such bitter weather.

Make westing! He hugged the Horn, and a dozen times lay hove to with the iron Cape bearing east-

Jack London
Westwärts

Was auch immer geschieht, halt' westwärts! Halt' westwärts.
Segelanweisung für Kap Horn

Sieben Wochen lang hatte die *Mary Rogers* zwischen dem fünfzigsten Breitengrad Süd im Atlantik und dem fünfzigsten Breitengrad Süd im Pazifik gelegen, was bedeutet, dass sie sich sieben Wochen lang abgemüht hatte, das Kap Horn zu umsegeln. Sieben Wochen lang hatte sie, mit einer Ausnahme, ununterbrochen Unwetter oder Schlechtwetter gehabt, und dann wäre sie, nach sechs Tagen besonders schlimmen Unwetters, die sie im Schutze der gefürchteten Küste von *Tierra del Fuego* überstanden hatte, bei schwerer Dünung in der tödlichen Windstille, die plötzlich eingetreten war, fast gestrandet. Sieben Wochen lang hatte sie mit den Brechern von Kap Horn gekämpft und war von ihnen hin und her geworfen und angeschlagen worden. Sie war ein Holzschiff; die ununterbrochene Belastung hatte ihre Planken aufspringen lassen, so dass die Wache sich zweimal am Tag an den Pumpen ablöste.

Die *Mary Rogers* war überanstrengt, die Mannschaft war überanstrengt, und Dan Cullen, der große Kapitän, war gleichermaßen überanstrengt. Vielleicht war er es am meisten, denn auf ihm ruhte die Verantwortung für dieses gewaltige Ringen. Er schlief meistens in seiner Uniform, obwohl er selten schlief. Des Nachts geisterte er an Deck herum, ein großes, stämmiges, kräftiges Gespenst mit einem schwarzen, von dreißig Jahren auf See verbrannten Gesicht, behaart wie ein Orang Utan. In seinem Kopf wiederum spukte nur ein einziger Gedanke herum, eine Segelanweisung für Kap Horn: *Was auch immer geschieht, halt' westwärts! Halt' westwärts!* Er war besessen von dieser Idee. Er dachte an nichts anderes, abgesehen davon, dass er gelegentlich Gott verfluchte, weil dieser ihm so rauhes Wetter schickte.

Halt' westwärts! Er lag dicht am Horn und hatte ein dutzend Mal vor dem unerbittlichen Kap beigedreht, das in

by-north, or north-north-east, a score of miles away. And each time the eternal west wind smote him back and he made easting. He fought gale after gale, south to 64°, inside the Antarctic drift-ice, and pledged his immortal soul to the Powers of darkness, for a bit of westing, for a slant to take him around. And he made easting. In despair, he had tried to make the passage through the Straits of Le Maire. Half-way through, the wind hauled to the north'ard of north-west, the glass dropped to 28.88, and he turned and ran before a gale of cyclonic fury, missing, by a hair's breadth, piling up the *Mary Rogers* on the black-toothed rocks. Twice he had made west to the Diego Ramirez Rocks, one of the times saved between two snow-squalls by sighting the gravestones of ships a quarter of a mile dead ahead.

Blow! Captain Dan Cullen instanced all his thirty years at sea to prove that never had it blown so before. The *Mary Rogers* was hove to at the time he gave the evidence, and, to clinch it, inside half an hour the *Mary Rogers* was hove down to the hatches. Her new main-topsail and brand new spencer were blown away like tissue paper; and five sails, furled and fast under double gaskets, were blown loose and stripped from the yards. And before morning the *Mary Rogers* was hove down twice again, and holes were knocked in her bulwarks to ease her decks from the weight of ocean that pressed her down.

On an average of once a week Captain Dan Cullen caught glimpses of the sun. Once, for ten minutes, the sun shone at midday, and ten minutes afterwards a new gale was piping up, both watches were shortening sail, and all was buried in the obscurity of a driving snow-squall. for a fortnight, once, Captain Dan Cullen was without a meridian

zwanzig Meilen Entfernung nordöstlich oder nordnordöstlich vor ihm lag. Und jedesmal warf ihn der ewige Westwind zurück, und er trieb nach Osten. Er kämpfte gegen einen Orkan nach dem anderen südlich des vierundsechzigsten Breitengrads, inmitten des antarktischen Treibeises, und verpfändete seine unsterbliche Seele den Mächten der Finsternis, damit sie ihm nur ein bisschen Ostwind schickten, eine kleine Brise, damit er das Kap umrunden könnte. Aber er bekam immer wieder Fahrt nach Osten. In seiner Verzweiflung hatte er versucht, durch die Straße von Le Maire zu segeln. Auf halbem Weg schlug der Wind auf Nordnordwest um, das Barometer fiel auf 73,35 Zentimeter, und er machte kehrt und floh vor einem Wind mit wirbelsturmartiger Wut; um ein Haar wäre die *Mary Rogers* an den schwarzgezackten Klippen zerschellt. Zweimal hatte er Kurs nach Westen auf die Diego-Ramirez-Felsen genommen, und das eine Mal hatte ihn, zwischen zwei Schneestürmen, gerade noch der Anblick eines Schiffswracks eine Viertelmeile vor ihm gerettet.

Es wehte! Kapitän Dan Cullen rief seine gesamten dreißig Jahre auf See zum Zeugen an, dass nie zuvor so ein Wind geblasen hatte. Die *Mary Rogers* hatte beigedreht zu dem Zeitpunkt, da er dies feststellte, und schon eine halbe Stunde später lag sie bis zu den Luken seitlich im Wasser. Ihr neues Großtoppsegel und das brandneue Gaffelsegel wurden zerfetzt wie Seidenpapier; und fünf Segel, die mit doppelten Beschlagzeisingen eingerollt und vertäut waren, hatte der Sturm losgerissen und von den Rahen geweht. Vor Morgengrauen lag die *Mary Rogers* noch zweimal auf der Seite, und in die Schiffswände wurden Löcher getrieben, um die Decks vom Gewicht des Ozeans zu entlasten, das sie niederdrückte.

Durchschnittlich einmal in der Woche erhaschte Kapitän Dan Cullen einen kurzen Blick auf die Sonne. Einmal schien die Sonne mittags zehn Minuten lang, und zehn Minuten später kündigte sich ein neuerlicher Sturm an. Beide Wachen refften die Segel, und alles wurde unter der Dunkelheit eines rasenden Schneesturms begraben. Einmal sah Kapitän Dan Cullen vierzehn Tage lang keinen Meridian und kein Chrono-

or a chronometer sight. Rarely did he know his position within half of a degree, except when in sight of land; for sun and stars remained hidden behind the sky, and it was so gloomy that even at the best the horizons were poor for accurate observations. A grey gloom shrouded the world. The clouds were grey; the great driving seas were leaden grey; the smoking crests were a grey churning; even the occasional albatrosses were grey, while the snow-flurries were not white, but grey, under the sombre pall of the heavens.

Life on board the *Mary Rogers* was grey – grey and gloomy. The faces of the sailors were blue grey; they were afflicted with sea-cuts and sea-boils, and suffered exquisitely. They were shadows of men. For seven weeks, in the forecastle or on deck, they had not known what it was to be dry. They had forgotten what it was to sleep out a watch, and all watches it was, 'All hands on deck!' They caught the snatches of agonized sleep, and they slept in their oilskins ready for the everlasting call. So weak and worn were they that it took both watches to do the work of one. That was why both watches were on deck so much of the time. And no shadow of a man could shirk duty. Nothing less than a broken leg could enable a man to knock off work; and there were two such, who had been mauled and pulped by the seas that broke aboard.

One other man who was the shadow of a man was George Dorety. He was the only passenger on board, a friend of the firm, and he had elected to make the voyage for his health. But seven weeks off Cape Horn had not bettered his health. He gasped and panted in his bunk through the long, heaving nights; and when on deck he was so bundled up for warmth that he resembled a peripatetic old-clothes shop. At midday, eating at the cabin

meter. Selten kannte er seine Position auf mehr als einen halben Grad genau, außer wenn Land in Sicht war; denn Sonne und Sterne blieben am Himmel verborgen, und es war so finster, dass der Horizont auch im besten Fall keine genauen Beobachtungen erlaubte. Eine graue Finsternis hüllte die Welt ein. Die Wolken waren grau; die großen, wilden Wassermassen waren bleigrau; schäumende Brecher wühlten die graue, brodelnde See auf; selbst die Albatrosse, die man hin und wieder sah, waren grau, und die Schneeflocken unter dem dunklen Leichentuch des Himmels waren nicht etwa weiß, sondern grau.

Das Leben an Bord der *Mary Rogers* war grau – grau und düster. Die Gesichter der Matrosen waren blaugrau; sie hatten Risse und Eiterbeulen und litten grausame Schmerzen. Die Matrosen waren nur noch Schatten ihrer selbst. Ob in der Back oder an Deck, seit sieben Wochen wussten sie nicht mehr, was es hieß, trocken zu sein. Sie hatten vergessen, wie es war, eine Wache durchzuschlafen, und bei jeder Wache hieß es: «Alle Mann an Deck!» Sie stahlen sich Bruchstücke eines gequälten Schlafes in ihren Ölhäuten, allzeit gefasst auf den immergleichen Ruf. Sie waren so schwach und abgekämpft, dass zwei Wachen nötig waren, um die Arbeit einer einzigen zu tun. Deshalb waren so oft beide Wachen an Deck. Und kein Schatten eines Mannes konnte sich vor der Arbeit drücken. Mindestens ein gebrochenes Bein war nötig, damit ein Mann die Arbeit niederlegen durfte; es gab zwei, die von den über Bord brechenden Wellen derartig zerschmettert und zerschlagen worden waren.

Ein anderer, der nur noch ein Schatten eines Mannes war, war George Dorety. Er war der einzige Passagier an Bord, ein Freund der Reederei, und er hatte diese Reise seiner Gesundheit wegen unternommen. Doch sieben Wochen auf der Höhe von Kap Horn waren seiner Gesundheit nicht zuträglich gewesen. In den langen Nächten, in denen das Schiff stampfte, lag er keuchend und nach Luft ringend in seiner Koje; wenn er an Deck erschien, war er so warm eingepackt, dass er einem wandernden Altkleiderladen glich. Wenn er mit-

table in a gloom so deep that the swinging sea-lamps burned always, he looked as blue-grey as the sickest, saddest man for'ard. Nor did gazing across the table at Captain Dan Cullen have any cheering effect upon him. Captain Cullen chewed and scowled and kept silent.

The scowls were for God, and with every chew he reiterated the sole thought of his existence, which was *make westing*. He was a big, hairy brute, and the sight of him was not stimulating to the other's appetite. He looked upon George Dorety as a Jonah, and told him so once each meal savagely transferring the scowl from God to the passenger and back again.

Nor did the mate prove a first aid to a languid appetite. Joshua Higgins by name, a seaman by profession and pull, but a pot-walloper by capacity, he was a loose-jointed, sniffling creature, heartless and selfish and cowardly, without a soul, in fear of his life of Dan Cullen, and a bully over the sailors, who knew that behind the mate was Captain Cullen, the law-giver and compeller, the driver and the destroyer, the incarnation of a dozen bucko mates. In that wild weather at the southern end of the earth, Joshua Higgins ceased washing. His grimy face usually robbed George Dorety of what little appetite he managed to accumulate. Ordinarily this lavatorial dereliction would have caught Captain Cullen's eye and vocabulary, but in the present his mind was filled with making westing, to the exclusion of all other things not contributory thereto. Whether the mate's face was clean or dirty had no bearing upon westing. Later on, when 50° south in the Pacific had been reached, Joshua Higgins would wash his face very abruptly. In the meantime, at the cabin table, where grey twilight alternated with lamplight while the lamps were being filled,

tags am Kajütentisch speiste, in einer so tiefen Düsternis, dass die schwingenden Kajütenlampen immer brannten, sah er so blaugrau aus wie der kränkste, jämmerlichste Mann in der Back. Auch ein Blick über den Tisch zu Kapitän Dan Cullen war kaum angetan, seine Stimmung auch nur ein wenig aufzuhellen. Kapitän Dan Cullen kaute, blickte finster und schwieg. Die finsteren Blicke galten Gott, und mit jedem Bissen wiederholte er den einzigen Gedanken, der ihn erfüllte, nämlich: *Westwärts, halt' westwärts*. Er war ein großer, behaarter Rohling, und sein Anblick wirkte auf sein Gegenüber nicht sonderlich appetitanregend. Er hielt George Dorety für einen Unglücksraben und sagte ihm das bei jeder Mahlzeit, wobei er seinen finsteren Blick voll Ingrimm von Gott ab- und dem Passagier zuwandte und wieder zu ersterem.

Auch der Erste Offizier erwies sich nicht eben als appetitanregend. Joshua Higgins, Seemann durch Ausbildung und Werdegang, aber mit dem Hirn eines Küchenjungen, war eine schlaksige, schniefende Kreatur, hartherzig, eigensüchtig, feige und seelenlos; er hatte eine Höllenangst vor Dan Cullen und schikanierte die Seeleute, die wussten, dass hinter ihm Kapitän Cullen stand, der Gesetzgeber und Alleinherrscher, der Antreiber und Zerstörer, die Inkarnation eines Dutzends leuteschinderischer Offiziere. Bei diesem stürmischen Wetter am südlichen Ende der Erde hörte Joshua Higgins auf, sich zu waschen. Sein schmutziges Gesicht nahm George Dorety gewöhnlich den geringen Appetit, den er anzusammeln vermocht hatte. Normalerweise hätte seine Nachlässigkeit bei der Toilette Kapitän Cullens Blick und Tadel auf sich gezogen, doch im Augenblick waren dessen Gedanken einzig beherrscht von der Idee, westwärts zu kommen, und alles, was diesem Ziel nicht förderlich war, drang nicht zu ihm durch. Ob das Gesicht des Ersten sauber oder schmutzig war, hatte keinen Einfluss auf den Kurs nach Westen. Später, wenn der fünfzigste Breitengrad im Pazifik erreicht wäre, würde Joshua Higgins sein Gesicht ganz plötzlich wieder waschen. In der Zwischenzeit saß George Dorety am Tisch der Kabine, wo graues Zwielicht sich mit dem Licht der Lampe abwechselte, so oft

George Dorety sat between the two men, one a tiger and the other a hyena, and wondered why God had made them. The second mate, Matthew Turner, was a true sailor and a man, but George Dorety did not have the solace of his company, for he ate by himself, solitary, when they had finished.

On Saturday morning, July 24, George Dorety awoke to a feeling of life and headlong movement. On deck he found the *Mary Rogers* running off before a howling south-easter. Nothing was set but the lower topsails and the foresail. It was all she could stand, yet she was making fourteen knots, as Mr Turner shouted in Dorety's ear when he came on deck. And it was all westing. She was going round the Horn at last ... if the wind held. Mr Turner looked happy. The end of the struggle was in sight. But Captain Cullen did not look happy. He scowled at Dorety in passing. Captain Cullen did not want God to know that he was pleased with that wind. He had a conception of a malicious God, and believed in his secret soul that if God knew it was a desirable wind, God would promptly efface it and send a snorter from the west. So he walked softly before God, smothering his joy down under scowls and muttered curses, and, so, fooling God, for God was the only thing in the universe of which Dan Cullen was afraid.

All Saturday and Saturday night the *Mary Rogers* raced her westing. Persistently she logged her fourteen knots, so that by Sunday morning she had covered three hundred and fifty miles. If the wind held, she would make around. If it failed, and the snorter came from anywhere between south-west and north, back the *Mary Rogers* would be hurled and be no better off than she had been seven weeks before. And on Sunday morning the wind *was* failing. The big sea was going down and running

die Lampen gefüllt wurden, zwischen den beiden Männern, der eine ein Tiger und der andere eine Hyäne, und fragte sich, warum Gott sie erschaffen hatte. Der Zweite Offizier, Matthew Turner, war ein echter Seebär und ein rechter Mann, doch der Trost seiner Gesellschaft war George Dorety verwehrt, denn er aß einsam und alleine, wenn sie fertig waren.

Am 24. Juli, einem Samstagmorgen, erwachte George Dorety unter dem Eindruck von Leben und geschäftigem Treiben über sich. An Deck stellte er fest, dass die *Mary Rogers* vor einem heulenden Südostwind davonschoss. Nur die Untermarssegel und das Focksegel waren gesetzt. Mehr konnte sie gar nicht verkraften, und dennoch machte sie vierzehn Knoten, wie Mr Turner Dorety ins Ohr schrie, als er an Deck kam. Und sie hielt reinen Westkurs. Endlich sollte sie Kap Horn umrunden ... wenn der Wind hielt. Mr Turner sah frohgemut aus. Das Ende des Kampfes war in Sicht. Doch Kapitän Cullen sah nicht glücklich aus. Er warf Dorety im Vorbeigehen einen finsteren Blick zu. Kapitän Cullen wollte nicht, dass Gott merkte, wie er sich über diesen Wind freute. Er war beseelt von der Vorstellung eines übelwollenden Gottes und glaubte im Innersten seines Herzens, dass Gott, wenn er wüsste, dass er einen solchen Wind herbei sehnte, diesen auf der Stelle beenden und ihm einen Sturm aus westlicher Richtung schicken würde. So ging er still vor Gott einher, verbarg seine Freude hinter finsteren Blicken und gemurmelten Flüchen und hielt Gott zum Narren; Gott war das einzige im Universum, wovor Dan Cullen Angst hatte.

Den ganzen Samstag über und die Nacht zum Sonntag machte die *Mary Rogers* schnelle Fahrt westwärts. Sie verzeichnete konstant vierzehn Knoten, so dass sie am Sonntagmorgen dreihundertfünfzig Meilen zurückgelegt hatte. Wenn der Wind hielt, würde sie das Kap umsegeln. Wenn er abflaute und der Sturmwind von irgendwoher zwischen Südwest und Nord kam, würde die *Mary Rogers* zurückgeworfen werden und stünde keinen Deut besser da als seit sieben Wochen schon. Und der Wind *flaute ab* am Sonntagmorgen. Die schwere See legte sich und wogte nur noch sanft. Beide Wa-

smooth. Both watches were on deck setting sail after sail as fast as the ship could stand it. And now Captain Cullen went around brazenly before God, smoking a big cigar, smiling jubilantly, as if the failing wind delighted him, while down underneath he was raging against God for taking the life out of the blessed wind. *Make westing!* So he would, if God would only leave him alone. Secretly, he pledged himself anew to the Powers of Darkness, if they would let him make westing. He pledged himself so easily because he did not believe in the Powers of Darkness. He really believed only in God, though he did not know it. And in his inverted theology God was really the Prince of Darkness. Captain Cullen wa a devil-worshipper, but he called the devil by another name, that was all.

At midday, after calling eight bells, Captain Cullen ordered the royals on. The men went aloft faster than they had gone in weeks. Not alone were they nimble because of the westing, but a benignant sun was shining down and limbering their stiff bodies. George Dorety stood aft, near Captain Cullen, less bundled in clothes than usual, soaking in the grateful warmth as he watched the scene. Swiftly and abruptly the incident occurred. There was a cry from the foreroyal-yard of 'Man overboard!' Somebody threw a lifebuoy over the side, and at the same instant the second mate's voice came aft, ringing and peremptory –

'Hard down your helm!'

The man at the wheel never moved a spoke. He knew better, for Captain Dan Cullen was standing alongside of him. He wanted to move a spoke, to move all the spokes, to grind the wheel down, hard down, for his comrade drowning in the sea. He glanced at Captain Dan Cullen, and Captain Dan Cullen gave no sign.

chen waren an Deck und setzten ein Segel nach dem anderen, so schnell das Schiff es aushielt. Und nun schritt Kapitän Cullen dreist vor Gott einher, rauchte eine dicke Zigarre, lächelte frohlockend, als würde der abnehmende Wind ihn entzücken, während er darunter in seinem Innern gegen Gott raste, weil dieser dem gesegneten Wind das Leben geraubt hatte. *Halt' westwärts!* Das würde er wohl, wenn Gott ihn nur in Ruhe ließ. Insgeheim verpfändete er seine Seele aufs neue den Mächten der Finsternis, wenn sie ihn nur nach Westen trieben. Er verpfändete seine Seele so leichten Herzens, weil er nicht an die Mächte der Finsternis glaubte. In Wirklichkeit glaubte er nur an Gott, obschon er das nicht wusste. Denn in seiner verkehrten Theologie war Gott in Wirklichkeit der Fürst der Finsternis. Kapitän Cullen war ein Teufelsanbeter, nur rief er den Teufel bei einem anderen Namen, das war alles.

Mittags, als es acht Glas geschlagen hatte, befahl Kapitän Cullen, die Oberbramsegel zu setzen. Schneller als seit Wochen kletterten die Männer in die Takelung empor. Nicht nur der Westkurs verlieh ihnen eine solche Behendigkeit, sondern zudem schien die Sonne wohltuend auf sie herab und lockerte ihre steifen Körper. George Dorety stand achtern in der Nähe Kapitän Cullens, weniger dick eingepackt als gewöhnlich, und ließ die Wärme in sich eindringen, während er die Szene beobachtete. Plötzlich, schnell und ohne Vorwarnung geschah etwas. Von der Voroberbramrah gellte der Schrei: «Mann über Bord!» Jemand warf eine Rettungsboje über die Reling, und zur gleichen Zeit ertönte achtern dröhnend und gebieterisch die Stimme des Zweiten Offiziers:

«Pinne scharf nach unten!»

Der Mann am Ruder bewegte keine Spake. Er wusste es besser, denn Kapitän Cullen stand neben ihm. Er wollte das Ruder um eine Spake drehen, um alle Spaken der Welt, er wollte das Steuerrad herumreißen, scharf nach unten, um seines Kameraden willen, der in der See zu ertrinken drohte. Er blickte zu Kapitän Dan Cullen, und Kapitän Dan Cullen gab kein Zeichen.

'Down! Hard down!' the second mate roared, as he sprang aft.

But he ceased springing and commanding, and stood still, when he saw Dan Cullen by the wheel. And big Dan Cullen puffed at his cigar and said nothing. Astern, and going astern fast, could be seen the sailor. He had cought the life-buoy and was clinging to it. Nobody spoke. Nobody moved. The men aloft clung to the royal yards and watched with terror-stricken faces. And the *Mary Rogers* raced on, making her westing. A long, silent minute passed.

'Who was it?' Captain Cullen demanded.

'Mops, sir,' eagerly answered the sailor at the wheel.

Mops topped a wave astern and disappeared temporarily in the trough. It was a large wave, but it was no greybeard. A small boat could live easily in such a sea, and in such a sea the *Mary Rogers* could easily come to. But she could not come to and make westing at the same time.

For the first time in all his years, George Dorety was seeing a real drama of life and death — a sordid little drama in which the scales balanced an unknown sailor named Mops against a few miles of longitude. At first he had watched the man astern, but now he watched big Dan Cullen, hairy and black, vested with power of life and death, smoking a cigar.

Captain Dan Cullen smoked another long, silent minute. Then he removed the cigar from his mouth. He glanced aloft at the spars of the *Mary Rogers*, and overside at the sea.

'Sheet home the royals!' he cried.

Fifteen minutes later they sat at table, in the cabin, with food served before them. On one side of George Dorety sat Dan Cullen, the tiger, on

«Nach unten! Scharf nach unten!» brüllte der Zweite Offizier, während er nach achtern sprang.

Doch er hörte auf zu springen und Befehle zu rufen und erstarrte, als er Dan Cullen am Ruder erblickte. Der große Dan Cullen paffte seine Zigarre und sagte nichts. Achteraus und schnell über den Achtersteven treibend, konnte man den Matrosen erkennen. Er hatte die Rettungsboje zu fassen bekommen und klammerte sich daran fest. Niemand sprach. Niemand machte eine Bewegung. Die Männer in der Takelung klammerten sich an die Oberbramrahen und beobachteten das Geschehen mit schreckerfüllten Gesichtern. Und die *Mary Rogers* schoss vorwärts, immer weiter nach Westen. Eine lange Minute des Schweigens verging.

«Wer war das?» fragte Kapitän Cullen.

«Mops, Sir», antwortete der Matrose am Ruder beflissen.

Mops schwamm auf den Kamm einer Welle hinter dem Schiff und verschwand wieder im Wellental. Es war eine große Welle, aber kein Brecher. Ein kleines Boot konnte ganz leicht mit solchem Seegang zurechtkommen, und die *Mary Rogers* konnte ganz leicht beidrehen. Aber sie konnte nicht beidrehen und zugleich nach Westen segeln.

Zum ersten Mal in seinem Leben wurde George Dorety Zeuge eines echten Dramas auf Leben und Tod – ein erbärmliches kleines Drama, in dem ein unbekannter Seemann namens Mops einerseits und wenige Meilen an Längengradgewinn andererseits auf der Waagschale lagen. Zuerst hatte er den Mann achtern beobachtet, nun aber beobachtete er Dan Cullen, der behaart und schwarz, Herr über Leben und Tod, eine Zigarre rauchte.

Kapitän Dan Cullen rauchte eine weitere schweigende Minute lang. Dann nahm er die Zigarre aus dem Mund. Er blickte nach oben in die Masten der *Mary Rogers* und über Bord auf das Meer.

«Holt die Oberbramsegel an!» schrie er.

Fünfzehn Minuten später saßen sie in der Kajüte bei Tisch, das Essen stand vor ihnen. Zur einen Seite George Doretys saß Dan Cullen, der Tiger, und zur andern Joshua Higgins,

the other side, Joshua Higgins, the hyena. Nobody spoke. On deck the men were sheeting home the skysails. George Dorety could hear their cries, while a persistent vision haunted him of a man called Mops, alive and well, clinging to a lifebuoy miles astern in that lonely ocean. He glanced at Captain Cullen, and experienced a feeling of nausea, for the man was eating his food with relish, almost bolting it.

'Captain Cullen,' Dorety said, 'you are in command of this ship, and it is not proper for me to comment now upon what you do. But I wish to say one thing. There is a hereafter, and yours will be a hot one.'

Captain Cullen did not even scowl. In his voice was regret as he said –

'It was blowing a living gale. It was impossible to save the man.'

'He fell from the royal-yard,' Dorety cried hotly. 'You were setting the royals at the time. Fifteen minutes afterwards you were setting the skysails.'

'It was a living gale, wasn't it, Mr Higgins?' Captain Cullen said turning to the mate.

'If you'd brought her to, it'd have taken the sticks out of her' was the mate's answer. 'You did the proper thing, Captain Cullen. The man hadn't a ghost of a show.'

George Dorety made no answer, and to the meal's end no one spoke. After that, Dorety had his meals served in his state-room. Captain Cullen scowled at him no longer, though no speech was exchanged between them, while the *Mary Rogers* sped north towards warmer latitudes. At the end of the week, Dan Cullen cornered Dorety on deck.

'What are you going to do when we get to 'Frisco?' he demanded bluntly.

'I am going to swear out a warrant for your

die Hyäne. Niemand sprach. Die Männer an Deck setzten wieder die Skysegel. George Dorety konnte ihre Rufe hören, während ihn die beharrliche Erscheinung eines Mannes namens Mops verfolgte, der sich, lebendig und unversehrt, meilenweit achteraus in diesem einsamen Meer an eine Rettungsboje klammerte. Er warf einen Blick auf Kapitän Cullen, und ein Gefühl des Ekels überkam ihn, denn der Mann verspeiste sein Essen mit großem Genuss, ja er verschlang es geradezu.

«Kapitän Cullen», sagte Dorety, «Sie sind der Kapitän dieses Schiffes, und es steht mir nicht zu, das, was Sie tun, zu beurteilen. Aber eines möchte ich Ihnen sagen: Es gibt ein Jenseits, und in Ihrem wird es heiß sein.»

Kapitän Cullen zog nicht einmal ein finsteres Gesicht. In seiner Stimme lag Bedauern, als er sagte: «Es war ein Orkan. Es war unmöglich, den Mann zu retten.»

«Er stürzte von der Oberbramrah», rief Dorety leidenschaftlich. «Sie hatten die Oberbramsegel gesetzt zu diesem Zeitpunkt. Eine Viertelstunde später haben Sie die Skysegel gesetzt.»

«Es war ein Orkan, nicht wahr, Mr. Higgins?» sagte Kapitän Cullen an den Ersten Offizier gewandt.

«Wenn Sie gestoppt hätten, hätte es ihr die Masten ausgerissen», lautete die Antwort des Ersten. «Sie haben richtig gehandelt, Kapitän Cullen. Der Mann hatte nicht den Hauch einer Chance.»

George Dorety gab keine Antwort, und bis zum Ende der Mahlzeit sprach niemand mehr ein Wort. Von da an ließ sich Dorety seine Mahlzeiten in der Kabine servieren. Kapitän Cullen warf ihm keine finsteren Blicke mehr zu, auch wenn sie kein Wort mehr miteinander wechselten, während die *Mary Rogers* Kurs nach Norden hielt, in wärmere Gefilde. Am Ende der Woche stellte Dan Cullen Dorety an Deck zur Rede.

«Was werden Sie tun, wenn wir in Frisco angekommen sind?» fragte er unverblümt.

«Ich werde unter Eid aussagen und einen Haftbefehl gegen

arrest,' Dorety answered quietly. 'Im am going to charge you with murder, and I am going to see you hanged for it.'

'You're almighty sure of yourself,' Captain Cullen sneered, turning on his heel.

A second week passed, and one morning found George Dorety standing in the coach-house companionway at the for'ard end of the long poop, taking his first gaze around the deck. The *Mary Rogers* was reaching full-and-by, in a stiff breeze. Every sail was set and drawing, including the staysails. Captain Cullen strolled for'ard along the poop. He strolled carelessly, glancing at the passenger out of the corner of his eye. Dorety was looking the other way, standing with head and shoulders outside the companionway, and only the back of his head was to be seen. Captain Cullen, with swift eye, embraced the mainstaysail-block and the head and estimated the distance. He glanced about him. Nobody was looking. Aft, Joshua Higgins, pacing up and down, had just turned his back and was going the other way. Captain Cullen bent over suddenly and cast the staysail-sheet off from its pin. The heavy block hurtled through the air, smashing Dorety's head like an egg-shell and hurtling on and back and forth as the staysail whipped and slatted in the wind. Joshua Higgins turned around to see what had carried away, and met the full blast of the vilest portion of Captain Cullen's profanity.

'I made the sheet fast myself', whimpered the mate in the first lull, 'with an extra turn to make sure. I remember it distinctly.'

'Made fast?' the Captain snarled back, for the benefit of the watch as it struggled to capture the flying sail before it tore to ribbons. 'You couldn't make your grandmother fast, you useless hell's

Sie erwirken», antwortete Dorety ruhig. «Ich werde Sie wegen Mordes anklagen lassen, und ich werde danach trachten, dass Sie gehängt werden.»

«Sie sind Ihrer mächtig sicher», höhnte Kapitän Cullen und machte auf dem Absatz kehrt.

Eine weitere Woche verging, und eines Morgens trug es sich zu, dass George Dorety im Kajütniedergang am Vorderende des langen Hüttendecks stand, wo er einen ersten Blick über das Deck wandern ließ. Die *Mary Rogers* segelte jetzt in einer steifen Brise mit voller Kraft am Wind. Jedes Segel einschließlich der Stagsegel war gesetzt und aufgebläht. Kapitän Cullen schlenderte am Hüttendeck entlang nach vorne. Er schlenderte scheinbar achtlos dahin und musterte den Passagier hin und wieder verstohlen. Dorety, dessen Kopf und Schultern den Niedergang überragten, blickte in die entgegengesetzte Richtung, und nur sein Hinterkopf war sichtbar. Kapitän Cullen erfasste mit schnellem Blick den Block des Großstagsegels und den Kopf und maß die Entfernung ab. Er sah sich um. Niemand beobachtete ihn. Achtern ging Joshua Higgins auf und ab, er marschierte gerade in die andere Richtung und wandte ihm den Rücken zu.

Kapitän Cullen beugte sich unvermittelt vor und löste die Stagsegelschot von ihrem Zapfen. Der schwere Block sauste durch die Luft, zerschmetterte Doretys Kopf wie eine Eierschale und sauste weiter hin und her, während das Stagsegel im Wind peitschte und klatschte. Joshua Higgins drehte sich um; er wollte nur nachsehen, was sich losgerissen hatte, und wurde nun zur Zielscheibe der unflätigsten Flüche aus Kapitän Cullens Repertoire.

«Ich habe die Schot selbst festgezurrt», wimmerte der Erste Offizier, sowie er zu Wort kam, «mit einem Extraschlag zur Sicherheit. Ich erinnere mich ganz genau daran.»

«Festgezurrt?» höhnte der Kapitän für die Ohren der Wache bestimmt, die sich abmühte, das flatternde Segel zu ergreifen, bevor es in Fetzen riss. «Sie könnten nicht einmal Ihre Großmutter festzurren, Sie nutzloser Höllenbastard. Wenn Sie

scullion. If you made that sheet fast with an extra turn, why in Hell didn't it stay fast? that's what I want to know. Why in hell didn't it stay fast?'

The mate whined inarticulately.

'Oh, shut up!' was the final word of Captain Cullen.

Half an hour later he was as surprised as any when the body of George Dorety was found inside the companionway on the floor. In the afternoon, alone in his room, he doctored up the log.

'Ordinary seaman, Karl Brun', he wrote, 'lost overboard from fore-royal-yard in a gale of wind. Was running at the time, and for the safety of the ship did not dare to come up the wind. Nor could a boat have lived in the sea that was running.'

On another page he wrote:

'Had often warned Mr Dorety about the danger he ran because of his carelessness on deck. I told him, once, that some day he would get his head knocked off by a block. A carelessly fastened mainstaysail sheet was the cause of the accident, which was deeply to be regretted because Mr Dorety was a favourite with all of us.'

Captain Dan Cullen read over his literary effort with admiration, blotted the page, and closed the log. He lighted a cigar and stared before him. He felt the *Mary Rogers* lift, and heel, and surge along, and knew that she was making nine knots. A smile of satisfaction slowly dawned on his black and hairy face. Well, anyway, he had made his westing and fooled God.

diese Schot mit einem Extraschlag festgemacht haben, warum zum Teufel hat sie dann nicht gehalten? Das möchte ich gern wissen. Warum zum Teufel hat sie nicht gehalten?»

Der Erste Offizier winselte unartikuliert.

«Ach, halten Sie den Mund!» war Kapitän Cullens letztes Wort.

Eine halbe Stunde später war er so überrascht wie alle Welt, als George Doretys Leichnam am Fuß des Niedergangs aufgefunden wurde. Nachmittags, als er alleine in seiner Kajüte saß, besserte er das Logbuch nach.

«Der einfache Matrose Karl Brun», schrieb er, «ging bei einem Orkan von der Voroberbramrah über Bord. Segelten zu diesem Zeitpunkt vor dem Wind und wagten es der Sicherheit des Schiffs wegen nicht, gegen den Wind zu segeln. Auch hätte sich ein Boot bei dem herrschenden Seegang nicht über Wasser halten können.»

Auf einer anderen Seite schrieb er:

«Hatte Mr Dorety oft vor der Gefahr gewarnt, in die er sich durch seine Sorglosigkeit an Deck brachte. Ich sagte ihm einmal, eines Tages werde ihm ein Block den Schädel einschlagen. Eine nachlässig befestigte Großstagsegelschot war die Ursache des Unfalls, der tiefes Bedauern hervorrief, denn Mr Dorety erfreute sich bei uns allen großer Beliebtheit.»

Kapitän Dan Cullen las sein literarisches Machwerk voll Bewunderung nochmals durch, trocknete die Seite und schloss das Logbuch. Er zündete eine Zigarre an und starrte vor sich hin. Er fühlte, wie die *Mary Rogers* sich hob und krängte und auf den Wellen ritt, und wusste, dass sie neun Knoten machte. Langsam erhellte ein befriedigtes Lächeln sein finsteres und bärtiges Gesicht. Wie auch immer, er war westwärts gekommen und hatte Gott zum Narren gehalten.

Joseph Conrad
Youth

> Judea, London
> Do or Die

This could have occurred nowhere but in England, where men and sea interpenetrate, so to speak – the sea entering into the life of most men, and the men knowing something or everything about the sea, in the way of amusement, of travel, or of bread-winning.

We were sitting round a mahogany table that reflected the bottle, the claret-glasses, and our faces as we leaned on our elbows. There was a director of companies, an accountant, a lawyer, Marlow, and myself. The director had been a *Conway* boy, the accountant had served four years at sea, the lawyer – a fine crusted Tory, High Churchman, the best of old fellows, the soul of honour – had been chief officer in the P. & O. service in the good old days when mail-boats were square-rigged at least on two masts, and used to come down the China Sea before a fair monsoon with stun'-sails set alow and aloft. We all began life in the merchant service. Between the five of us there was the strong bond of the sea, and also the fellowship of the craft, which no amount of enthusiasm for yachting, cruising, and so on can give, since one is only the amusement of life and the other is life itself.

Marlow (at least I think that is how he spelt his name) told the story, or rather the chronicle, of a voyage: –

"Yes, I have seen a little of the Eastern seas; but what I remember best is my first voyage there. You fellows know there are those voyages that seem ordered for the illustration of life, that might stand for a symbol of existence. You fight, work, sweat,

Joseph Conrad
Jugend

Judea, London
Tat oder Tod

Das folgende hätte sich nirgendwo zutragen können als in England, wo die Menschen und die See sich sozusagen wechselseitig durchdringen – weil die See in das Leben der meisten Menschen eingreift, und die Menschen etwas oder alles über die See wissen, sei es vom Vergnügen, vom Reisen oder vom Broterwerb her.

Wir saßen um einen Mahagonitisch, der die Flasche, die Rotweingläser und, da wir die Ellbogen aufstützten, unsere Gesichter widerspiegelte. Zu unserer Runde gehörten ein Direktor von Handelsunternehmen, ein Buchhalter, ein Rechtsanwalt, Marlow und ich. Der Direktor war *Conway*-Absolvent, der Buchhalter war vier Jahre zur See gefahren, der Rechtsanwalt – ein großartiger, eingefleischter Tory, Angehöriger der Hochkirche, der beste alte Knabe und die Rechtschaffenheit in Person – war Erster Offizier im P. & O.-Dienst gewesen, in der guten alten Zeit, als die Postdampfer noch mindestens zwei mit Rahen getakelte Masten hatten und vor einem richtigen Monsun das Chinesische Meer immer mit allen Leesegeln herunterfuhren. Wir alle hatten das Leben in der Handelsmarine begonnen. Für uns fünf war die See das starke verbindende Element, und jene Seemannskameradschaft, die sich durch keine noch so große Begeisterung für Segelsport, Kreuzfahrten, usw. erzeugen lässt: denn dies ist ja bloß die Kurzweil des Lebens, jenes aber ist das Leben selbst.

Marlow (wenigstens glaube ich, dass er sich so schrieb) erzählte die Geschichte, oder vielmehr die Chronik einer Reise:

«Ja, ich habe die Meere des Ostens ein wenig kennengelernt; aber am besten erinnere ich mich an meine erste Reise dorthin. Ihr wisst ja, dass es Reisen gibt, die als Darstellung des Lebens angelegt zu sein scheinen, Reisen, die als Sinnbild des Daseins gelten könnten. Man kämpft, arbeitet, schwitzt,

nearly kill yourself, sometimes do kill yourself, trying to accomplish something – and you can't. Not from any fault of yours. You simply can do nothing, neither great nor little – not a thing in the world – not even marry an old maid, or get a wretched 600-ton cargo of coal to its port of destination.

"It was altogether a memorable affair. It was my first voyage to the East, and my first voyage as second mate; it was also my skipper's first command. You'll admit it was time. He was sixty if a day; a little man, with a broad, not very straight back, with bowed shoulders and one leg more bandy than the other, he had that queer twisted-about appearance you see so often in men who work in the fields. He had a nut-cracker face – chin and nose trying to come together over a sunken mouth – and it was framed in iron-gray fluffy hair, that looked like a chin-strap of cotton-wool sprinkled with coal-dust. And he had blue eyes in that old face of his, which were amazingly like a boy's, with that candid expression some quite common men preserve to the end of their days by a rare internal gift of simplicity of heart and rectitude of soul. What induced him to accept me was a wonder. I had come out of a crack Australian clipper, where I had been third officer, and he seemed to have a prejudice against crack clippers as aristocratic and high-toned. He said to me, 'You know, in this ship you will have to work.' I said I had to work in every ship I had ever been in. 'Ah, but this is different, and you gentlemen out of them big ships; ... but there! I dare say you will do. Join to-morrow.'

"I joined to-morrow. It was twenty-two years ago; and I was just twenty. How time passes! It was one of the happiest days of my life. Fancy! Second

bringt sich fast um, bringt sich mitunter wirklich um, in dem Bestreben, etwas zu schaffen – und man schafft es nicht. Und zwar durch eigenes Verschulden. Man kann einfach nichts tun, weder Großes noch Kleines, rein gar nichts, nicht einmal eine alte Jungfer heiraten, oder eine kümmerliche Ladung von sechshundert Tonnen Kohle in ihren Bestimmungshafen bringen.

Es war in jeder Hinsicht ein denkwürdiges Ereignis. Es war meine Reise nach dem Osten und meine erste Reise als Zweiter Offizier; es war auch das erste Kommando meines Kapitäns. Ihr werdet zugeben, dass es an der Zeit war. Er war sechzig oder nicht weit weg davon; ein kleiner Mann mit breitem, nicht sehr geradem Rücken, mit hängenden Schultern und mit Beinen eins krummer als das andere; er sah so seltsam verrenkt aus, wie man es oft bei Leuten findet, die auf dem Feld arbeiten. Er hatte ein Nussknackergesicht – Kinn und Nase versuchten über einem eingefallenen Mund zusammenzukommen –; es war umrahmt von stahlgrauem, flauschigen Haar, das wie ein baumwollener, von Kohlestaub besprenkelter Kinnriemen aussah. Und in diesem alten Gesicht waren blaue Augen, die erstaunlich jungenhaft wirkten, mit jenem treuherzigen Ausdruck, den mitunter ganz einfache Menschen dank einer seltenen inneren Gabe der Herzenseinfalt und Redlichkeit bis an das Ende ihrer Tage bewahren. Wie er mit mir einverstanden sein konnte, war mir ein Rätsel. Ich kam von einem eleganten australischen Schnellsegler, auf dem ich Dritter Offizier gewesen war, und er schien eine vorgefasste Meinung gegen so edle und hochgezüchtete Prachtsegler zu haben. Zu mir sagte er: ‹Wissen Sie, auf meinem Schiff werden Sie arbeiten müssen.› Ich erwiderte, dass ich noch auf jedem Schiff, auf dem ich je gewesen, hätte arbeiten müssen. ‹Oh, aber das hier ist anders, und Ihr Herren von den großen Schiffen ... na ja! Wahrscheinlich werden Sie's schaffen. Treten Sie morgen an!›

Ich trat tags darauf an. Das war vor zweiundzwanzig Jahren; und ich war eben zwanzig. Wie doch die Zeit vergeht! Es war einer der glücklichsten Tage meines Lebens. Stellt euch

mate for the first time – a really responsible officer! I wouldn't have thrown up my new billet for a fortune. The mate looked me over carefully. He was also an old chap, but of another stamp. He had a Roman nose, a snow-white, long beard, and his name was Mahon, but he insisted that it should be pronounced Mann. He was well connected; yet there was something wrong with his luck, and be had never got on.

"As to the captain, he had been for years in coasters, then in the Mediterranean, and last in the West Indian trade. He had never been round the Capes. He could just write a kind of sketchy hand, and didn't care for writing at all. Both were thorough good seamen of course, and between those two old chaps I felt like a small boy between two grandfathers.

"The ship also was old. Her name was the *Judea*. Queer name, isn't it? She belonged to a man Wilmer, Wilcox – some name like that; but he has been bankrupt and dead these twenty years or more, and his name don't matter. She had been laid up in Shadwell basin for ever so long. You may imagine her state. She was all rust, dust, grime – soot aloft, dirt on deck. To me it was like coming out of a palace into a ruined cottage. She was about 400 tons, had a primitive windlass, wooden latches to the doors, not a bit of brass about her, and a big square stern. There was on it, below her name in big letters, a lot of scrollwork, with the gilt off, and some sort of a coat of arms, with the motto 'Do or Die' underneath. I remember it took my fancy immensely. There was a touch of romance in it, something that made me love the old thing – something that appealed to my youth!

"We left London in ballast – sand ballast – to load a cargo of coal in a northern port for Bankok.

das vor! Erstmals Zweiter – ein wirklich verantwortlicher Offizier! Nicht um ein Vermögen wäre mir das neue Patent feil gewesen. Der Erste musterte mich gründlich. Auch er war ein alter Knabe, doch von anderem Schlag. Er hatte eine Römernase, einen langen, schneeweißen Bart und hieß Mahon, bestand aber darauf, dass sein Name ‹Mann› auszusprechen sei. Er hatte gute Verbindungen; irgendwie jedoch war das Glück nicht auf seiner Seite gewesen, und er war nie vorangekommen.

Was den Kapitän anlangt, so hatte der jahrelang auf Küstenfahrern, dann im Mittelmeer und zuletzt im Westindienhandel gedient. Er war nie um die Kaps herumgekommen. Er konnte bloß unbeholfene Krakel schreiben und hatte fürs Schreiben überhaupt nichts übrig. Beide waren natürlich sehr tüchtige Seeleute, und unter den beiden Alten kam ich mir vor wie ein kleiner Junge zwischen zwei Großvätern.

Auch das Schiff war alt. Es hieß *Judea*. Sonderbarer Name, nicht wahr? Es gehörte einem Manne namens Wilmer Wilcox – oder so ähnlich; aber er ist seit zwanzig oder mehr Jahren bankrott und tot, und sein Name tut nichts zur Sache. Die *Judea* hatte endlos lange im Hafenbecken von Shadwell aufgelegen. Ihr könnt euch ihren Zustand vorstellen. Sie war über und über voll Rost, Staub und Schmutz – die Takelung verrußt, und dreckig das Deck. Für mich war es, als wäre ich aus einem Palast in eine verfallene Hütte geraten. Das Schiff hatte etwa vierhundert Tonnen, ein altmodisches Ankerspill, hölzerne Türriegel; nirgendwo war ein Stückchen Messing zu sehen; das Heck war mächtig und plump. Unter den großen Lettern des Namens waren am Heck eine Menge Verzierungen angebracht, von denen die Vergoldung abgeblättert war, sowie eine Art Wappen mit der Devise ‹Tat oder Tod›. Ich entsinne mich, dass dieser Wahlspruch mich ungeheuer begeisterte. Ein Hauch von Romantik steckte darin, etwas, das mich den alten Kasten lieben ließ – etwas, das meine Jugend ansprach.

Wir verließen London in Ballast – Sand –, um in einem nördlichen Hafen eine Ladung Kohle für Bangkok aufzuneh-

Bankok! I thrilled. I had been six years at sea, but had only seen Melbourne and Sydney, very good places, charming places in their way – but Bankok!

"We worked out of the Thames under canvas, with a North Sea pilot on board. His name was Jermyn, and he dodged all day long about the galley drying his handkerchief before the stove. Apparently he never slept. He was a dismal man, with a perpetual tear sparkling at the end of his nose, who either had been in trouble, or was in trouble, or expected to be in trouble – couldn't be happy unless something went wrong. He mistrusted my youth, my common-sense, and my seamanship, and made a point of showing it in a hundred little ways. I dare say he was right. It seems to me I knew very little then, and I know not much more now; but I cherish a hate for that Jermyn to this day.

"We were a week working up as far as Yarmouth Roads, and then we got into a gale – the famous October gale of twenty-two years ago. It was wind, lightning, sleet, snow, and a terrific sea. We were flying light, and you may imagine how bad it was when I tell you we had smashed bulwarks and a flooded deck. On the second night she shifted her ballast into the lee bow, and by that time we had been blown off somewhere on the Dogger Bank. There was nothing for it but go below with shovels and try to right her, and there we were in that vast hold, gloomy like a cavern, the tallow dips stuck and flickering on the beams, the gale howling above, the ship tossing about like mad on her side; there we all were, Jermyn, the captain, every one, hardly able to keep our feet, engaged on that gravedigger's work, and trying to toss shovelfuls of wet sand up to windward. At every tumble of the ship you could see vaguely in the dim light men falling down with a great flourish of shovels.

men. Bangkok! jauchzte ich. Ich war sechs Jahre zur See gefahren, hatte aber nur Melbourne und Sidney gesehen, sehr anständige Orte, reizend in ihrer Art – aber Bangkok!

Wir liefen aus der Themse unter Segel aus, mit einem Nordseelotsen an Bord. Er hieß Jermyn und drückte sich den lieben langen Tag in der Kombüse herum, wo er vor dem Ofen sein Taschentuch trocknete. Anscheinend schlief er nie. Er war ein trübsinniger Mensch, an dessen Nasenspitze ständig ein Tröpfchen funkelte; entweder hatte er Verdruss gehabt, oder er hatte gerade Verdruss, oder er erwartete Verdruss – jedenfalls konnte er nur glücklich sein, wenn etwas schief ging. Er misstraute meiner Jugend, meinem gesunden Menschenverstand und meinem seemännischen Können und ließ es sich angelegen sein, mir das auf hunderterlei kleine Arten zu zeigen. Vermutlich hatte er recht. Ich wusste damals sehr wenig und weiß jetzt nicht viel mehr; doch bis zum heutigen Tag habe ich einen Hass auf diesen Jermyn.

Wir brauchten eine Woche bis Yarmouth Roads und gerieten dann in einen Sturm – den berüchtigten Oktobersturm vor zweiundzwanzig Jahren. Es war windig, es blitzte, hagelte, schneite, und die See war fürchterlich. Wir hatten zu wenig Ladung, und wie schlimm es war, könnt ihr euch vorstellen, wenn ich euch sage, dass das Schanzkleid zerschlagen und das Deck überflutet wurde. In der zweiten Nacht verlagerte sich der Ballast im Vorschiff nach Lee, und unterdessen waren wir irgendwohin auf die Doggerbank abgetrieben worden. Es blieb uns nichts übrig, als mit Schaufeln nach unten zu steigen und zu versuchen, das Schiff wieder ins Gleichgewicht zu bringen. Da waren wir nun in dem weiten Laderaum, dessen Düsternis an eine Höhle erinnerte. Die Talgkerzen auf dem Raumbalken flackerten, der Sturm heulte über uns, das auf der Seite liegende Schiff wurde wie irr hin und her geworfen. Alle waren wir da: Jermyn, der Kapitän, jeder; wir konnten uns kaum auf den Beinen halten; alle waren wir mit dieser Totengräberarbeit beschäftigt und versuchten, nassen Sand schaufelweise nach Luv zu werfen. Bei jeder Torkelbewegung des Schiffes konnte man im trüben Licht undeutlich sehen,

One of the ship's boys (we had two), impressed by the weirdness of the scene, wept as if his heart would break. We could hear him blubbering somewhere in the shadows.

"On the third day the gale died out, and by-and-by a north-country tug picked us up. We took sixteen days in all to get from London to the Tyne! When we got into dock we had lost our turn for loading, and they hauled us off to a tier where we remained for a month. Mrs Beard (the captain's name was Beard) came from Colchester to see the old man. She lived on board. The crew of runners had left, and there remained only the officers, one boy and the steward, a mulatto who answered to the name of Abraham. Mrs Beard was an old woman, with a face all wrinkled and ruddy like a winter apple, and the figure of a young girl. She caught sight of me once, sewing on a button, and insisted on having my shirts to repair. This was something different from the captains' wives I had known on board crack clippers. When I brought her the shirts, she said: 'And the socks? They want mending, I am sure, and John's – Captain Beard's – things are all in order now. I would be glad of something to do.' Bless the old woman. She overhauled my outfit for me, and meantime I read for the first time *Sartor Resartus* and Burnaby's *Ride to Khiva*. I didn't understand much of the first then; but I remember I preferred the soldier to the philosopher at the time; a preference which life has only confirmed. One was a man, and the other was either more – or less. However, they are both dead and Mrs. Beard is dead, and youth, strength, genius, thoughts, achievements, simple hearts – all dies. ... No matter.

"They loaded us at last. We shipped a crew. Eight able seamen and two boys. We hauled off one eve-

wie Männer heftig mit Schaufeln fuchtelten und dann umfielen. Einer der Schiffsjungen (wir hatten zwei) weinte, beeindruckt von der Unheimlichkeit der Szene, als wollte ihm das Herz brechen. Irgendwo im Dunkeln konnten wir ihn schluchzen hören.

Am dritten Tag legte sich der Sturm, und bald darauf las uns ein Schlepper aus dem Norden auf. Wir brauchten insgesamt sechzehn Tage von London bis zum Tyne. Als wir dann ins Dock kamen, hatten wir unseren Ladetermin versäumt, und man verholte uns an einen Liegeplatz, wo wir einen Monat lang blieben. Mrs Beard (der Kapitän hieß Beard) kam aus Colchester, um den Alten zu besuchen. Sie wohnte an Bord. Die Mannschaft kurzfristig Angeheuerter war weg, und nur die Offiziere, ein Schiffsjunge und der Steward waren geblieben, ein Mulatte, der auf den Namen Abraham hörte. Mrs Beard war eine alte Frau mit ganz runzligem Gesicht, das rot war wie ein Winterapfel; ihre Figur war die eines jungen Mädchens. Einmal sah sie, wie ich einen Knopf annähte; da bestand sie darauf, meine Hemden zum Ausbessern zu bekommen. Das war etwas anderes, als ich es von den Kapitänsfrauen auf Prachtseglern gewohnt war. Als ich ihr die Hemden brachte, sagte sie: ‹Und die Socken? Die müssen gewiss gestopft werden, und Johns – Käpt'n Beards – Sachen sind jetzt durchwegs in Ordnung. Ich hätte gerne etwas zu tun.› Gott segne die alte Frau! Sie sah meine Ausrüstung gründlich durch, und währenddessen las ich zum ersten Mal ‹Sartor Resartus› und Burnabys ‹Ritt nach Khiva›. Von ersterem verstand ich damals nicht viel; aber ich entsinne mich, dass mir seinerzeit der Soldat lieber war als der Philosoph; eine Vorliebe, die das Leben bloß noch bestärkt hat. Der eine war ein Mann, und der andere war entweder mehr – oder weniger. Doch beide sind tot, und Mrs Beard ist tot, und Jugend, Kraft, Genie, Gedanken, Taten, schlichte Herzen – alles stirbt. Es hat nichts zu sagen.

Endlich ging es ans Laden. Wir heuerten eine Mannschaft an. Acht Vollmatrosen und zwei Schiffsjungen. Eines Abends

ning to the buoys at the dock-gates, ready to go out, and with a fair prospect of beginning the voyage next day. Mrs. Beard was to start for home by a late train. When the ship was fast we went to tea. We sat rather silent through the meal – Mahon, the old couple, and I. I finished first, and slipped away for a smoke, my cabin being in a deck-house just against the poop. It was high water, blowing fresh with a drizzle; the double dock-gates were opened, and the steam-colliers were going in and out in the darkness with their lights burning bright, a great plashing of propellers, rattling of winches, and a lot of hailing on the pier-heads. I watched the procession of head-lights gliding high and of greeen lights gliding low in the night, when suddenly a red gleam flashed at me, vanished, came into view again, and remained. The fore-end of a steamer loomed up close. I shouted down the cabin, 'Come up, quick!' and then heard a startled voice saying afar in the dark, 'Stop her, sir.' A bell jingled. Another voice cried warningly, 'We are going right into that barque, sir.' The answer to this was a gruff 'All right,' and the next thing was a heavy crash as the steamer struck a glancing blow with the bluff of her bow about our forerigging. There was a moment of confusion, yelling, and running about. Steam roared. Then somebody was heard saying, 'All clear, sir.' ... 'Are you all right?' asked the gruff voice. I had jumped forward to see the damage, and hailed back, 'I think so.' 'Easy astern,' said the gruff voice. A bell jingled. 'What steamer is that?' screamed Mahon. By that time she was no more to us than a bulky shadow manœuvring a little way off. They shouted at us some name – a woman's name, Miranda or Melissa – or some such thing. 'This means another month in this beastly

verholten wir an die Bojen bei den Dockschleusen, klar zum Auslaufen und mit ziemlich sicherer Aussicht, die Reise am nächsten Tag zu beginnen. Mrs Beard sollte mit einem späten Zug nach Hause fahren. Als das Schiff festgemacht war, gingen wir zum Tee. Während der Mahlzeit blieben wir ziemlich schweigsam – Mahon, das alte Ehepaar und ich. Ich war als erster fertig und verzog mich, um eine zu rauchen; meine Kabine lag in einem Deckshaus unmittelbar an der Achterhütte. Es war Flut, eine frische Brise wehte, es nieselte; die Doppeltore des Hafenbeckens standen offen, und in der Dunkelheit fuhren die Kohlendampfer ein und aus, mit hell brennenden Lichtern, mächtig lärmenden Schrauben, rasselnden Winden und unter vielen Zurufen von den Molenköpfen her. Ich beobachtete die lange Reihe der Topplichter, die hoch oben, und der grünen Lichter, die niedrig in der Nacht dahin glitten, als plötzlich ein roter Schein vor mir aufblinkte, verschwand, wieder sichtbar wurde und blieb. Der Bug eines Dampfers zeichnete sich in bedrohlicher Nähe ab. Ich brüllte in die Kajüte hinunter: ‹Kommt herauf, schnell!› und hörte dann eine aufgeschreckte Stimme fern im Dunkeln sagen: ‹Stoppen Sie, Sir!› Eine Glocke bimmelte. Eine andere Stimme rief warnend: ‹Wir laufen genau auf diese Bark zu, Sir.› Die Antwort darauf war ein barsches ‹Schon gut!›, und als nächstes folgte ein heftiges Krachen, als uns der Dampfer mit seinem breiten Bug in Höhe unserer vorderen Takelage streifte. Es herrschte einen Augenblick lang Verwirrung, Geschrei und Gerenne. Brüllend wurde Dampf abgelassen. Dann hörte man jemand sagen: ‹Gefahr vorbei, Sir.› ... ‹Ist bei Ihnen alles in Ordnung?› fragte die barsche Stimme. Ich war nach vorn gesprungen, um mir den Schaden anzusehen und rief zurück: ‹Ich glaube ja.› ‹Langsam zurück›, sagte die mürrische Stimme. Eine Glocke bimmelte. ‹Was ist das für ein Dampfer?› schrie Mahon. Inzwischen war das Schiff für uns bloß noch ein mächtiger Schatten, der sich ein bißchen weiter wegmanövrierte. Sie riefen uns irgendeinen Namen zu – einen Frauennamen, Miranda oder Melissa, oder so ähnlich. ‹Das bedeutet einen weiteren Monat in diesem ver-

hole,' said Mahon to me, as we peered with lamps about the splintered bulwarks and broken braces. 'But where's the captain?'

"We had not heard or seen anything of him all that time. We went aft to look. A doleful voice arose hailing somewhere in the middle of the dock, '*Judea* ahoy!' ... How the devil did he get there? ... 'Hallo!' we shouted. 'I am adrift in our boat without oars,' he cried. A belated water-man offered his services, and Mahon struck a bargain with him for half-a-crown to tow our skipper alongside; but it was Mrs Beard that came up the ladder first. They had been floating about the dock in that mizzly cold rain for nearly an hour. I was never so surprised in my life.

"It appears that when he heard my shout 'Come up' he understood at once what was the matter, caught up his wife, ran on deck, and across, and down into our boat, which was fast to the ladder. Not bad for a sixty-year-old. Just imagine that old fellow saving heroically in his arms that old woman – the woman of his life. He set her down on a thwart, and was ready to climb back on board when the painter came adrift somehow, and away they went together. Of course in the confusion we did not hear him shouting. He looked abashed. She said cheerfully, 'I suppose it does not matter my losing the train now?' 'No, Jenny – you go below and get warm,' he growled. Then to us: 'A sailor has no business with a wife – I say. There I was, out of the ship. Well, no harm done this time. Let's go and look at what that fool of a steamer smashed.'

"It wasn't much, but it delayed us three weeks. At the end of that time, the captain being engaged with his agents, I carried Mrs Beard's bag to the railway-station and put her all comfy into a third-class carriage. She lowered the window to

dammten Kaff›, sagte Mahon zu mir, während wir uns mit Lampen das zersplitterte Schanzkleid und die gerissenen Brassen anguckten. ‹Aber wo ist der Kapitän?›

Die ganze Zeit über hatten wir von ihm nichts gehört und gesehen. Wir gingen nach achtern, um nachzuschauen. Irgendwo von der Mitte des Hafenbeckens her erhob sich eine kummervolle Stimme: ‹Judea!› ... Wie, zum Teufel, war er dorthin gekommen? ... ‹Hallo!› brüllten wir. ‹Ich treibe in unserem Boot ohne Riemen›, rief er zurück. Ein verspäteter Flussschiffer bot seine Dienste an, und Mahon handelte mit ihm aus, er solle unseren Kapitän für eine halbe Krone längsseits schleppen; doch es war Mrs Beard, die zuerst die Leiter herauf kam. Fast eine Stunde lang waren die beiden bei diesem kalten Sprühregen im Hafenbecken umhergetrieben. Ich war nie in meinem Leben so verblüfft.

Als er mich rufen hörte ‹Kommt herauf!›, hatte er anscheinend sofort begriffen, worum es ging, hatte seine Frau gepackt, war an Deck gelaufen, quer hinüber, dann hinunter in unser Boot, das an der Strickleiter festgemacht war. Nicht schlecht für einen Sechzigjährigen. Stellt euch bloß vor, wie der alte Knabe heldenhaft in seinen Armen die alte Frau rettete – die Frau seines Lebens. Er setzte sie auf eine Ruderbank und wollte an Bord zurückklettern, als irgendwie die Fangleine sich löste und – ab ging's mit den beiden. Natürlich hörten wir ihn in dem Durcheinander nicht rufen. Er blickte verlegen drein. Sie sagte heiter: ‹Wahrscheinlich macht es nichts aus, dass ich jetzt den Zug versäume?› ‹Nein, Jenny – du gehst hinunter und wärmst dich auf›, brummte er. Dann zu uns: ‹Ein Seemann soll sich Frauen eben aus dem Kopf schlagen. Das habe ich davon, dass ich weg vom Schiff war. Na, diesmal ist's ja glimpflich abgelaufen. Sehen wir doch nach, was der blöde Dampfer kaputt gemacht hat!›

Es war nicht viel, hielt uns aber drei Wochen lang auf. Nach Ablauf dieser Zeit brachte ich, da der Kapitän mit seinen Agenten zu tun hatte, Mrs Beards Tasche zum Bahnhof und setzte die Frau auf einen recht bequemen Platz in einem Abteil dritter Klasse. Sie ließ das Fenster herunter und sagte: ‹Sie

say, 'You are a good young man. If you see John – Captain Beard – without his muffler at night, just remind him from me to keep his throat well wrapped up.' 'Certainly, Mrs. Beard,' I said. 'You are a good young man; I noticed how attentive you are to John – to Captain –' The train pulled out suddenly; I took my cap off to the old woman: I never saw her again. . . . Pass the bottle.

"We went to sea next day. When we made that start for Bankok we had been already three months out of London. We had expected to be a fortnight or so – at the outside.

"It was January, and the weather was beautiful – the beautiful sunny winter weather that has more charm than in the summer-time, because it is unexpected, and crisp, and you know it won't, it can't, last long. It's like a windfall, like a godsend, like an unexpected piece of luck.

"It lasted all down the North Sea, all down Channel; and it lasted till we were three hundred miles or so to the westward of the Lizards: then the wind went round to the sou'west and began to pipe up. In two days it blew a gale. The *Judea*, hove to, wallowed on the Atlantic like an old candle-box. It blew day after day: it blew with spite, without interval, without mercy, without rest. The world was nothing but an immensity of great foaming waves rushing at us, under a sky low enough to touch with the hand and dirty like a smoked ceiling. In the stormy space surrounding us there was as much flying spray as air. Day after day and night after night there was nothing round the ship but the howl of the wind, the tumult of the sea, the noise of water pouring over her deck. There was no rest for her and no rest for us. She tossed, she pitched, she stood on her head, she sat on her tail, she rolled she groaned, and we had to hold on

sind ein guter junger Mann. Wenn Sie des Nachts John – Käpt'n Beard – ohne seinen Wollschal sehen, dann erinnern Sie ihn doch in meinem Namen daran, dass er den Hals gut eingehüllt halten solle.› ‹Aber gewiss, Mrs Beard›, sagte ich. ‹Sie sind ein guter junger Mann; ich habe schon bemerkt, wie aufmerksam Sie gegen John sind – gegen Käpt'n ...› Der Zug fuhr plötzlich an; ich nahm zum Gruß die Mütze ab: die alte Frau hab ich nie wieder gesehen ... Reicht die Flasche herum!

Am nächsten Tag gingen wir in See. Als wir diesmal nach Bangkok aufbrachen, waren wir schon drei Monate von London weg. Wir hatten mit vierzehn Tagen gerechnet – höchstens.

Es war Januar, und das Wetter war schön – schönes, sonniges Winterwetter, das mehr Reiz hat als schönes Wetter zur Sommerszeit, weil es unerwartet ist und frisch, und weil man weiss, dass es nicht lange anhalten wird und nicht lange anhalten kann. Es ist wie eine Schicksalsfügung, wie eine Gottesgabe, wie ein unverhofftes Glück.

Es hielt die ganze Nordsee hinunter an, den ganzen Kanal hindurch, und es hielt an, bis wir etwa dreihundert Meilen westlich Kap Lizard waren. Dann drehte der Wind nach Südwest und begann gewaltig zu heulen. In zwei Tagen tobte ein Sturm. Die *Judea*, beigedreht, schlingerte auf dem Atlantik wie eine Kerzenschachtel. Es stürmte Tag für Tag: schneidend, unablässig, gnadenlos, ohne Pause. Die Welt bestand nur aus unermesslich großen Gischtwellen, die auf uns zurauschten, unter einem Himmel, der so niedrig hing, dass man mit der Hand nach ihm greifen konnte, und der so schmutzig war wie eine verrauchte Zimmerdecke. In dem sturmdurchtosten Raum rings um uns war ebensoviel Fluggischt wie Luft. Tag für Tag und Nacht für Nacht war nichts um das Schiff als das Heulen des Windes, das Toben der Wellen, das Donnern der Sturzseen, die auf das Deck niedergingen. Es gab für das Schiff keine Ruhe, und keine Ruhe für uns. Die *Judea* rollte, stampfte, stellte sich auf den Kopf, setzte sich auf den Stert, schlingerte, ächzte; waren wir an Deck, mussten wir uns festhalten; waren wir unten, mussten wir uns an unsere

while on deck and cling to our bunks when below, in a constant effort of body and worry of mind.

"One night Mahon spoke through the small window of my berth. It opened right into my very bed, and I was lying there sleepless, in my boots, feeling as though I had not slept for years, and could not if I tried. He said excitedly –

"You got the sounding-rod in here, Marlow? I can't get the pumps to suck. By God! it's no child's play.'

"I gave him the sounding-rod and lay down again, trying to think of various things – but I thought only of the pumps. When I came on deck they were still at it, and my watch relieved at the pumps. By the light of the lantern brought on deck to examine the sounding-rod I caught a glimpse of their weary, serious faces. We pumped all the four hours. We pumped all night, all day, all the week – watch and watch. She was working herself loose, and leaked badly – not enough to drown us at once, but enough to kill us with the work at the pumps. And while we pumped the ship was going from us piecemeal: the bulwarks went, the stanchions were torn out, the ventilators smashed, the cabin-door burst in. There was not a dry spot in the ship. She was being gutted bit by bit. The long-boat changed, as if by magic, into matchwood where she stood in her gripes. I had lashed her myself, and was rather proud of my handiwork, which had withstood so long the malice of the sea. And we pumped. And there was no break in the weather. The sea was white like a sheet of foam, like a caldron of boiling milk; there was not a break in the clouds, no – not the size of a man's hand – no, not for so much as ten seconds. There was for us no sky, there were for us no stars, no sun, no universe – nothing but angry clouds and an infu-

Kojen klammern, in ständiger körperlicher Anspannung und seelischer Qual.

Eines Nachts sprach Mahon durch das kleine Fenster meiner Koje. Es war direkt neben meinem Bett, auf dem ich schlaflos lag; ich hatte die Stiefel an und mir war zumute, als hätte ich jahrelang nicht geschlafen und könnte es auch nicht, selbst wenn ich's wollte. Aufgeregt sagte er:

‹Haben Sie den Peilstock drinnen, Marlow? Ich kann die Pumpen nicht in Gang bringen. Bei Gott! es ist kein Kinderspiel.›

Ich gab ihm den Peilstock, legte mich wieder hin und versuchte, an allerlei zu denken – aber ich dachte nur an die Pumpen. Als ich an Deck ging, waren sie noch immer dabei, und meine Wache übernahm die Ablösung an den Pumpen. Im Licht der Laterne, die auf Deck gebracht worden war, damit man den Peilstock ablesen konnte, erhaschte ich einen Blick in die müden, ernsten Gesichter. Wir pumpten die ganzen vier Stunden durch. Wir pumpten die ganze Nacht, den ganzen Tag, die ganze Woche lang – Wache um Wache. Das Schiff war nicht mehr steuerbar und leckte stark – nicht stark genug, um uns sofort zu ersäufen, aber stark genug, um uns mit der Arbeit an den Pumpen umzubringen. Und während wir pumpten, entzog sich uns das Schiff stückweise: das Schanzkleid ging über Bord, die Stützen wurden herausgerissen, die Ventilatoren zertrümmert, die Kajütentür eingedrückt. Es gab keine trockene Stelle auf dem Schiff. Stück um Stück wurde es ausgenommen. Das Großboot verwandelte sich, wo es in seiner Laschung hing, wie durch Zauberei in Kleinholz. Ich hatte es selbst festgezurrt und war recht stolz auf meiner Hände Arbeit gewesen, die der bösartigen See so lange standgehalten hatte. Und wir pumpten. Und das Wetter änderte sich nicht. Die See glich einer weißen Schaumfläche, einem Kessel kochender Milch; in den Wolken war kein Spalt sichtbar, nein – keine Handbreit –, nein, auch nicht für bloß zehn Sekunden. Es gab für uns keinen Himmel, es gab für uns keine Sterne, keine Sonne, kein All – nichts als drohende Wolken und eine aufge-

riated sea. We pumped watch and watch, for dear life; and it seemed to last for months, for years, for all eternity, as though we had been dead and gone to a hell for sailors. We forgot the day of the week, the name of the month, what year it was, and whether we had ever been ashore. The sails blew away, she lay broadside on under a weather-cloth, the ocean poured over her, and we did not care. We turned those handles, and had the eyes of idiots. As soon as we had crawled on deck I used to take a round turn with a rope about the men, the pumps, and the mainmast, and we turned, we turned incessantly, with the water to our waists, to our necks, over our heads. It was all one. We had forgotten how it felt to be dry.

"And there was somewhere in me the thought: By Jove! this is the deuce of an adventure — something you read about; and it is my first voyage as second mate — and I am only twenty — and here I am lasting it out as well as any of these men, and keeping my chaps up to the mark. I was pleased. I would not have given up the experience for worlds. I had moments of exultation. Whenever the old dismantled craft pitched heavily with her counter high in the air, she seemed to me to throw up, like an appeal, like a defiance, like a cry to the clouds without mercy, the words written on her stern: '*Judea*, London. Do or Die.'

"O youth! The strength of it, the faith of it, the imagination of it! To me she was not an old rattle-trap carting about the world a lot of coal for a freight — to me she was the endeavour, the test, the trial of life. I think of her with pleasure, with affection, with regret — as you would think of someone dead you have loved. I shall never forget her. ... Pass the bottle.

"One night when tied to the mast, as I ex-

brachte See. Wir pumpten Wache für Wache ums liebe Leben; und es schien Monate, Jahre, die ganze Ewigkeit so weiterzugehen, als wären wir schon tot gewesen und in eine Hölle für Seeleute gefahren. Wir vergaßen den Wochentag, den Namen des Monats, wir vergaßen, was für ein Jahr wir hatten und ob wir je an Land gewesen waren. Die Segel flogen fort, das Schiff lag breitseits unter einer Persenning, der Ozean spülte darüber hinweg, und wir machten uns nichts daraus. Wir drehten die Kurbeln und sahen wie Idioten aus. Immer wenn wir auf das Deck gekrochen waren, legte ich ein Tau rings um die Männer, die Pumpen und den Großmast herum, und wir drehten und drehten unablässig, bis zu den Hüften im Wasser, bis zum Hals, bis über den Kopf. Es war alles einerlei. Wir hatten vergessen, was für ein Gefühl es war, trocken zu sein.

Und irgendwo in mir lebte der Gedanke: Bei Gott! das ist ein Mordsabenteuer – etwas, worüber man liest; und es ist meine erste Reise als Zweiter Offizier – und ich bin erst zwanzig – und ich stehe es ebenso gut durch wie jeder andere und sorge dafür, dass meine Jungs auf Draht bleiben. Mich freute es. Nicht um alles in der Welt hätte ich auf diese Erfahrung verzichten mögen. Ich erlebte Augenblicke des Triumphes. Immer wenn die alte, abgetakelte Bark, mit ihrer Gilling hoch in der Luft, heftig stampfte, schien es mir, als schleudere sie die auf ihr Heck geschriebenen Worte wie einen Anruf, wie eine Herausforderung, wie einen Schrei empor zu den gnadenlosen Wolken: ‹*Judea*, London. Tat oder Tod.›

O Jugend! Ihre Stärke, ihr Glaube, ihre Phantasie! Für mich war das Schiff nicht ein alter Klapperkasten, der als Fracht eine Ladung Kohle um die Welt schleppte – für mich war es die heilige Aufgabe, der Prüfstein, die Kraftprobe des Lebens. Ich denke mit Freuden an die Bark, mit Zuneigung, mit Bedauern so wie man eines teuren Toten zu gedenken pflegt. Ich werde sie nie vergessen. ... Reicht die Flasche herum!

Eines Nachts, als wir, wie bereits dargelegt, am Mast fest-

plained, we were pumping on, deafend with the wind, and without spirit enough in us to wish ourselves dead, a heavy sea crashed aboard and swept clean over us. As soon as I got my breath I shouted, as in duty bound, 'Keep on, boys!' when suddenly I felt something hard floating on deck strike the calf of my leg. I made a grab at it and missed. It was so dark we could not see each other's faces within a foot – you understand.

"After that thump the ship kept quiet for a while, and the thing, whatever it was, struck my leg again. This time I caught it – and it was a saucepan. At first, being stupid with fatigue and thinking of nothing but the pumps, I did not understand what I had in my hand. Suddenly it dawned upon me, and I shouted, 'Boys, the house on deck is gone. Leave this, and let's look for the cook.'

"There was a deck-house forward, which contained the galley, the cook's berth, and the quarters of the crew. As we had expected for days to see it swept away, the hands had been ordered to sleep in the cabin – the only safe place in the ship. The steward, Abraham, however, persisted in clinging to his berth, stupidly, like a mule – from sheer fright I believe, like an animal that won't leave a stable falling in an earthquake. So we went to look for him. It was chancing death, since once out of our lashings we were as exposed as if on a raft. But we went. The house was shattered as if a shell had exploded inside. Most of it had gone overboard – stove, men's quarters, and their property, all was gone; but two posts, holding a portion of the bulkhead to which Abraham's bunk was attached, remained as if by a miracle. We groped in the ruins and came upon this, and there he was, sitting in his bunk, surrounded by foam and wreckage, jabbering cheerfully to himself. He was out

gebunden waren und weiterpumpten, betäubt vom Winde und ohne genügend Kraft, um den Tod herbeizuwünschen, da brach eine schwere See über Bord und fegte glatt über uns hinweg. Sobald ich wieder zu Atem kam, brüllte ich pflichtgemäß: ‹Festhalten, Jungs!› als ich plötzlich spürte, wie etwas Hartes, das auf Deck trieb, mir gegen die Wade schlug. Ich griff danach, verfehlte es aber. Es war so dunkel, dass keiner des andern Gesicht, auch nicht in einem Fuß Entfernung, sehen konnte – ihr wisst, was das heißt.

Nach diesem Stoß lag das Schiff eine Weile ruhig, und das Ding, was es auch sein mochte, schlug mir wieder gegen das Bein. Diesmal erwischte ich's: es war eine Bratpfanne. Betäubt vor Erschöpfung und an nichts anderes als die Pumpen denkend, begriff ich zuerst nicht, was ich da in der Hand hatte. Plötzlich dämmerte es mir, und ich rief: ‹Jungs, das Deckshaus ist weg. Hört damit auf; wir müssen nach dem Koch sehen.›

Vorne war ein Deckshaus, in dem sich die Kombüse, die Koje des Kochs und die Mannschaftsunterkünfte befanden. Da wir seit Tagen schon damit gerechnet hatten, dass es fortgerissen würde, hatte die Mannschaft Befehl, in der Kajüte zu schlafen – dem einzigen sicheren Platz auf dem Schiff. Der Steward Abraham jedoch, störrisch wie ein Maulesel, bestand darauf, in seiner Koje zu bleiben – aus bloßer Angst, glaube ich, wie ein Tier, das bei einem Erdbeben einen zusammenstürzenden Stall nicht verlassen will. So machten wir uns also auf, ihn zu suchen. Es bedeutete, das Leben aufs Spiel zu setzen, da wir ja ohne den Schutz unserer Laschung ebenso gefährdet waren wie auf einem Floß. Aber wir machten uns dennoch auf. Das Haus war zertrümmert, als wäre darin eine Granate explodiert. Das meiste davon war über Bord geflogen – Ofen, Mannschaftsunterkünfte samt der Habe der Leute, alles war weg; aber zwei Pfosten, die einen Teil des Schotts hielten, woran Abrahams Koje befestigt war, blieben wie durch ein Wunder erhalten. Wir stießen darauf, als wir im Trümmerwerk herumtappten, und da saß er also in seiner Koje, zwischen Schaum und Wrackteilen, und faselte vergnügt mit sich selbst. Er war übergeschnappt, ganz und gar und für

of his mind; completely and for ever mad, with this sudden shock coming upon the fag-end of his endurance. We snatched him up, lugged him aft, and pitched him head-first down the cabin companion. You understand there was no time to carry him down with infinite precautions and wait to see how he got on. Those below would pick him up at the bottom of the stairs all right. We were in a hurry to go back to the pumps. That business could not wait. A bad leak is an inhuman thing.

"One would think that the sole purpose of that fiendish gale had been to make a lunatic of that poor devil of a mulatto. It eased before morning, and next day the sky cleared, and as the sea went down the leak took up. When it came to bending a fresh set of sails the crew demanded to put back – and really there was nothing else to do. Boats gone, decks swept clean, cabin gutted, men without a stitch but what they stood in, stores spoiled, ship strained. We put her head for home, and – would you believe it? The wind came east right in our teeth. It blew fresh, it blew continuously. We had to beat up every inch of the way, but she did not leak so badly, the water keeping comparatively smooth. Two hours' pumping in every four is no joke – but it kept her afloat as far as Falmouth.

"The good people there live on casualties of the sea, and no doubt were glad to see us. A hungry crowd of shipwrights sharpened their chisels at the sight of that carcass of a ship. And, by Jove! they had pretty pickings off us before they were done. I fancy the owner was already in a tight place. There were delays. Then it was decided to take part of the cargo out and caulk her topsides. This was done, the repairs finished, cargo reshipped; a new crew came on board, and we went out – for Bankok. At the end of a week we were

immer verrückt, durch den plötzlichen Schock, der über ihn kam, als er schon am Ende seiner Leidensfähigkeit war. Wir packten ihn zusammen, schleppten ihn nach achtern und schubsten ihn kopfüber den Kajütenniedergang hinunter. Ihr versteht wohl, dass keine Zeit war, ihn mit unendlicher Behutsamkeit hinabzutragen und abzuwarten, wie es mit ihm weiterginge. Die da unten würden ihn schon am Fuß der Treppe aufklauben. Wir hatten es eilig, zurück an die Pumpen zu kommen. Dieses Geschäft ließ sich nicht aufschieben. Ein großes Leck ist etwas Unmenschliches.

Man hätte meinen können, es sei der einzige Zweck dieses höllischen Sturms gewesen, aus jenem armen Teufel von einem Mulatten einen Irren zu machen. Der Sturm flaute noch nachts ab, am nächsten Tag klarte es auf, und sobald sich die See legte, kam das Leck über Wasser. Als es an der Zeit war, neue Segel anzuschlagen, verlangte die Mannschaft, dass wir umkehrten – und es blieb wirklich nichts anderes übrig. Die Boote fort, die Decks reingefegt, die Kajüte ausgeräumt, die Männer ohne jeden Fetzen, außer dem, was sie am Leibe trugen, die Vorräte verdorben, das Schiff schwer angeschlagen. Wir drehten auf Kurs Heimat, und – ob ihr es glaubt? – der Wind blies uns aus Ost gerade ins Gesicht. Ein frischer, stetiger Wind. Wir mussten jeden Zoll des Wegs aufkreuzen, aber die *Judea* leckte nicht allzusehr, da das Wasser verhältnismäßig ruhig blieb. Von vier Stunden zwei zu pumpen ist kein Vergnügen – aber so blieb sie flott bis Falmouth.

Die guten Leute dort leben von Unfällen auf See und freuten sich ohne Zweifel, uns zu sehen. Eine Schar hungriger Zimmerleute schärfte ihre Meissel, als dieser Kadaver von einem Schiff in Sicht kam. Und wahrhaftig! sie verdienten an uns eine hübsche Stange Geld, ehe sie fertig waren. Ich vermute, dass der Eigner schon in der Klemme war. Es gab Verzögerungen. Dann wurde beschlossen, einen Teil der Ladung zu löschen und die Schiffswände über der Wasserlinie zu kalfatern. Das geschah, die Reparaturen wurden beendet, die Ladung wieder übernommen; eine neue Mannschaft kam an Bord, und wir liefen aus – nach Bangkok. Eine Woche darauf waren

back again. The crew said they weren't going to Bankok – a hundred and fifty days' passage – in a something hooker that wanted pumping eight hours out of the twenty-four; and the nautical papers inserted again the little paragraph: '*Judea*. Barque. Tyne to Bankok; coals; put back to Falmouth leaky and with crew refusing duty.'

"There were more delays – more tinkering. The owner came down for a day, and said she was as right as a little fiddle. Poor old Captain Beard looked like the ghost of a Geordie skipper – through the worry and humiliation of it. Remeber he was sixty, and it was his first command. Mahon said it was a foolish business, and would end badly. I loved the ship more than ever, and wanted awfully to get to Bankok. To Bankok! Magic name, blessed name. Mesopotamia wasn't a patch on it. Remember I was twenty, and it was my first second-mate's billet, and the East was waiting for me.

"We went out and anchored in the outer roads with a fresh crew – the third. She leaked worse than ever. It was as if those confounded shipwrights had actually made a hole in her. This time we did not even go outside. The crew simply refused to man the windlass.

"They towed us back to the inner harbour, and we became a fixture, a feature, an institution of the place. People pointed us out to visitors as 'That 'ere barque that's going to Bankok – has been here six months – put back three times.' On holidays the small boys pulling about in boats would hail, '*Judea*, ahoy!' and if a head showed above the rail shouted, 'Where you bound to? – Bankok?' and jeered. We were only three on board. The poor old skipper mooned in the cabin. Mahon undertook the cooking, and unexpectedly developed all a Frenchman's genius for preparing nice little messes. I

wir wieder zurück. Die Mannschaft hatte erklärt, sie fahre nicht nach Bangkok – eine Reise von hundertundfünfzig Tagen – in so einem Kahn, auf dem man von vierundzwanzig Stunden acht pumpen müsse; und in die Seefahrtspapiere kam wieder der kleine Eintrag: ‹Judea. Bark. Vom Tyne nach Bangkok; Kohle; nach Falmouth leck zurück; Mannschaft verweigert Dienst.›

Es gab weitere Verzögerungen – weitere Pfuscharbeit. Der Eigner kam für einen Tag herunter und sagte, das Schiff sei topfit. Der alte Kapitän Beard sah aus wie der Geist eines schottischen Kohlenschiffers – vor lauter Ärger und Demütigung. Vergesst nicht, er war sechzig, und dies war sein erstes Kommando. Mahon meinte, es sei ein törichtes Unterfangen und werde bös enden. Ich liebte das Schiff mehr denn je und wollte schrecklich gerne nach Bangkok. Nach Bangkok! Zaubername, glückbringender Name. Mesopotamien war gar nichts dagegen. Bedenkt, ich war zwanzig, und dies war mein erstes Patent als Zweiter Offizier, und der Osten wartete auf mich.

Wir verließen den Hafen und ankerten auf der Außenreede mit einer neuen Mannschaft – der dritten. Die Bark leckte schlimmer denn je. Es war, als hätten diese verdammten Zimmerleute tatsächlich ein Loch hineingebohrt. Diesmal kamen wir gar nicht auf hohe See. Die Mannschaft weigerte sich einfach, das Ankerspill zu besetzen.

Man schleppte uns zum Innenhafen zurück, und dort gehörten wir bald zum Inventar, wurden eine Sehenswürdigkeit, eine stehende Einrichtung. Man machte Besucher auf uns aufmerksam mit Worten wie: ‹Das ist die Bark, die nach Bangkok gehen soll – ist seit sechs Monaten hier – dreimal umgekehrt.› An Feiertagen pflegten die kleinen, in Booten umherrudernden Jungen zu rufen: ‹Judea, ahoi!› Und wenn sich ein Kopf an der Reling zeigte, riefen sie: ‹Wohin geht's? – Bangkok?› und johlten spöttisch. Wir waren nur zu dritt an Bord. Der arme alte Kapitän döste in der Kajüte vor sich hin. Mahon übernahm das Kochen und entwickelte unerwartet die Fähigkeiten eines Franzosen bei der Zubereitung

looked languidly after the rigging. We became citizens of Falmouth. Every shopkeeper knew us. At the barber's or tobacconist's they asked familiarly, 'Do you think you will ever get to Bankok?' Meantime the owner, the underwriters, and the charterers squabbled amongst themselves in London, and our pay went on. ... Pass the bottle.

"It was horrid. Morally it was worse than pumping for life. It seemed as though we had been forgotten by the world, belonged to nobody, would get nowhere; it seemed that, as if bewitched, we would have to live for ever and ever in that inner harbour, a derision and a byword to generations of long-shore loafers and dishonest boatmen. I obtained three months' pay and a five days' leave, and made a rush for London. It took me a day to get there and pretty well another to come back – but three months' pay went all the same. I don't know what I did with it. I went to a music-hall, I believe, lunched, dined, and supped in a swell place in Regent Street, and was back to time, with nothing but a complete set of Byron's works and a new railway rug to show for three months' work. The boat-man who pulled me off to the ship said: 'Hallo! I thought you had left the old thing. *She* will never get to Bankok.' 'That's all *you* know about it,' I said, scornfully – but I didn't like that prophecy at all.

"Suddenly a man, some kind of agent to somebody, appeared with full powers. He had grog-blossoms all over his face, an indomitable energy, and was a jolly soul. We leaped into life again. A hulk came alongside, took our cargo, and then we went into dry dock to get our copper stripped. No wonder she leaked. The poor thing, strained beyond endurance by the gale, had, as if in disgust, spat out all the oakum of her lower seams. She was recaulked, new coppered, and made as tight as

netter kleiner Gerichte. Ich überwachte lustlos die Takelung. Wir wurden Bürger von Falmouth. Jeder Ladenbesitzer kannte uns. Beim Friseur oder Tabakhändler wurde leutselig gefragt: ‹Meinen Sie, dass Sie jemals nach Bangkok kommen werden?› Inzwischen stritten sich der Eigner, die Versicherer und die Befrachter in London herum, und unsere Heuer ging weiter. ... Reicht die Flasche herum!

Es war entsetzlich. Moralisch war es schlimmer, als ums liebe Leben zu pumpen. Es schien, als seien wir von der Welt vergessen worden, als gehörten wir niemandem an, als würden wir nirgendwo hinkommen; es schien, dass wir, wie verhext, auf ewig in diesem Innenhafen leben müssten, zum Hohn und Spott für Generationen von Hafenbummlern und unredlichen Bootsführern. Ich erhielt die Heuer für drei Monate sowie fünf Tage Urlaub und machte einen Abstecher nach London. Ich brauchte einen Tag zur Hinfahrt und fast noch einen ganzen Tag zurück – aber die Heuer eines Vierteljahres ging dennoch drauf. Ich weiss nicht, was ich damit anstellte. Ich ging, glaube ich, in ein Varieté, speiste mittags, abends und nachts in einem piekfeinen Lokal in der Regent Street und war pünktlich zurück, hatte aber als Ertrag dreier Monate Arbeit nur eine vollständige Ausgabe der Werke Byrons und eine neue Reisedecke vorzuweisen. Der Bootsführer, der mich zum Schiff übersetzte, sagte: ‹Hallo, ich glaubte schon, Sie hätten dem alten Ding den Rücken gekehrt. *Das* kommt doch nie nach Bangkok.› ‹*Sie* müssen's ja wissen›, sagte ich geringschätzig – doch gefiel mir die Prophezeiung überhaupt nicht.

Plötzlich erschien ein Mann mit einer Vollmacht, irgendein Vertreter von irgend jemandem. Er hatte ein richtiges Säufergesicht, eine unbändige Energie und war ein prima Kerl. Wir erwachten wieder zum Leben. Ein altes, zu Magazinzwecken verwendetes Schiff kam längsseits, nahm unsere Ladung ein, und dann ging's ins Trockendock, zum Abnehmen des Kupferbelags. Kein Wunder, dass die *Judea* leckte. Vom Sturm über Gebühr hergenommen, hatte das arme Ding, wie vor Ekel, alles Werg seiner unteren Nähte ausgespuckt. Die Bark erhielt eine neue Kalfaterung, eine neue Kupferhaut

a bottle. We went back to the hulk and reshipped our cargo.

"Then, on a fine moonlight night, all the rats left the ship.

"We had been infested with them. They had destroyed our sails, consumed more stores than the crew, affably shared our beds and our dangers, and now, when the ship was made seaworthy, concluded to clear out. I called Mahon to enjoy the spectacle. Rat after rat appeared on our rail, took a last look over his shoulder, and leaped with a hollow thud into the empty hulk. We tried to count them, but soon lost the tale. Mahon siad: 'Well, well! don't talk to me about the intelligence of rats. They ought to have left before, when we had that narrow squeak from foundering. There you have the proof how silly is the superstition about them. They leave a good ship for an old rotten hulk, where there is nothing to eat, too, the fools! . . . I don't believe they know what is safe or what is good for them, any more than you or I.'

"And after some more talk we agreed that the wisdom of rats had been grossly overrated, being in fact no greater than that of men.

"The story of the ship was known, by this, all up the Channel from Land's End to the Forelands, and we could get no crew on the south coast. They sent us one all complete from Liverpool, and we left once more – for Bankok.

"We had fair breezes, smooth water right into the tropics, and the old *Judea* lumbered along in the sunshine. When she went eight knots everything cracked aloft, and we tied our caps to our heads; but mostly she strolled on at the rate of three miles an hour. What could you expect? She was tired – that old ship. Her youth was where mine is – where yours is – you fellows who listen to this yarn; and

und wurde absolut dicht gemacht. Wir fuhren zum Magazinschiff zurück und luden von neuem.

In einer schönen Mondnacht verließen dann alle Ratten die Bark.

Es hatte von ihnen nur so gewimmelt. Sie hatten unsere Segel zernagt, mehr Vorräte vertilgt als die Mannschaft, sie hatten freundlicherweise die Betten und Gefahren mit uns geteilt, und jetzt, da das Schiff seetüchtig gemacht war, beschlossen sie abzuhauen. Ich rief Mahon, damit er das Schauspiel genieße. Ratte um Ratte tauchte an unserer Reling auf, warf einen letzten Blick über die Schulter zurück und sprang mit einem Plumps ins leere Magazinschiff. Wir versuchten sie zu zählen, kamen aber bald nicht mehr mit. Mahon sagte: ‹Schön, schön! Reden Sie mir nicht von der Klugheit der Ratten. Sie hätten zuvor verschwinden sollen, als wir mit knapper Not vor dem Sinken bewahrt wurden. Da haben Sie den Beweis, wie töricht der Aberglaube von den Ratten ist. Sie verlassen ein gutes Schiff einem alten, verrotteten Kasten zuliebe, wo es obendrein nichts zu fressen gibt, die dummen Luder! ... Ich glaube nicht, dass sie wissen, was sicher oder gut für sie ist, so wenig wie Sie oder ich.›

Und nach weiterem Geplauder waren wir uns einig, dass die Klugheit der Ratten gewaltig überschätzt worden war; in Wirklichkeit sei sie nicht größer als die der Menschen.

Die Geschichte des Schiffes sprach sich herum, den ganzen Kanal entlang von Land's End bis zu den Forelands, und wir konnten an der Südküste keine Mannschaft bekommen. Man schickte uns eine komplette aus Liverpool, und wieder einmal gingen wir in See – nach Bangkok.

Wir hatten sanfte Brisen und glatte See bis in die Tropen hinein, und die alte *Judea* zuckelte im Sonnenschein dahin. Wenn sie acht Knoten lief, knackte oben alles, und wir banden uns die Mützen fest; aber zumeist schlich sie mit einer Geschwindigkeit von drei Meilen in der Stunde. Was konnte man denn auch erwarten? Es war müde, das alte Schiff. Seine Jugend war, dort, wo die meine ist – wo die eure ist – meine Lieben, die ihr diesem Garn lauscht; und welcher Freund

what friend would throw your years and your weariness in your face? We didn't grumble at her. To us aft, at least, it seemed as though we had been born in her, reared in her, had lived in her for ages, had never known any other ship. I would just as soon have abused the old village church at home for not being a cathedral.

"And for me there was also my youth to make me patient. There was all the East before me, and all life, and the thought that I had been tried in that ship and had come out pretty well. And I thought of men of old who, centuries ago, went that road in ships that sailed no better, to the land of palms, and spices, and yellow sands, and of brown nations ruled by kings more cruel than Nero the Roman, and more splendid than Solomon the Jew. The old bark lumbered on, heavy with her age and the burden of her cargo, while I lived the life of youth in ignorance and hope. She lumbered on through an interminable procession of days; and the fresh gilding flashed back at the setting sun, seemed to cry out over the darkening sea the words painted on her stern, 'Judea, London. Do or Die.'

"Then we entered the Indian Ocean and steered northerly for Java Head. The winds were light. Weeks slipped by. She crawled on, do or die, and people at home began to think of posting us as overdue.

"One Saturday evening, I being off duty, the men asked me to give them an extra bucket of water or so – for washing clothes. As I did not wish to screw on the fresh-water pump so late, I went forward whistling, and with a key in my hand to unlock the forepeak scuttle, intending to serve the water out of a spare tank we kept there.

"The smell down below was as unexpected as it

würde euch denn eure Jahre und eure Müdigkeit vorwerfen? Wir murrten nicht über die *Judea*. Uns achtern wenigstens kam es so vor, als wären wir auf ihr geboren und aufgezogen worden, als hätten wir seit eh und je auf ihr gelebt und nie ein anderes Schiff gekannt. Ebensogut hätte ich die alte Dorfkirche zu Hause heruntermachen können, weil sie keine Kathedrale war.

Und in meinem Fall riet mir auch meine Jugend zur Nachsicht. Der ganze Osten lag vor mir, und das ganze Leben, und der Gedanke, dass ich auf diesem Schiff auf eine Probe gestellt worden war, die ich ziemlich gut bestanden hatte. Und ich dachte an Männer alter Zeiten, welche vor Jahrhunderten in Schiffen, die nicht besser segelten, diese Route befahren hatten, dem Land der Palmen und Gewürze und der gelben Sandstrände entgegen, dem Land braunhäutiger Völker unter der Herrschaft von Königen, die grausamer waren als der Römer Nero und prächtiger als der Jude Salomo. Die alte Bark zukkelte weiter, schwer an ihrem Alter und der Last ihrer Fracht tragend, während ich in Unwissenheit und Hoffnung die Jugend erlebte. Sie zuckelte eine endlose Reihe von Tagen dahin; und die frische Vergoldung funkelte in den Strahlen der Abendsonne und schien über eine sich verdunkelnde See die auf das Heck gemalten Worte hinauszuschreien: ‹*Judea*, London. Tat oder Tod.›

Dann kamen wir in den Indischen Ozean und hielten nach Norden, auf die Spitze von Java zu. Es war leichter Wind. Wochen gingen dahin. Das Schiff schlich weiter, Tat oder Tod, und daheim dachte man schon daran, uns als überfällig zu melden.

Eines Samstagabends, als ich dienstfrei war, baten mich die Männer, ihnen einen zusätzlichen Eimer Wasser auszugeben, damit sie ihre Sachen waschen könnten. Da ich die Frischwasserpumpe so spät nicht anschrauben wollte, ging ich pfeifend, einen Schlüssel in der Hand, nach vorne, um die vordere Piekluke aufzusperren, in der Absicht, das Wasser einem dort lagernden Reservetank zu entnehmen.

Der Geruch da unten war ebenso unerwartet wie entsetz-

was frigthful. One would have thought hundreds of paraffin-lamps had been flaring and smoking in that hole for days. I was glad to get out. The man with me coughed and said, 'Funny smell, sir.' I answered negligently, 'It's good for the health they say,' and walked aft.

"The first thing I did was to put my head down the square of the midship ventilator. As I lifted the lid a visible breath, something like a thin fog, a puff of faint haze, rose from the opening. The ascending air was hot, and had a heavy, sooty, paraffiny smell. I gave one sniff, and put down the lid gently. It was no use choking myself. The cargo was on fire.

"Next day she began to smoke in earnest. You see it was to be expected, for though the coal was of a safe kind, that cargo had been so handled, so broken up with handling, that it looked more like smithy coal than anything else. Then it had been wetted – more than once. It rained all the time we were taking it back from the hulk, and now with this long passage it got heated, and there was another case of spontaneous combustion.

"The captain called us into the cabin. He had a chart spread on the table, and looked unhappy. He said, 'The coast of West Australia is near, but I mean to proceed to our destination. It is the hurricane month, too; but we will just keep her head for Bankok, and fight the fire. No more putting back anywhere, if we all get roasted. We will try first to stifle this 'ere damned combustion by want of air.'

"We tried. We battened down everything, and still she smoked. The smoke kept coming out through imperceptible crevices; it forced itself through bulkheads and covers; it oozed here and there and everywhere in slender threads, in an invisible

lich. Man hätte meinen können, Hunderte von Paraffinlampen hätten seit Tagen in dem Loch geflackert und gequalmt. Ich war froh, als ich wieder draußen war. Der Mann, der mich begleitete, hustete und sagte: ‹Komischer Geruch, Sir.› Ich antwortete gleichgültig: ‹Er soll gut für die Gesundheit sein›, und ging nach achtern.

Als erstes wollte ich meinen Kopf in den quadratischen Schacht des Mittschiffsventilators hinunter stecken. Als ich den Deckel anhob, stieg ein sichtbarer Hauch, etwas wie ein dünner Nebel, ein schwaches Dunstwölkchen aus der Öffnung hoch. Die aufsteigende Luft war heiß und hatte einen schweren, rußigen und öligen Geruch. Ich schnupperte ein einziges Mal und senkte den Deckel behutsam. Es hatte keinen Zweck, dass ich mich selber dem Ersticken aussetzte. Die Ladung brannte.

Am nächsten Tag begann das Schiff ernstlich zu rauchen. Man hatte ja damit rechnen müssen; denn obschon die Kohle tadellos gewesen war, wurde sie durch das wiederholte Umladen so zertrümmert, dass sie eher wie Schmiedekohle aussah als wie sonstwas. Außerdem war sie nass geworden – mehr als einmal. Es regnete die ganze Zeit, als wir sie aus dem Magazinschiff wieder übernahmen, und jetzt erhitzte sie sich während dieser langen Überfahrt, und es kam wieder einmal zu einem Fall von Selbstentzündung.

Der Kapitän rief uns in die Kajüte. Er hatte eine Karte auf dem Tisch ausgebreitet und sah unglücklich aus. Er sagte: ‹Die westaustralische Küste ist nahe, aber ich möchte weiterhin auf unseren Bestimmungshafen zusteuern. Außerdem haben wir den Orkanmonat; doch wir wollen Kurs auf Bangkok halten und das Feuer bekämpfen. Kein Zurück mehr irgendwohin, und wenn wir alle gegrillt werden. Zuerst wollen wir versuchen, das verdammte Feuer durch Luftentzug zu ersticken.›

Wir versuchten es. Alles machten wir dicht, und dennoch rauchte es. Der Rauch kam weiterhin aus verschwindend kleinen Ritzen; er drang durch Schotte und Deckel; er entwich hier und dort und überall in dünnen Fäden, in einem

film, in an incomprehensible manner. It made its way into the cabin, into the fore-castle; it poisoned the sheltered places on the deck, it could be sniffed as high as the mainyard. It was clear that if the smoke came out the air came in. This was disheartening. This combustion refused to be stifled.

"We resolved to try water, and took the hatches off. Enormous volumes of smoke, whitish, yellowish, thick, greasy, misty, choking, ascended as high as the trucks. All hands cleared out aft. Then the poisonous cloud blew away, and we went back to work in a smoke that was no thicker now than that of an ordinary factory chimney.

"We rigged the force-pump, got the hose along, and by-and-by it burst. Well, it was as old as the ship – a prehistoric hose, and past repair. Then we pumped with the feeble head-pump, drew water with buckets, and in this way managed in time to pour lots of Indian Ocean into the main hatch. The bright stream flashed in sunshine, fell into a layer of white crawling smoke, and vanished on the black surface of coal. Steam ascended mingling with the smoke. We poured salt water as into a barrel without a bottom. It was our fate to pump in that ship, to pump out of her, to pump into her; and after keeping water out of her to save ourselves from being drowned, we frantically poured water into her to save ourselves from being burnt.

"And she crawled on, do or die, in the serene weather. The sky was a miracle of purity, a miracle of azure. The sea was polished, was blue, was pellucid, was sparkling like a precious stone, extending on all sides, all round to the horizon – as if the whole terrestrial globe had been one jewel, one colossal sapphire, a single gem fashioned into a planet. And on the lustre of the great calm waters the *Judea* glided imperceptibly, enveloped

unsichtbaren Schleier, auf unbegreifliche Weise. Er fand seinen Weg in die Kajüte, in die Back, verpestete die windgeschützten Winkel auf Deck und war sogar auf der Großrahe oben noch zu riechen. Wenn der Rauch herauskonnte, so konnte die Luft natürlich auch hinein. Es war bedrückend. Dieser Brand ließ sich nicht ersticken.

Wir beschlossen, es mit Wasser zu versuchen und machten die Luken auf. Ungeheure Rauchmassen, weißlich, gelblich, dick, schmierig, dunstig, zum Ersticken, stiegen bis zu den Flaggenknöpfen hoch. Alle Mann verdufteten nach achtern. Dann zog die giftige Wolke ab, und wir kehrten an die Arbeit zurück, in einem Rauch, der jetzt nicht dicker war als der eines gewöhnlichen Fabrikschornsteins.

Wir richteten die Druckpumpe her, legten den Schlauch aus, und gleich platzte er. Nun, er war ebenso alt wie das Schiff, ein prähistorischer Schlauch, nicht reparierbar. Dann pumpten wir mit der schwachen Bugpumpe, zogen Wasser mit Eimern herauf und konnten so mit der Zeit viel vom Indischen Ozean in die Großluke hineinschütten. Der helle Strom leuchtete in der Sonne auf, stürzte in eine Schicht dahin kriechenden weißen Rauches und verschwand auf der schwarzen Oberfläche der Kohle. Dampf stieg auf und vermischte sich mit dem Rauch. Wir gossen Salzwasser hinein, wie in ein Fass ohne Boden. Das Pumpen war auf dieser Bark unser Schicksal: herauspumpen, hineinpumpen; und nachdem wir sie vom Wasser freigehalten hatten, um nicht zu ertrinken, schütteten wir wie wild Wasser hinein, um nicht zu verbrennen.

Und sie schlich weiter dahin in strahlendem Wetter, Tat oder Tod. Der Himmel war ein Wunder an Reinheit, ein Wunder an leuchtender Bläue. Die See war glatt, blau, durchsichtig, funkelte wie ein Edelstein, dehnte sich nach allen Seiten bis zum Horizont hin – so, als wäre der ganze Erdball ein einziges Juwel, ein einziger ungeheurer Saphir, ein einziges, in Form eines Planeten geschliffenes Kleinod. Und auf der schimmernden, weiten, ruhenden Wasserfläche glitt die *Judea* unmerklich dahin, eingehüllt in zähe, unreine Dämp-

in languid and unclean vapours, in a lazy cloud that drifted to leeward, light and slow; a pestiferous cloud defiling the splendour of sea and sky.

"All this time of course we saw no fire. The cargo smouldered at the bottom somewhere. Once Mahon, as we were working side by side, said to me with a queer smile: 'Now, if she only would spring a tidy leak – like that time when we first left the Channel – it would put a stopper on this fire. Woulddn't it?' I remarked irrelevantly, 'Do you remember the rats?'

"We fought the fire and sailed the ship too as carefully as though nothing had been the matter. The steward cooked and attended on us. Of the other twelve men, eight worked while four rested. Everyone took his turn, captain included. There was equality, and if not exactly fraternity, then a deal of good feeling. Sometimes a man, as he dashed a bucketful of water down the hatchway, would yell out, 'Hurrah for Bankok!' and the rest laughed. But generally we were taciturn and serious – and thirsty. Oh! how thirsty! And we had to be careful with the water. Strict allowance. The ship smoked, the sun blazed. . . . Pass the bottle.

"We tried everything. We even made an attempt to dig down to the fire. No good, of course. No man could remain more than a minute below. Mahon, who went first, fainted there, and the man who went to fetch him out did likewise. We lugged them out on deck. Then I leaped down to show how easily it could be done. They had learned wisdom by that time, and contented themselves by fishing for me with a chainhook tied to a broom-handle, I believe. I did not offer to go and fetch up my shovel, which was left down below.

"Things began to look bad. We put the longboat into the water. The second boat was ready to

fe, in eine träge Wolke, die nach Lee trieb, leicht und langsam, eine Giftwolke, die den Glanz der See und des Himmels schändete.

Die ganze Zeit über sahen wir natürlich kein Feuer. Die Ladung schwelte irgendwo ganz unten. Einmal sagte mir Mahon, während wir nebeneinander arbeiteten, mit einem seltsamen Lächeln: ‹Wenn das Ding bloß ordentlich leckspränge – wie damals, als wir zum erstenmal aus dem Kanal heraus fuhren –, dann wäre es gleich aus mit dem Feuer. Oder nicht?› Ich bemerkte ausweichend: ‹Denken Sie noch an die Ratten?›

Wir bekämpften das Feuer und segelten auch so umsichtig weiter, als wäre nichts geschehen. Der Steward kochte und bediente uns. Von den übrigen zwölf Mann arbeiteten acht, während vier ruhten. Jeder, einschließlich Kapitän, kam an die Reihe. Es herrschte Gleichheit, und wenn auch nicht gerade Brüderlichkeit, so doch viel Wohlwollen. Manchmal schrie einer, wenn er einen Eimer voll Wasser die Luke hinunterschüttete: ‹Hurra für Bangkok!› und die anderen lachten. Aber im allgemeinen waren wir schweigsam und ernst – und durstig. Oh! und wie durstig! Und mit dem Wasser mussten wir sparsam umgehen. Streng bemessene Zuweisungen. Das Schiff rauchte, die Sonne sengte. ... Reicht die Flasche herum!

Wir versuchten alles. Wir machten sogar einen Versuch, zum Feuer hinunterzugraben. Natürlich erfolglos. Niemand konnte länger als eine Minute unten bleiben. Mahon, der als erster herabstieg, wurde ohnmächtig, und der Mann, der ihn holen wollte, ebenfalls. Wir zogen sie auf Deck. Dann sprang ich hinunter, um zu zeigen, wie leicht das zu machen sei. Die anderen waren inzwischen klüger geworden und beschränkten sich darauf, mich mit einem Kettenhaken heraus zu angeln, der, soweit ich mich erinnere, an einen Besenstiel gebunden war. Ich machte keine Anstalten, meine Schaufel herauf zu holen, die unten geblieben war.

Es sah allmählich schlimm aus. Wir fierten das Großboot zu Wasser. Das zweite Boot lag klar zum Ausschwingen. Wir

swing out. We had also another, a 14-foot thing, on davits aft, where it was quite safe.

"Then, behold, the smoke suddenly decreased. We redoubled our efforts to flood the bottom of the ship. In two days there was no smoke at all. Everybody was on the broad grin. This was on a Friday. On Saturday no work, but sailing the ship of course, was done. The men washed their clothes and their faces for the first time in a fortnight, and had a special dinner given them. They spoke of spontaneous combustion with contempt, and implied *they* were the boys to put out combustions. Somehow we all felt as though we each had inherited a large fortune. But a beastly smell of burning hung about the ship. Captain Beard had hollow eyes and sunken cheeks. I had never noticed so much before how twisted and bowed he was. He and Mahon prowled soberly about hatches and ventilators, sniffing. It struck me suddenly poor Mahon was a very, very old chap. As to me, I was as pleased and proud as though I had helped to win a great naval battle. O! Youth!

"The night was fine. In the morning a homeward-bound ship passed us hull down – the first we had seen for months; but we were nearing the land at last, Java Head being about 190 miles off, and nearly due north.

"Next day it was my watch on deck from eight to twelve. At breakfast the captain observes, 'It's wonderful how that smell hangs about the cabin.' About ten, the mate being on the poop, I stepped down on the main-deck for a moment. The carpenter's bench stood abaft the mainmast: I leaned against it sucking at my pipe, and the carpenter, a young chap, came to talk to me. He remarked, 'I think we have done very well, haven't we?' and then I perceived with annoyance the fool was try-

hatten noch eins, ein vierzehn Fuß langes Ding, achtern, an Davits, wo es ganz sicher war.

Dann, siehe da, ließ der Rauch plötzlich nach. Wir verdoppelten unsere Anstrengungen, den Schiffsboden unter Wasser zu setzen. Nach zwei Tagen rauchte es überhaupt nicht mehr. Jeder grinste übers ganze Gesicht. Das war an einem Freitag. Am Samstag keine Arbeit, außer der natürlich, die durch die Bedienung der Segel anfiel. Die Männer wuschen zum ersten Male seit vierzehn Tagen ihre Sachen und ihre Gesichter und erhielten ein besonderes Essen. Sie sprachen geringschätzig von Selbstentzündung und gaben zu verstehen, dass *sie* die Burschen seien, Brände zu löschen. Irgenwie war uns allen zumute, als hätte jeder von uns ein großes Vermögen geerbt. Aber ein ekelhafter Brandgeruch hing um das Schiff. Kapitän Beard hatte hohle Augen und eingesunkene Wangen. Nie zuvor war es mir so sehr aufgefallen, wie verrenkt und gebeugt er war. Er und Mahon schlichen ernst um Luken und Ventilatoren und schnupperten. Mir fiel plötzlich auf, dass Mahon ein sehr, sehr alter Knabe war. Was mich betrifft, war ich befriedigt und stolz, als hätte ich mitgeholfen, eine große Seeschlacht zu gewinnen. O Jugend!

Die Nacht war schön. Am Morgen fuhr ein heimkehrendes Schiff, Rumpf unter der Kimm, an uns vorbei – das erste, das wir seit Monaten gesehen hatten; aber wir näherten uns endlich dem Land; die Spitze von Java war etwa einhundertundneunzig Meilen entfernt, fast genau nördlich.

Am nächsten Tag hatte ich von acht bis zwölf Uhr Wache auf Deck. Beim Frühstück bemerkte der Kapitän: ‹Es ist erstaunlich, wie dieser Geruch sich um die Kajüte herum hält.› Ungefähr um zehn Uhr stieg ich, als der Erste gerade auf der Hütte war, für einen Augenblick auf das Oberdeck hinunter. Die Hobelbank stand achter dem Großmast, ich lehnte mich dagegen und sog an meiner Pfeife, und der Zimmermann, ein junger Bursche, kam herbei, um mit mir zu plaudern. ‹Ich glaube›, sagte er, ‹wir haben recht gute Arbeit geleistet, nicht wahr?› und dann bemerkte ich zu meinem Ärger, dass der

ing to tilt the bench. I said curtly, 'Don't, Chips,' and immediately became aware of a queer sensation, of an absurd delusion, — I seemed somehow to be in the air. I heard all round me like a pent-up breath released — as if a thousand giants simultaneously had said Phoo! — and felt a dull concussion which made my ribs ache suddenly. No doubt about it — I was in the air, and my body was describing a short parabola. But short as it was, I had the time to think several thoughts in, as far as I can remember, the following order: 'This can't be the carpenter — What is it? — Some accident — Submarine volcano? — Coals, gas! — By Jove! we are being blown up — Everybody's dead — I am falling into the after-hatch — I see fire in it.'

"The coal-dust suspended in the air of the hold had glowed dull-red at the moment of the explosion. In the twinkling of an eye, in an infinitesimal fraction of a second since the first tilt of the bench, I was sprawling full length on the cargo. I picked myself up and scrambled out. It was quick like a rebound. The deck was a wilderness of smashed timber, lying crosswise like trees in a wood after a hurricane; an immense curtain of soiled rags waved gently before me — it was the mainsail blown to strips. I thought, the masts will be toppling over directly; and to get out of the way bolted on all-fours towards the poop-ladder. The first person I saw was Mahon, with eyes like saucers, his mouth open, and the long white hair standing straight on end round his head like a silver halo. He was just about to go down when the sight of the main-deck stirring, heaving up, and changing into splinters before his eyes, petrified him on the top step. I stared at him in unbelief, and he stared at me with a queer kind of shocked curiosity. I did not know that I had no hair, no

Spinner die Werkbank umzukippen versuchte. Ich sagte barsch: ‹Nicht, Chips!› und sofort empfand ich etwas Seltsames, eine absurde Wahnvorstellung – irgendwie schien ich in der Luft zu sein. Rings um mich hörte ich so etwas wie befreites Aufatmen – als hätten tausend Riesen zu gleicher Zeit ‹puh!› gesagt – und fühlte einen dumpfen Stoß, so dass plötzlich meine Rippen schmerzten. Kein Zweifel – ich war in der Luft, und mein Körper beschrieb eine kurze Parabel. Aber war sie auch kurz, so blieb doch Zeit genug für mehrere Gedanken, die ich, soviel ich mich entsinne, in nachstehender Reihenfolge fasste: ‹Das kann nicht der Zimmermann sein – Was ist es? – Irgendein Unfall? – Unterseeischer Vulkan? – Kohlen, Gas? – Mein Gott! wir fliegen in die Luft – Alle sind tot – Ich falle in die Achterluke – Ich sehe Feuer darin.›

Der Kohlenstaub, von dem die Luft des Laderaums erfüllt war, hatte im Augenblick der Explosion in mattem Rot geglüht. Im Nu, im winzigen Bruchteil einer Sekunde seit der ersten Neigung der Hobelbank, lag ich der Länge nach auf der Ladung. Ich rappelte mich auf und krabbelte hinaus. Das ging so rasch, als wäre ich zurückgeprallt. Das Deck war ein Gewirr zertrümmerten Holzes, das kreuzweise herumlag wie Bäume nach einem Orkan in einem Wald, ein ungeheurer Vorhang aus schmutzigen Lappen bauschte sich leicht vor mir – es war das zerfetzte Großsegel. Ich dachte, die Masten würden gleich umkippen; und um nicht getroffen zu werden, hastete ich auf allen vieren zum Schanzdeckniedergang. Als ersten Menschen sah ich Mahon: die Augen waren groß wie Untertassen, der Mund offen, das lange, weiße Haar stand zu Berge und umrahmte das Haupt wie ein silberner Heiligenschein. Mahon war gerade im Begriff gewesen, hinunterzugehen, als der Anblick des Hauptdecks, das in Bewegung geriet, sich hob und sich vor seinen Augen in Splitter verwandelte, ihn auf der obersten Stufe vor Schrecken erstarren ließ. Ich stierte ihn ungläubig an, und er stierte mich an, auf eine seltsame Art entsetzter Neugier. Ich wusste ja nicht, dass ich keine Haare, keine Augenbrauen, keine Wimpern hatte, dass mein junger

eyebrows, no eyelashes, that my young moustache was burnt off, that my face was black, one cheek laid open, my nose cut, and my chin bleeding. I had lost my cap, one of my slippers, and my shirt was torn to rags. Of all this I was not aware. I was amazed to see the ship still afloat, the poop-deck whole – and, most of all, to see anybody alive. Also the peace of the sky and the serenity of the sea were distinctly surprising. I suppose I expected to see them convulsed with horror. ... Pass the bottle.

"There was a voice hailing the ship from somewhere – in the air, in the sky – I couldn't tell. Presently I saw the captain – and he was mad. he asked me eagerly, "Where's the cabin-table?' and to hear such a question was a frightful shock. I had just been blown up, you understand, and vibrated with that experience, – I wasn't quite sure whether I was alive. Mahon began to stamp with both feet and yelled at him, 'Good God! don't you see the deck's blown out of her?' I found my voice, and stammered out as if conscious of some gross neglect of duty, 'I don't know where the cabin-table is.' It was like an absurd dream.

"Do you know what he wanted next? Well, he wanted to trim the yards. Very placidly, and as if lost in thought, he insisted on having the foreyard squared. 'I don't know if there's anybody alive,' said Mahon, almost tearfully. 'Surely,' he said, gently, 'there will be enough left to square the foreyard.'

"The old chap, it seems, was in his own berth winding up the chronometers, when the shock sent him spinning. Immediately it occurred to him – as he said afterwards – that the ship had struck something, and ran out into the cabin. There, he saw, the cabin-table had vanished somewhere. The deck

Schnurrbart abgesengt war, mein Gesicht schwarz, die eine Wange aufgerissen, meine Nase zerschnitten, und dass mein Kinn blutete. Ich hatte die Mütze verloren und einen meiner Pantoffel, und mein Hemd war in Fetzen. Das alles merkte ich nicht. Mit Erstaunen sah ich, dass das Schiff noch immer schwamm, dass das Schanzdeck ganz war – und am meisten verblüffte mich, noch jemand am Leben zu sehen. Auch der Friede des Himmels und die strahlende Heiterkeit der See waren ausgesprochen überraschend. Vermutlich hatte ich erwartet, sie in Schrecken und Aufruhr zu finden. ... Reicht die Flasche herum!

Von irgendwoher rief eine Stimme das Schiff an – aus der Luft, aus dem Himmel – ich wusste es nicht. Plötzlich sah ich den Kapitän – und der war übergeschnappt. Er fragte mich ungeduldig: ‹Wo ist der Kajütentisch?›, und ich war entsetzt, so eine Frage zu hören. Bedenkt, dass ich soeben durch die Luft geschleudert worden war und von diesem Erlebnis noch zitterte, – ich war mir nicht einmal ganz sicher, ob ich am Leben war. Mahon begann, mit beiden Füßen zu stampfen und schrie den Kapitän an: ‹Guter Gott! Sehen Sie denn nicht, dass das Deck weggeblasen ist?› Ich fand meine Stimme wieder und stotterte, als sei ich mir einer groben Pflichtverletzung bewusst geworden: ‹Ich weiss nicht, wo der Kajütentisch ist.› Es war wie ein unsinniger Traum.

Wisst ihr, was er als nächstes wollte? Nun, er wollte die Rahen gebrasst haben. Sehr sanftmütig und wie in Gedanken versunken bestand er darauf, dass die Fockrahe vierkant gebrasst werde. ‹Ich weiss nicht, ob jemand am Leben ist›, sagte Mahon fast weinerlich. ‹Gewiss›, sagte der Kapitän ruhig, ‹werden noch genug übrig sein, um die Fockrahe vierkant zu brassen.›

Der alte Knabe war anscheinend in seiner eigenen Koje gewesen und hatte die Chronometer aufgezogen, als die Explosion ihn rundum gewirbelt hatte. Sogleich sei ihm – wie er hinterher sagte – der Gedanke gekommen, das Schiff habe etwas gerammt, und da sei er in die Kajüte hinausgestürzt. Dort habe er gesehen, dass der Kajütentisch irgendwo-

being blown up, it had fallen down into the lazarette of course. Where we had our breakfast that morning he saw only a great hole in the floor. This appeared to him so awfully mysterious, and impressed him so immensely, that what he saw and heard after he got on deck were mere trifles in comparison. And, mark, he noticed directly the wheel deserted and his barque off her course – and his only thought was the get that miserable, stripped, undecked, smouldering shell of a ship back again with her head pointing at her port of destination. Bankok! That's what he was after. I tell you this quiet, bowed, bandy-legged, almost deformed little man was immense in the singleness of his idea and in his placid ignorance of our agitation. He motioned us forward with a commanding gesture, and went to take the wheel himself.

"Yes; that was the first thing we did – trim the yards of that wreck! No one was killed, or even disabled, but everyone was more or less hurt. You should have seen them! Some were in rags, with black faces, like coal-heavers, like sweeps, and had bullet heads that seemed closely cropped, but were in fact singed to the skin. Others, of the watch below, awakened by being shot out from their collapsing bunks, shivered incessantly, and kept on groaning even as we went about our work. But they all worked. That crew of Liverpool hard cases had in them the right stuff. It's my experience they always have. It is the sea that gives it – the vastness, the loneliness surrounding their dark stolid souls. Ah! Well! we stumbled, we crept, we fell, we barked our shins on the wreckage, we hauled. The masts stood, but we did not know how much they might be charred down below. It was nearly calm, but a long swell ran from the west and made her roll. They might go at any moment. We looked

hin verschwunden war. Das Deck war in die Luft geflogen; daher war der Tisch natürlich ins Revier hinunter gefallen. Wo wir an jenem Morgen gefrühstückt hatten, sah er nur ein großes Loch im Boden. Das kam ihm so furchtbar geheimnisvoll vor und beeindruckte ihn so ungemein, dass im Vergleich dazu das, was er hernach sah und hörte, als er an Deck kam, bloße Lappalien waren. Und, wohlgemerkt, er stellte sogleich fest, dass das Steuerrad verlassen und seine Bark von ihrem Kurs abgekommen war – und sein einziger Gedanke war, dieses elende, abgetakelte, qualmende Gerippe von einem Schiff ohne Deck wieder auf Kurs in Richtung ihres Bestimmungshafens zu bringen. Bangkok! Darauf war er aus. Ich sage euch, dieses ruhige, gebeugte, säbelbeinige, fast krüppelhafte Männchen war imposant in der Einzigartigkeit seiner Idee und seiner gelassenen Missachtung unserer Aufregung. Mit einer gebieterischen Geste wies er uns nach vorne und übernahm selbst das Rad.

Ja, das taten wir als erstes – wir brassten die Rahen dieses Wracks. Niemand war ums Leben gekommen, nicht einmal arbeitsunfähig geworden, aber jeder war mehr oder weniger verletzt. Ihr hättet sie sehen sollen! Manche waren zerlumpt, hatten schwarze Gesichter, wie Kohlenträger, wie Kaminkehrer, und Rundköpfe, die ganz kurz geschoren wirkten, in Wirklichkeit jedoch bis auf die Haut abgesengt waren. Andere, von der Freiwache, die dadurch geweckt worden waren, dass sie aus ihren zusammenstürzenden Kojen geschleudert wurden, zitterten fortwährend und stöhnten noch, als wir schon wieder an die Arbeit gingen. Doch alle arbeiteten. Diese Mannschaft aus Liverpool war wie geschaffen für harte Ereignisse. Nach meiner Erfahrung ist's immer so. Das schenkt ihnen die See, die Weite, die Einsamkeit, welche ihre düsteren und gleichmütigen Seelen umgibt. O! Nun, wir krochen, stolperten, fielen hin, stießen mit den Schienbeinen gegen Wrackteile, wir holten die Brassen an. Die Masten standen, aber wir wussten nicht, wie weit sie unten verkohlt sein mochten. Es war fast windstill, doch eine lange Dünung kam aus West und ließ das Schiff rollen. Jeden Augenblick konnten die

at them with apprehension. One could not foresee which way they would fall.

"Then we retreated aft and looked about us. The deck was a tangle of planks on edge, of planks on end, of splinters, of ruined woodwork. The masts rose from that chaos like big trees above a matted undergrowth. The interstices of that mass of wreckage were full of something whitish, sluggish, stirring – of something that was like a greasy fog. The smoke of the invisible fire was coming up again, was trailing, like a poisonous thick mist in some valley choked with dead wood. Already lazy wisps were beginning to curl upwards amongst the mass of splinters. Here and there a piece of timber, stuck upright, resembled a post. Half of a fife-rail had been shot through the foresail, and the sky made a patch of glorious blue in the ignobly soiled canvas. A portion of several boards holding together had fallen across the rail, and one end protruded overboard, like a gangway leading upon nothing, like a gangway leading over the deep sea, leading to death – as if inviting us to walk the plank at once and be done with our ridiculous troubles. And still the air, the sky – a ghost, something invisible was hailing the ship.

"Someone had the sense to look over, and there was the helmsman, who had impulsively jumped overboard, anxious to come back. He yelled and swam lustily like a merman, keeping up with the ship. We threw him a rope, and presently he stood amongst us streaming with water and very crestfallen. The captain had surrendered the wheel, and apart, elbow on rail and chin in hand, gazed at the sea wistfully. We asked ourselves, What next? I thought, Now, this is something like. This is great. I wonder what will happen. O youth!

"Suddenly Mahon sighted a steamer far astern.

Masten zusammenbrechen. Besorgt sahen wir sie an. Es war nicht vorauszusehen, in welcher Richtung sie fallen würden.

Dann zogen wir uns nach achtern zurück und sahen uns um. Das Deck war ein Gewirr von gekanteten Bohlen, hochgeworfenen Bohlen, Splittern und zertrümmertem Holzwerk. Die Masten ragten aus diesem Chaos wie mächtige Bäume aus verfilztem Unterholz. Die Lücken zwischen dieser Masse von Wrackteilen waren ausgefüllt von etwas Weißlichem, zähflüssig Kriechendem – von etwas wie einem schmierigen Nebel. Der Rauch des unsichtbaren Feuers drang wieder hoch, kroch dahin wie giftiger, dicker Dampf in einem mit dürrem Holz vollgestopften Tal. Schon begannen träge Rauchfetzen sich aus der Masse von Splittern nach oben zu ringeln. Hier und dort stand ein Balken aufrecht da, einem Pfosten ähnlich. Die Hälfte einer Nagelbank war durch das Focksegel geschossen worden, und der Himmel bildete einen strahlend blauen Flecken in der schändlich besudelten Leinwand. Ein Teil mehrerer noch zusammenhaltender Planken war über die Reling gefallen, und ihr eines Ende ragte über Bord wie eine ins Nichts führende Laufplanke, wie eine Laufplanke über die tiefe See hin, in den Tod – als wollte sie uns einladen, sie sogleich zu betreten und unsere lächerlichen Kümmernisse loszuwerden. Und noch immer rief die Luft, der Himmel – ein Geist, etwas Unsichtbares das Schiff an.

Irgend jemand war so schlau, über die Reling zu schauen, und da war der Rudergänger, der spontan über Bord gesprungen war und nun unbedingt zurück wollte. Er schrie und schwamm munter wie ein Triton und hielt Schritt mit dem Schiff. Wir warfen ihm ein Tau zu, und alsbald stand er pudelnass und sehr kleinlaut unter uns. Der Kapitän hatte das Steuerrad abgegeben, stand abseits und starrte, Ellbogen auf die Reling und Kinn in die Hand gestützt, versonnen auf die See. Wir fragten uns: Was nun? Ich dachte: Na, das ist mal was! Das ist großartig. Ich bin gespannt, was sich tun wird. O Jugend!

Plötzlich sichtete Mahon weit achtern einen Dampfer. Ka-

Captain Beard said, 'We may do something with her yet.' We hoisted two flags, which said in the international language of the sea, 'On fire. Want immediate assistance.' The steamer grew bigger rapidly, and by-and-by spoke with two flags on her foremast, 'I am coming to your assistance.'

"In half an hour she was abreast, to windward, within hail, and rolling slightly, with her engines stopped. We lost our composure, and yelled all together with excitement, 'We've been blown up'. A man in a white helmet, on the bridge, cried, 'Yes! All right! all right!' and he nodded his head, and smiled, and made soothing motions with his hand as though at a lot of frightened children. One of the boats dropped in the water, and walked towards us upon the sea with her long oars. Four calashes pulled a swingig stroke. This was my first sight of Malay seamen. I've known them since, but what struck me then was their unconcern: they came alongside, and even the bowman standing up and holding to our main-chains with the boat-hook did not deign to lift his head for a glance. I thought people who had been blown up deserved more attention.

"A little man, dry like a chip and agile like a monkey, clambered up. It was the mate of the steamer. He gave one look, and cried, 'O boys – you had better quit.'

"We were silent. He talked apart with the captain for a time, – seemed to argue with him. Then they went away together to the steamer.

"When our skipper came back we learned that the steamer was the *Somerville*, Captain Nash, from West Australia to Singapore *via* Batavia with mails, and that the agreement was she should tow us to Anjer or Batavia, if possible, where we could extinguish the fire by scuttling, and then proceed

pitän Beard sagte: ‹Vielleicht können wir mit unserem Kahn doch noch was erreichen!› Wir hissten zwei Flaggen, was in der internationalen Sprache der Seefahrt bedeutet: ‹Feuer im Schiff. Erbitten umgehende Hilfe.› Der Dampfer wurde rasch größer und signalisierte mit zwei Flaggen am Fockmast: ‹Ich komme Ihnen zu Hilfe.›

In einer halben Stunde war er auf gleicher Höhe, luvwärts, in Rufweite, und rollte leicht mit gestoppten Maschinen. Wir verloren die Fassung und schrien alle zusammen: ‹Wir sind in die Luft geflogen.› Ein Mann auf der Brücke, in weißem Helm, rief: ‹Ja! Schon gut! schon gut!›, nickte mit dem Kopf, lächelte und machte beschwichtigende Handbewegungen wie vor einer Schar erschreckter Kinder. Eines der Boote ging zu Wasser und kam mit langen Riemen auf uns zu. Vier asiatische Matrosen pullten in rhythmischen Schlägen. Zum erstenmal sah ich malaiische Seeleute.

Inzwischen kenne ich sie, doch was mir damals auffiel, war ihre Gleichgültigkeit; sie kamen längsseits, und sogar der Bugmann, der aufrecht stand und sich mit dem Bootshaken an unseren Großrüsten festhielt, fand es nicht der Mühe wert, den Kopf zu heben und uns flüchtig anzusehen. Ich dachte, dass Leute, deren Schiff in die Luft geflogen war, mehr Aufmerksamkeit verdient hätten.

Ein kleiner Mann, dünn wie ein Holzspan und flink wie ein Affe, kletterte herauf. Es war der Erste Offizier des Dampfers. Er sah sich kurz um und rief: ‹Ach, Jungs, ihr haut besser ab.›

Wir schwiegen. Er unterhielt sich eine Zeitlang abseits mit dem Kapitän, – schien mit ihm rechten zu wollen. Dann fuhren sie miteinander zum Dampfer hinüber.

Als unser Kapitän zurückkam, erfuhren wir, dass der Dampfer die *Somerville* war, Kapitän Nash, von Westaustralien nach Singapur über Batavia mit Post unterwegs, und dass man übereingekommen war, uns im Schlepptau nach Anjer oder, wenn möglich, nach Batavia zu bringen, wo wir das Feuer durch Anbohrung löschen und dann unsere Reise fortsetzen

on our voyage – to Bankok! The old man seemed excited. 'We will do it yet,' he said to Mahon, fiercely. He shook his fist at the sky. Nobody else said a word.

"At noon the steamer began to tow. She went ahead slim and high, and what was left of the *Judea* followed at the end of seventy fathom of tow-rope, – followed her swiftly like a cloud of smoke with mast-heads protruding above. We went aloft to furl the sails. We coughed on the yards, and were carefull about the bunts. Do you see the lot of us there, putting a neat furl on the sails of that ship doomed to arrive nowhere? There was not a man who didn't think that at any moment the masts would topple over. From aloft we could not see the ship for smoke, and they worked carefully, passing the gaskets with even turns. 'Harbour furl – aloft there!' cried Mahon from below.

"You understand this? I don't think one of those chaps expected to get down in the usual way. When we did I heard them saying to each other, 'Well, I thought we would come down overboard, in a lump – sticks and all – blame me if I didn't.' 'That's what I was thinking to myself,' would answer wearily another battered and bandaged scarecrow. And, mind, these were men without the drilled-in habit of obedience.

To an onlooker they would be a lot of profane scallywags without a redeeming point. What made them do it – what made them obey me when I, thinking consciously how fine it was, made them drop the bunt of the foresail twice to try and do it better? What? They had no professional reputation – no examples, no praise. It wasn't a sense of duty; they all knew well enough how to shirk, and laze, and dodge – when they had a mind to it – and mostly they

könnten – nach Bangkok! Der Alte schien erregt. ‹Wir werden es noch schaffen›, sagte er zu Mahon, wild entschlossen. Dabei ballte er die Faust zum Himmel. Niemand sonst sagte ein Wort.

Um Mittag begann der Dampfer zu schleppen, lief schlank und hoch vor uns her, und was von der *Judea* übrig war, folgte ihm an einer siebzig Faden langen Schlepptrosse – folgte eilends wie eine Rauchwolke, aus der oben Mastspitzen herausragten. Wir stiegen in die Takelage, um die Segel zu beschlagen. Wir husteten auf den Rahen, gingen behutsam mit den sich blähenden Mittelstücken um. Seht ihr uns vor euch, wie wir da sauber die Segel dieses Schiffes festmachten, das dazu verdammt war, nirgends anzukommen? Es gab keinen, der nicht glaubte, dass die Masten jeden Augenblick kippten. Von oben konnten wir das Schiff vor Rauch nicht sehen; die Männer arbeiteten sorgfältig und schlangen die Seisinge in ordentlichen Törns herum. ‹Hafenmäßig festmachen – ihr da droben!› rief Mahon von unten.

Versteht ihr das? Ich glaube nicht, dass einer dieser Burschen damit rechnete, auf die übliche Weise hinunterzukommen. Als dies dann doch geschah, hörte ich sie zueinander sagen: ‹Nun, ich dachte, wir würden alle miteinander – samt Masten und allem – über Bord fliegen – verdamm mich, wenn ich's nicht glaubte!› ‹Das dachte ich mir auch›, antwortete dann müde eine andere ramponierte und verbundene Vogelscheuche. Und ihr müsst bedenken, das waren Leute, denen der blinde Gehorsam nicht eingebleut war. Einem Außenstehenden wären sie als eine Horde übler, unverbesserlicher Lumpen erschienen. Was brachte sie dazu, das zu tun – was brachte sie dazu, mir zu gehorchen, wenn ich, im klaren Bewußtsein, wie ordentlich das war, sie das Mittelstück des Focksegels zweimal losmachen ließ, damit sie es noch besser festzumachen suchten? Was? Sie hatten keine Berufsehre keine Vorbilder, kein Lob. Es war nicht Pflichtgefühl; sie wussten alle nur zu gut, wie man sich drückt, wie man bummelt und der Arbeit aus dem Wege geht – wenn es ihnen in den Kram passte, und das war meistens der Fall. Waren es

had. Was it the two pounds ten a-month that sent them there? They didn't think their pay half good enough. No; it was something in them, something inborn and subtle and everlasting. I don't say positively that the crew of a French or German merchantman wouldn't have done it, but I doubt whether it would have been done in the same way. There was a completeness in it, something solid like a principle, and masterful like an instinct – a disclosure of something secret – of that hidden something, that gift of good or evil that makes racial difference, that shapes the fate of nations.

"It was that night at ten that, for the first time since we had been fighting it, we saw the fire. The speed of the towing had fanned the smouldering destruction. A blue gleam appeared forward, shining below the wreck of the deck. It wavered in patches, it seemed to stir and creep like the light of a glowworm. I saw it first, and told Mahon. 'Then the game's up,' he said. 'We had better stop this towing, or she will burst out suddenly fore and aft before we can clear out.' We set up a yell; rang bells to attract their attention; they towed on. At last Mahon and I had to crawl forward and cut the rope with an axe. There was no time to cast off the lashings. Red tongues could be seen licking the wilderness of splinters under our feet as we made our way back to the poop.

"Of course they very soon found out in the steamer that the rope was gone. She gave a loud blast of her whistle, her lights were seen sweeping in a wide circle, she came up ranging close alongside, and stopped. We were all in a tight group on the poop looking at her. Every man had saved a little bundle or a bag. Suddenly a conical flame with a twisted top shot up forward and threw upon the black sea a circle of light, with the two ves-

die zweieinhalb Pfund im Monat, derentwegen sie hierher kamen? Sie hielten ihre Heuer nicht halbwegs für ausreichend. Nein; was sie bewog, war etwas in ihnen, etwas ihnen angeborenes Feinnerviges, Dauerhaftes. Ich sage gewiss nicht, dass die Besatzung eines französischen oder deutschen Handelsdampfers das nicht getan hätte, aber ich bezweifle, dass es auf dieselbe Weise getan worden wäre. Da steckte etwas Vollkommenes drinnen, etwas, das grundsolid und untrüglich wie ein Instinkt war – eine Offenbarung von etwas Geheimem – von jenem verborgenen Etwas, jener Begabung zum Guten oder Bösen, die Rassenunterschiede ausmacht und das Schicksal von Nationen gestaltet.

Es war in jener Nacht um zehn Uhr, dass wir das Feuer zum erstenmal sahen, seitdem wir es bekämpft hatten. Die rasche Fahrt im Schlepp hatte den schwelenden Brand angefacht. Vorne wurde ein blauer Schein sichtbar, unter den Trümmern des Decks. Er flimmerte bald da, bald dort auf und schien sich zu regen und dahinzukriechen wie das Licht eines Glühwürmchens. Ich sah ihn zuerst und teilte es Mahon mit. ‹Dann ist das Spiel aus›, sagte er. ‹Wir sollten das Schleppen lieber sein lassen, sonst schlagen die Flammen plötzlich längsschiffs hoch, ehe wir uns verziehen können.› Wir erhoben ein Geschrei, läuteten Schiffsglocken, um sie aufmerksam zu machen; sie schleppten weiter. Schließlich mussten Mahon und ich nach vorne kriechen und die Trosse mit einer Axt kappen. Es blieb keine Zeit, die Taue loszuwerfen. Während wir uns einen Weg zurück zum Achterdeck bahnten, konnten wir sehen, wie unter unseren Füßen rote Flammen in dem Durcheinander von Holztrümmern züngelten.

Natürlich bemerkten die auf dem Dampfer bald, dass die Trosse los war. Die Dampfpfeife gab einen lauten Warnton, man sah, wie die Lichter einen weiten Bogen beschrieben, dann kam der Dampfer dicht längsseits und stoppte. Wir standen alle dicht gedrängt auf dem Achterdeck und schauten ihm zu. Jeder hatte ein kleines Bündel oder einen Seesack gerettet. Plötzlich schoss aus dem Vorschiff eine kegelförmige, oben gewundene Flamme hoch und warf auf die schwarze See einen

sels side by side and heaving gently in its centre. Captain Beard had been sitting on the gratings still and mute for hours, but now he rose slowly and advanced in front of us, to the mizzen-shrouds. Captain Nash hailed: 'Come along! Look sharp. I have mail-bags on board. I will take you and your boats to Singapore.'

"'Thank you! No!' said our skipper. 'We must see the last of the ship.'

"'I can't stand by any longer,' shouted the other. 'Mails – you know.'

"'Ay! ay! We are all right.'

"'Very well! I'll report you in Singapore. ... Good-bye!'

"He waved his hand. Our men dropped their bundles quietly. The steamer moved ahead, and passing out of the circle of light, vanished at once from our sight, dazzled by the fire which burned fiercely. And then I knew that I would see the East first as commander of a small boat. I thought it fine; and the fidelity to the old ship was fine. We should see the last of her. Oh, the glamour of youth! Oh, the fire of it, more dazzling than the flames of the burning ship, throwing a magic light on the wide earth, leaping audaciously to the sky, presently to be quenched by time, more cruel, more pitiless, more bitter than the sea – and like the flames of the burning ship surrounded by an impenetrable night.

"The old man warned us in his gentle and inflexible way that it was part of our duty to save for the underwriters as much as we could of the ship's gear. Accordingly we went to work aft, while she blazed forward to give us plenty of light. We lugged out a lot of rubbish. What didn't we save? An old barometer fixed with an absurd quantity

Lichtkreis, in dessen Mitte die beiden nebeneinanderliegenden Schiffe sich sanft hoben und senkten. Kapitän Beard hatte seit Stunden still und stumm auf der Gräting gesessen, jetzt aber erhob er sich gemächlich und trat vor uns an die Besanwanten. Kapitän Nash rief: ‹Kommen Sie rüber! Beeilen Sie sich! Ich habe Postsäcke an Bord. Ich will Sie und Ihre Boote nach Singapur mitnehmen.›

‹Danke, nein!› sagte unser Kapitän. ‹Wir müssen das Ende des Schiffes abwarten.›

‹Ich kann mich nicht länger aufhalten›, rief der andere. ‹Post – Sie wissen doch.›

‹Ja, ja! Wir kommen schon zurecht.›

‹Na schön! Ich werde Sie in Singapur melden. ... Auf Wiedersehen!›

Er winkte mit der Hand. Still ließen unsere Männer ihre Bündel sinken. Der Dampfer fuhr weiter, begab sich aus dem Lichtkreis und entschwand sehr rasch unseren Blicken, da wir vom grell auflodernden Feuer geblendet wurden. Und dann war mir klar, dass ich den Osten erstmals als Kommandant eines kleinen Bootes sehen würde. Ich fand das schön, und auch die Treue zum alten Schiff war schön. Wir würden sein Ende erleben. O Zauber der Jugend!

O Feuer der Jugend, das heller leuchtet als die Flammen des brennenden Schiffes und das ein magisches Licht auf die weite Erde wirft, kühn zum Himmel stürmt und alsbald gelöscht wird von der Zeit, die grausamer, erbarmungsloser, bitterer ist als die See. O Feuer der Jugend, gleich den Flammen des brennenden Schiffes von undurchdringlicher Nacht umgeben!

Der alte Mann machte uns auf seine sanfte und unnachgiebige Weise darauf aufmerksam, dass es zu unserer Aufgabe gehöre, so viel wie möglich von der Schiffsausrüstung für die Versicherung zu retten. Folglich machten wir uns achtern an die Arbeit, während das Schiff vorne brannte und uns reichlich Licht spendete. Wir zerrten eine Menge Plunder heraus. Was haben wir nicht alles gerettet? Ein altes, mit einer

of screws nearly cost me my life: a sudden rush of smoke came upon me, and I just got away in time. There were various stores, bolts of canvas, coils of rope; the poop looked like a marine bazaar, and the boats were lumbered to the gunwales. One would have thought the old man wanted to take as much as he could of his first command with him. He was very, very quiet, but off his balance evidently. Would you believe it? He wanted to take a length of old steam-cable and a kedge-anchor with him in the long-boat. We said, 'Ay, ay, sir,' deferentially, and on the quiet let the things slip overboard. The heavy medicine-chest went that way, two bags of green coffee, tins of paint – fancy, paint! – a whole lot of things. then I was ordered with two hands into the boats to make a stowage and get them ready against the time it would be proper for us to leave the ship.

"We put everything straight, stepped the long-boat's mast for our skipper, who was to take charge of her, and I was not sorry to sit down for a moment. My face felt raw, every limb ached as if broken, I was aware of all my ribs, and would have sworn to a twist in the backbone. The boats, fast astern, lay in a deep shadow, and all around I could see the circle of the sea lighted by the fire. A gigantic flame arose forward straight and clear. It flared fierce, with noises like the whirr of wings, with rumbles as of thunder. There were cracks, detonations, and from the cone of flame the sparks flew upwards, as man is born to trouble, to leaky ships, and to ships that burn.

"What bothered me was that the ship, lying broadside to the swell and to such wind as there was – a mere breath – the boats would not keep astern where they were safe, but persisted, in a pig-headed way boats have, in getting under the counter

irrsinnigen Anzahl von Schrauben befestigtes Barometer kostete mich beinahe das Leben: plötzlich kam eine Rauchwolke auf mich zu, und gerade noch rechtzeitig konnte ich verschwinden. Es waren etliche Vorräte da, Segeltuchballen, Taurollen; die Hütte glich einem Marinebasar, und die Boote waren bis zum Dollbord vollgestopft. Man hätte meinen können, der alte Mann wolle so viel wie möglich von seinem ersten Kommando mit nach Hause bringen. Er war sehr, sehr ruhig, aber offensichtlich aus dem Gleichgewicht. Ihr werdet's nicht glauben, er wollte ein Stück altes Stromkabel und einen Wurfanker ins Großboot mitnehmen. Wir sagten rücksichtsvoll ‹Ja, ja, Sir› und ließen die Sachen heimlich über Bord gleiten. So verschwanden auch der schwere Arzneikasten, zwei Sack grüner Kaffeebohnen, Dosen mit Farbe – stellt euch vor, Farbe! –, eine ganze Menge Zeugs. Dann wurde ich mit zwei Matrosen in die Boote beordert, um alles zu verstauen und um die Boote startklar zu machen für den Augenblick, da es für uns ratsam wurde, das Schiff zu verlassen.

Wir brachten alles in Ordnung, setzten den Mast unseres Großbootes ein, das unser Kapitän übernehmen sollte, und dann setzte ich mich gerne für einen Augenblick nieder. Mein Gesicht fühlte sich wund an, jedes Glied schmerzte, als wäre es gebrochen, ich spürte alle meine Rippen und hätte geschworen, mir das Rückgrat verstaucht zu haben. Die Boote lagen dicht achtern in tiefem Schatten, und rings in weitem Umkreis konnte ich die See im Schein der Feuersbrunst sehen. Vorne stieg senkrecht und klar eine riesige Flamme empor. Sie loderte wütend, mit Geräuschen, die mal an Flügelschwirren, mal an Donnerrollen erinnerten. Es krachte und knallte, und aus dem Flammenkegel stoben die Funken in die Höhe. Der Mensch ist eben zur Mühsal geboren; er muss mit lecken Schiffen und mit brennenden Schiffen fertig werden.

Was mir zu schaffen machte, war, dass das Schiff mit der Breitseite zur Dünung und zu dem bisschen Wind lag, der ja ein bloßes Lüftchen war, und dass daher die Boote nicht achtern bleiben wollten, wo sie sicher waren, sondern auf eine sture Weise, die Booten nun mal eigen ist, immer wieder

and then swinging alongside. They were knocking about dangerously and coming near the flame, while the ship rolled on them, and, of course, there was always the danger of the masts going over the side at any moment. I and my two boat-keepers kept them off as best we could, with oars and boat-hooks; but to be constantly at it became exasperating, since there was no reason why we should not leave at once. We could not see those on board, nor could we imagine what caused the delay. The boat-keepers were swearing feebly, and I had not only my share of the work but also had to keep at it two men who showed a constant inclination to lay themselves down and let things slide.

"At last I hailed, 'On deck there,' and someone looked over. 'We're ready here,' I said. The head disappeared, and very soon popped up again. 'The captain says, All right, sir, and to keep the boats well clear of the ship.'

"Half an hour passed. Suddenly there was a frightful racket, rattle, clanking of chain, hiss of water, and millions of sparks flew up into the shivering column of smoke that stood leaning slightly above the ship. the cat-heads had burned away, and the two red-hot anchors had gone to the bottom, tearing out after them two hundred fathom of red-hot chain. The ship trembled, the mass of flame swayed as if ready to collapse, and the fore top-gallant-mast fell. It darted down like an arrow of fire, shot under, and instantly leaping up within an oar's-length of the boats, floated quietly, very black on the luminous sea. I hailed the deck again. After some time a man in an unexpectedly cheerful but also muffled tone, as though he had been trying to speak with his mouth shut, informed me, 'Coming directly, sir,' and vanished. For a long time I heard nothing but the whirr and roar of the fire. There

unter die Gilling gerieten und dann längsseits trieben. Sie stießen sich gefährlich herum und kamen den Flammen nahe, während das Schiff auf sie zu rollte, und natürlich bestand immer die Gefahr, dass die Masten jeden Augenblick über Bord gingen. Ich und meine beiden Leute hielten die Boote, so gut wir es vermochten, mit Riemen und Bootshaken fern; aber auf die Dauer ging das auf die Nerven, da es ja keinen Grund gab, weshalb wir nicht sofort abfahren sollten. Wir konnten die an Bord nicht sehen, noch konnten wir uns vorstellen, wodurch die Abfahrt verzögert wurde. Die Matrosen fluchten leise, und ich musste nicht nur mitarbeiten, sondern auch noch zwei Leute bei der Stange halten, die ständig gute Lust hatten, sich hinzulegen und alle viere grade sein zu lassen.

Schließlich rief ich hinauf: ‹He, ihr an Deck!› und jemand blickte herunter. ‹Wir sind hier klar›, sagte ich. Der Kopf verschwand und tauchte gleich wieder auf. ‹Der Käpt'n sagt, schon recht, Sir, Sie möchten die Boote unbedingt klar vom Schiff halten.›

Eine halbe Stunde verging. Plötzlich gab es ein fürchterliches Getöse, Rattern, Kettengeklirr, ein Aufzischen von Wasser, und Millionen von Funken stoben in der flackernden Rauchsäule empor, die leicht schräg über dem Schiff stand. Die Kranbalken waren verbrannt, und die beiden rotglühenden Anker waren auf Grund gesunken und hatten zweihundert Faden glühendheißer Kette hinter sich drein gerissen. Das Schiff erbebte, die Flammenmasse schwankte, als wollte sie in sich zusammenfallen, und die Vorbramstenge fiel.

Wie ein Feuerpfeil sauste sie herab, schoss unter Wasser, tauchte alsbald wieder in Riemenlänge von den Booten auf und trieb dann ruhig und ganz schwarz auf der erleuchteten See. Ich rief wieder das Deck an. Nach einiger Zeit teilte mir jemand in unerwartet heiterem, aber auch gedämpftem Tonfall mit, so als hätte er versucht, mit geschlossenem Mund zu sprechen: ‹Kommen sogleich, Sir›, und verschwand. Lange Zeit hörte ich nur das Schwirren und Toben des Feuers. Auch

were also whistling sounds. The boats jumped, tugged at the painters, ran at each other playfully, knocked their sides together, or, do what we would, swung in a bunch against the ship's side. I couldn't stand it any longer, and swarming up a rope, clambered aboard over the stern.

"It was a bright as day. Coming up like this, the sheet of fire facing me was a terrifying sight, and the heat seemed hardly bearable at first. On a settee cushion dragged out of the cabin Captain Beard, his legs drawn up and one arm under his head, slept with the light playing on him. Do you know what the rest were busy about? They were sitting on deck right aft, round an open case, eating bread and cheese and drinking bottled stout.

"On the background of flames twisting in fierce tongues above their heads they seemed at home like salamanders, and looked like a band of desperate pirates. The fire sparkled in the whites of their eyes, gleamed on patches of white skin seen through the torn shirts. Each had the marks as of a battle about him – bandaged heads, tied-up arms, a strip of dirty rag round a knee – and each man had a bottle between his legs and a chunk of cheese in his hand. Mahon got up. With his handsome and disreputable head, his hooked profile, his long white beard, and with an uncorked bottle in his hand, he resembled one of those reckless sea-robbers of old making merry amidst violence and disaster. 'The last meal on board,' he explained solemnly. 'We had nothing to eat all day, and it was no use leaving all this.' He flourished the bottle and indicated the sleeping skipper. 'He said he couldn't swallow anything, so I got him to lie down,' he went on; and as I stared, 'I don't know whether you are aware, young fellow, the man had no sleep to speak of for days – and there will be dam' little

Pfeiftöne waren darunter. Die Boote tanzten, zerrten an den Fangleinen, rannten spielerisch aufeinander zu, schlugen mit den Seiten zusammen, oder – wir mochten tun, was wir wollten – sie schwangen zugleich gegen die Bordwand. Ich konnte es nicht mehr länger ertragen, kletterte an einem Tau hoch und erklomm mühsam das Heck.

Es war taghell. Die Feuerwand, vor der ich stand, als ich so herauf kam, war ein erschreckender Anblick, und die Hitze schien erst kaum erträglich. Auf einem Sofapolster, das aus der Kajüte gezerrt worden war, schlief Kapitän Beard mit angezogenen Beinen und einem Arm unterm Kopf, während der Lichtschein ihn umspielte. Wisst ihr, womit die anderen beschäftigt waren? Sie saßen ganz achtern um eine offene Kiste auf Deck, aßen Brot und Käse und tranken Starkbier aus Flaschen.

Vor dem Hintergrund von Flammen, die grell züngelnd über ihren Köpfen ineinanderschlugen, war den Männern anscheinend so wohl zumute wie Salamandern; sie sahen wie eine Rotte verwegener Piraten aus. Das Feuer funkelte im Weiß ihrer Augen und glänzte auf Flecken weißer Haut, die durch zerrissene Hemden sichtbar war. Jeder hatte Spuren an sich wie von einer Schlacht – man sah verbundene Köpfe, Arme in der Schlinge, einen dreckigen Fetzen um die Knie –, und jeder hatte eine Flasche zwischen den Beinen und einen großen Brocken Käse in der Hand. Mahon stand auf. Mit seinem großartigen Abenteurerkopf, dem Hakennasenprofil, dem langen weißen Bart und mit einer entkorkten Flasche in der Hand glich er einem der sorglosen Seeräuber früherer Zeiten, die inmitten von Gewalt und Unheil ihr Leben genossen. ‹Die letzte Mahlzeit an Bord›, erklärte er feierlich. ‹Den ganzen Tag hatten wir nichts zu essen, und es hat keinen Sinn, all dies zurückzulassen.› Er schwenkte die Flasche und deutete auf den schlafenden Kapitän. ‹Er sagte, er könne nichts hinunterbringen, deshalb überredete ich ihn, sich hinzulegen›, fuhr Mahon fort; und als ich ihn anstarrte: ‹Ich weiß nicht, junger Freund, ob Ihnen klar ist, dass der Mann seit Tagen keinen richtigen Schlaf hatte – und in den Boo-

sleep in the boats.' 'There will be no boats by-and-by if you fool about much longer,' I said, indignantly. I walked up to the skipper and shook him by the shoulder. At last he opened his eyes, but did not move. 'Time to leave her, sir,' I said quietly.

"He got up painfully, looked at the flames, at the sea sparkling round the ship, and black, black as ink farther away; he looked at the stars shining dim through a thin veil of smoke in a sky black, black as Erebus.

"'Youngest first,' he said.

"And the ordinary seaman, wiping his mouth with the back of his hand, got up, clambered over the taffrail, and vanished. Others followed. One, on the point of going over, stopped short to drain his bottle, and with a great swing of his arm flung it at the fire. 'Take this!' he cried.

"The skipper lingered disconsolately, and we left him to commune alone for a while with his first command. Then I went up again and brought him away at last. It was time. The ironwork on the poop was hot to the touch.

"Then the painter of the long-boat was cut, and the three boats, tied together, drifted clear of the ship. It was just sixteen hours after the explosion when we abandoned her. Mahon had charge of the second boat, and I had the smallest – the 14-foot thing. The long-boat would have taken the lot of us; but the skipper said we must save as much property as we could – for the underwriters – and so I got my first command. I had two men with me, a bag of biscuits, a few tins of meat, and a beaker of water. I was ordered to keep close to the long-boat, that in case of bad weather we might be taken into her.

"And do you know what I thought? I thought I would part company as soon as I could! I wanted

ten wird es verdammt wenig Schlaf geben.› ‹Es wird bald keine Boote mehr geben, wenn ihr noch lange herumtrödelt›, sagte ich entrüstet. Ich ging zum Kapitän und rüttelte ihn an der Schulter. Endlich schlug er die Augen auf, rührte sich aber nicht. ‹Zeit, von Bord zu gehen›, sagte ich leise.

Mühsam stand er auf, blickte auf die Flammen, auf die See, die rings um das Schiff glitzerte und weiter draußen schwarz war, kohlschwarz; er blickte zu den Sternen, die schwach durch einen dünnen Rauchschleier leuchteten, aus einem Himmel, der schwarz, schwarz war wie das Reich der Toten.

‹Die Jüngsten zuerst›, sagte er.

Und der Leichtmatrose wischte sich mit dem Handrücken über den Mund, stand auf, kletterte über die Heckreling und verschwand. Weitere folgten. Einer hielt, als er schon im Begriff war hinüberzusteigen, kurz inne, um seine Flasche zu leeren und schleuderte sie mit gewaltigem Schwung ins Feuer. ‹Nimm das da!› rief er.

Der Kapitän zauderte, untröstlich, und wir ließen ihn allein, damit er eine Weile mit seinem ersten Kommando Zwiesprache halten konnte. Dann ging ich wieder hinauf und brachte ihn endlich weg. Es war an der Zeit. Die Eisenbeschläge auf der Hütte fühlten sich schon heiß an.

Dann wurde die Fangleine des Großbootes gekappt, und die drei miteinander verbundenen Boote trieben vom Schiff ab. Es war genau sechzehn Stunden nach der Explosion, als wir die *Judea* verließen. Mahon hatte den Befehl über das zweite Boot, und ich hatte das kleinste, das 14 Fuß lange Ding. Ins Großboot hätten wir alle gepasst; aber der Kapitän sagte, wir müssten soviel wie möglich von der Schiffsausrüstung retten – für die Versicherer –, und so bekam ich mein erstes Kommando. Ich hatte zwei Mann bei mir, einen Sack Zwieback, ein paar Büchsen Fleisch und ein Fass mit Wasser. Ich hatte Anweisung, mich dicht beim Großboot zu halten, damit wir von ihm bei schlechtem Wetter aufgenommen werden könnten.

Und wisst ihr, was ich mir dachte? Ich hatte vor, mich so bald wie möglich von den anderen abzusetzen. Ich wollte mein

to have my first command all to my self. I wasn't going to sail in a squadron if there were a chance for independent cruising. I would make land by myself. I would beat the other boats. Youth! All youth! The silly, charming, beautiful youth.

"But we did not make a start at once. We must see the last of the ship. And so the boats drifted about that night, heaving and setting on the swell. The men dozed, waked, sighed, groaned. I looked at the burning ship.

"Between the darkness of earth and heaven she was burning fiercely upon a disc of purple sea shot by the blood-red play of gleams; upon a disc of water glittering and sinister. A high, clear flame, an immense and lonely flame, ascended from the ocean, and from its summit the black smoke poured continuously at the sky. She burned furiously; mournful and imposing like a funeral pile kindled in the night, surrounded by the sea, watched over by the stars. A magnificent death had come like a grace, like a gift, like a reward to that old ship at the end of her laborious days. The surrender of her weary ghost to the keeping of stars and sea was stirring like the sight of a glorious triumph. The masts fell just before daybreak, and for a moment there was a burst and turmoil of sparks that seemed to fill with flying fire the night patient and watchful, the vast night lying silent upon the sea. At daylight she was only a charred shell, floating still under a cloud of smoke and bearing a glowing mass of coal within.

"Then the oars were got out, and the boats forming in a line moved round her remains as if in procession – the long-boat leading. As we pulled across her stern a slim dart of fire shot out viciously at us, and suddenly she went down, head first, in a great hiss of steam. The unconsumed stern

erstes Kommando ganz für mich alleine haben. Ich wollte nicht in einem Geschwader segeln, wenn es eine Gelegenheit zu selbständigem Kreuzen gab. Ich wollte für mich allein Land sichten. Ich wollte die anderen Boote schlagen. Jugend! Alles Jugend! Die törichte, köstliche, schöne Jugend.

Wir setzten uns aber nicht sogleich in Bewegung. Erst mussten wir das Ende des Schiffes abwarten. Und so trieben in jener Nacht die Boote umher und hoben und senkten sich mit der Dünung. Die Männer dösten, wachten auf, seufzten, stöhnten. Ich blickte auf das brennende Schiff.

Zwischen der Dunkelheit der Erde und des Himmels brannte die Bark lichterloh auf einer Scheibe purpurfarbener See, die vom blutroten Strahlenspiegel durchwirkt war: auf einer glitzernden und unheilverheißenden Wasserfläche. Eine hohe, helle Flamme, eine riesige, einsame Flamme stieg vom Ozean empor, und von ihrer Spitze aus qualmte unablässig der schwarze Rauch in den Himmel. Die *Judea* brannte heftig; sie war traurig und eindrucksvoll anzusehen, so wie ein des Nachts entzündeter Scheiterhaufen, umgeben von der See, bewacht von den Sternen. Dem alten Schiff war am Ende seiner mühsamen Tage ein strahlender Tod beschieden, einer Gnade, einem Geschenk, einer Belohnung gleich. Als es seinen müden Geist der Obhut der Sterne und der See überantwortete, war das ergreifend wie der Anblick eines glorreichen Sieges. Gerade vor dem Morgengrauen fielen die Masten, und für einen Augenblick stoben und wirbelten Funken durcheinander, welche die geduldige und wachsame Nacht, die weite, still über der See liegende Nacht mit schwirrendem Feuer zu erfüllen schienen. Bei Tagesanbruch war die Bark nur noch ein verkohltes Gerippe, das lautlos unter einer Rauchwolke dahin trieb und in sich eine Ladung glühender Kohle barg.

Dann wurden die Riemen eingelegt, die Boote formierten sich in Linie und fuhren wie in einer Prozession um die Überreste des Schiffes herum – das Großboot voran. Als wir am Heck vorbeipullten, schoss uns von dort ein tückischer Feuerstrahl entgegen, und plötzlich versank die Bark kopfüber, indes die See gewaltig aufzischte. Das nicht vom Feuer erfasste

was the last to sink; but the paint had gone, had cracked, had peeled off, and there were no letters, there was no word, no stubborn device that was like her soul, to flash at the rising sun her creed and her name.

"We made our way north. A breeze sprang up, and about noon all the boats came together for the last time. I had no mast or sail in mine, but I made a mast out of a spare oar and hoisted a boat-awning for a sail, with a boat-hook for a yard. She was certainly over-masted, but I had the satisfaction of knowing that with the wind aft I could beat the other two. I had to wait for them. Then we all had a look at the captain's chart, and, after a sociable meal of hard bread and water, got our last instructions. These were simple: steer north, and keep together as much as possible. 'Be careful with that juryrig, Marlow,' said the captain; and Mahon, as I sailed proudly past his boat, wrinkled his curved nose and hailed, 'You will sail that ship of yours under water, if you don't look out, young fellow.' He was a malicious old man – and may the deep sea where he sleeps now rock him gently, rock him tenderly to the end of time!

"Before sunset a thick rain-squall passed over the two boats, which were far astern, and that was the last I saw of them for a time. Next day I sat steering my cockle-shell – my first command – with nothing but water and sky around me. I did sight in the afternoon the upper sails of a ship far away, but said nothing, and my men did not notice her. You see I was afraid she might be homeward bound, and I had no mind to turn back from the portals of the East. I was steering for Java – another blessed name – like Bankok, you know. I steered many days.

"I need not tell you what it is to be knocking

Heck ging zuletzt unter; doch die Farbe war weg, hatte Risse bekommen, war abgeblättert, und keine Buchstaben, kein Wort, keine Devise der Standhaftigkeit, die gleichsam die Seele der *Judea* war, – nichts blieb, um der aufgehenden Sonne Bekenntnis und Namen des Schiffes zu signalisieren.

Wir nahmen Kurs nach Norden. Eine Brise kam auf, und gegen Mittag fanden sich alle Boote ein letztes Mal zusammen. Ich hatte in dem meinen weder Mast noch Segel, doch ich fertigte mir einen Mast aus einem Reserveriemen und zog als Segel eine Bootsplane auf, mit einem Bootshaken als Rah. Sicherlich war der Mast zu schwer, doch mich befriedigte es zu wissen, dass ich mit dem achterlichen Wind die beiden anderen Boote schlagen konnte. Ich musste auf sie warten. Dann sahen wir uns alle die Karte des Kapitäns an und erhielten nach einem geselligen Mahl aus hartem Brot und Wasser unsere letzten Anweisungen. Sie waren einfach: nach Norden halten und so dicht wie möglich zusammenbleiben. ‹Seien Sie vorsichtig mit dieser Nottakelung, Marlow›, sagte der Kapitän; und Mahon rümpfte, als ich stolz an seinem Boot vorbeisegelte, seine Hakennase und rief: ‹Sie werden Ihr Schiff noch unter Wasser segeln, junger Mann, wenn Sie nicht auf der Hut sind.› Er war ein missmutiger alter Bursche – möge die tiefe See, wo er jetzt ruht, ihn sanft wiegen, möge sie ihn zärtlich wiegen, bis ans Ende der Zeit!

Vor Sonnenuntergang ging ein schwerer Regenschauer über die beiden Boote hinweg, die weit achteraus fuhren, und das war das letzte, was ich von ihnen für eine Zeitlang sah. Am nächsten Tag saß ich am Ruder meiner Nussschale – mein erstes Kommando –, mit nichts als Wasser und Himmel um mich her. Am Nachmittag sichtete ich tatsächlich die oberen Segel eines Schiffes weitab, sagte aber nichts, und meine Leute bemerkten es nicht. Seht ihr, ich fürchtete, das Schiff könnte auf der Heimreise sein, und ich hatte keine Lust, vor den Pforten des Ostens umzukehren. Ich hielt jetzt auf Java zu – ein weiterer gesegneter Name, wie Bangkok, versteht ihr? Ich steuerte viele Tage.

Ich brauche euch nicht zu sagen, was es heißt, sich in einem

about in an open boat. I remember nights and days of calm, when we pulled, we pulled, and the boat seemed to stand still, as if bewitched within the circle of the sea horizon. I remember the heat, the deluge of rain-squalls that kept us baling for dear life (but filled our water-cask), and I remember sixteen hours on end with a mouth dry as cinder and a steering-oar over the stern to keep my first command head on to a breaking sea. I did not know how good a man I was till then. I remember the drawn faces, the dejected figures of my two men, and I remember my youth and the feeling that will never come back any more – the feeling that I could last for ever, outlast the sea, the earth, and all men; the deceitful feeling that lures us on to joys, to perils, to love, to vain effort – to death; the triumphant conviction of strength, the heat of life in the handful of dust, the glow in the heart that with every year grows dim, grows cold, grows small, and expires – and expires, too soon, too soon – before life itself.

"And this is how I see the East. I have seen its secret places and have looked into its very soul; but now I see it always from a small boat, a high outline of mountains, blue and afar in the morning; like faint mist at noon; a jagged wall of purple at sunset. I have the feel of the oar in my hand, the vision of a scorching blue sea in my eyes. And I see a bay, a wide bay, smooth as glass and polished like ice, shimmering in the dark. A red light burns far off upon the gloom of the land, and the night is soft and warm. We drag at the oars with aching arms, and suddenly a puff of wind, a puff faint and tepid and laden with strange odours of blossoms, of aromatic wood, comes out of the still night – the first sigh of the East on my face. That I can never forget. It was impalpable and

offenen Boot herumzutreiben. Ich erinnere mich an Tage und Nächte der Flaute, als wir ruderten und ruderten und das Boot wie verhext innerhalb des Meeresrunds stillzuliegen schien. Ich erinnere mich an die Hitze, an die Sintflut von Regenschauern, die uns um des lieben Lebens willen unablässig mit Wasserschöpfen auf Trab hielten (aber auch unser Bootsfass füllten), und ich erinnere mich an sechzehn Stunden ohne Unterbrechung, in denen ich, mit strohtrockenem Mund und einem Steuerriemen über Heck ausgelegt, mein erstes Kommando im Kampf gegen die stürmische See zu behaupten suchte. Bis dahin hatte ich nicht gewusst, wie tüchtig ich war. Ich erinnere mich an die langen Gesichter, die niedergeschlagenen Gestalten meiner beiden Leute, und ich erinnere mich an meine Jugend und das Gefühl, das nie wiederkehren wird – das Gefühl, ich könnte ewig aushalten, ich könnte die See, die Erde und alle Menschen überdauern; das trügerische Gefühl, das uns zu den Freuden, zu den Gefahren, in die Liebe lockt, in eitle Bemühungen – in den Tod; das jubelnde Bewusstsein der Stärke, die Leidenschaft des blühenden Lebens in dieser Handvoll Staub, die Glut im Herzen, die mit jedem Jahr schwächer, kälter, kleiner wird und erlischt – zu bald, zu bald erlischt, noch vor dem Leben selbst.

Und so sehe ich den Osten. Ich habe seine geheimen Plätze geschaut und einen Blick in seine innerste Seele getan; aber jetzt sehe ich ihn immer von einem kleinen Boot aus: eine Silhouette hoher Berge, blau und fern im Morgenlicht; wie leichter Dunst am Mittag; eine zerklüftete purpurne Wand bei Sonnenuntergang. Ich fühle noch den Steuerriemen in meiner Hand und habe dabei das Bild einer sengenden blauen See vor Augen. Und ich sehe eine Bucht, eine weite Bucht im Dunkel schimmern, spiegelglatt und glänzend wie Eis. Weit weg brennt ein rotes Licht über dem düsteren Land, die Nacht ist lind und warm. Mit schmerzenden Armen ziehen wir an den Riehmen, und plötzlich kommt ein Windstoß aus der Stille der Nacht auf, ein schwacher, lauer Windstoß voll seltsamer Düfte von Blüten und aromatischen Hölzern – der erste Hauch des Ostens weht mich an. Das kann ich nie ver-

enslaving, like a charm, like a whispered promise of mysterious delight.

"We had been pulling this finishing spell for eleven hours. Two pulled, and he whose turn it was to rest sat at the tiller. We had made out the red light in that bay and steered for it, guessing it must mark some small coasting port. We passed two vessels, outlandish and high-sterned, sleeping at anchor, and, approaching the light, now very dim, ran the boat's nose against the end of a jutting wharf. We were blind with fatigue. My men dropped the oars and fell off the thwarts as if dead. I made fast to a pile. A current rippled softly. The scented obscurity of the shore was grouped into vast masses, a density of colossal clumps of vegetation, probably – mute and fantastic shapes. And at their foot the semicircle of a beach gleamed faintly, like an illusion. There was not a light, not a stir, not a sound. The mysterious East faced me, perfumed like a flower, silent like death, dark like a grave.

"And I sat weary beyond expression, exulting like a conqueror, sleepless and entranced as if before a profound, a fateful enigma.

"A splashing of oars, a measured dip reverberating on the level of water, intensified by the silence of the shore into loud claps, made me jump up. A boat, a European boat, was coming in. I invoked the name of the dead; I hailed: *Judea* ahoy! A thin shout answered.

"It was the captain. I had beaten the flagship by three hours, and I was glad to hear the old man's voice again, tremulous and tired. 'Is it you, Marlow?' 'Mind the end of that jetty, sir,' I cried.

"He approached cautiously, and brought up with the deep-sea lead-line which we had saved – for the underwriters. I eased my painter and fell

gessen. Es war unfassbar und bestrickend, wie ein Zauber, wie eine geflüsterte Verheißung geheimnisvoller Wonne.

Wir hatten zu der letzten Strecke elf Stunden gebraucht. Zwei ruderten, und wer gerade an der Reihe war auszuruhen, saß an der Ruderpinne. Wir hatten das rote Licht in dieser Bucht gesichtet und hielten darauf zu, in der Annahme, es müsse einen kleinen Küstenhafen bezeichnen. Wir fuhren an zwei Schiffen vorüber, fremdländischen mit hohem Heck, die vor Anker schliefen, und als wir uns dem Licht näherten, das nun recht trüb schien, stießen wir mit der Vordersteven gegen das Ende eines vorspringenden Kais. Wir waren blind vor Erschöpfung. Meine Leute ließen die Riemen sinken und fielen wie tot von den Ruderbänken. Ich machte an einem Pfosten fest. Eine leichte Strömung kräuselte das Wasser. Das duftende Dunkel der Küste gliederte sich in weitläufige Massen, wohl dichte, mächtige Baumgruppen – stumme, phantastische Gebilde. Und unterhalb dieser Gebilde schimmerte schwach, gleich einem Trugbild, das Halbrund eines Strandes. Es gab kein Licht, keine Regung, keinen Laut. Der geheimnisumwitterte Osten blickte mich an, duftend wie eine Blume, stumm wie der Tod, dunkel wie ein Grab.

Und ich saß da, unsäglich müde, frohlockend wie ein Eroberer, schlaflos und entrückt wie vor einem abgründigen, schicksalhaften Rätsel.

Ein Klatschen von Riemen, deren gleichmäßiges Eintauchen auf der Wasseroberfläche widerhallte und durch die Stille der Küste zu lauten Schlägen verstärkt wurde, ließ mich auffahren. Ein Boot, ein europäisches Boot, kam herein. Ich beschwor den Namen der Toten; ich rief: ‹Judea ahoi!› Ein schwacher Ruf antwortete.

Es war der Kapitän. Ich hatte das Flaggschiff um drei Stunden geschlagen und hörte mit Freude die Stimme des Alten wieder, die zitternd und müde klang. ‹Sind Sie's, Marlow?› ‹Achten Sie auf diesen Molenkopf da, Sir!› rief ich.

Er fuhr vorsichtig heran und machte mit der Tiefseelotleine fest, die wir – für die Versicherung – gerettet hatten. Ich lockerte meine Fangleine und kam längsseits. Da saß er im

alongside. He sat, a broken figure at the stern, wet with dew, his hands clasped in his lap. His men were asleep already. 'I had a terrible time of it,' he murmured. 'Mahon is behind – not very far.' We conversed in whispers, in low whispers, as if afraid to wake up the land. Guns, thunder, earthquakes would not have awakened the men just then.

"Looking round as we talked, I saw away at sea a bright light travelling in the night. 'There's a steamer passing the bay,' I said. She was not passing, she was entering, and she even came close and anchored. 'I wish,' said the old man, 'you would find out whether she is English. Perhaps they could give us a passage somewhere.' He seemed nervously anxious. So by dint of punching and kicking I started one of my men into a state of somnambulism, and giving him an oar, took another and pulled towards the lights of the steamer.

"There was a murmur of voices in her, metallic hollow clangs of the engine-room, footsteps on the deck. Her ports shone, round like dilated eyes. Shapes moved about, and there was a shadowy man high up on the bridge. He heard my oars.

"And then, before I could open my lips, the East spoke to me, but it was in a Western voice. A torrent of words was poured into the enigmatical, the fateful silence; outlandish, angry words, mixed with words and even whole sentences of good English, less strange but even more surprising. The voice swore and cursed violently; it riddled the solemn peace of the bay by a volley of abuse. It began by calling me Pig, and from that went crescendo into unmentionable adjectives – in English. The man up there raged aloud in two languages, and with a sincerity in his fury that almost convinced me I had, in some way, sinned against the harmony of the universe. I could hardly see

Heck, eine gebrochene Gestalt, nass vom Tau, die Hände im Schoß gefaltet. Seine Leute schliefen schon. ‹Ich habe eine schreckliche Zeit durchgemacht›, murmelte er. ‹Mahon ist hinter uns – nicht sehr weit.› Wir unterhielten uns flüsternd, ganz leise flüsternd, als fürchteten wir, das Land könnte erwachen. Kanonen, Donner, Erdbeben hätten damals die Mannschaft nicht zu wecken vermocht.

Als ich mich einmal umsah, während wir so plauderten, erblickte ich draußen auf See ein helles Licht, das durch die Nacht wanderte. ‹Da fährt ein Dampfer an der Bucht vorbei›, sagte ich. Er fuhr nicht vorbei, er fuhr herein, kam sogar dicht heran und ging vor Anker. ‹Versuchen Sie doch herauszubringen›, sagte der Alte, ‹ob es ein Engländer ist. Vielleicht könnten die uns irgendwohin mitnehmen.› Er schien unruhig und besorgt. Also puffte und stieß ich einen meiner Leute in einen schlafwandlerischen Zustand, drückte ihm ein Ruder in die Hand, nahm selbst ein zweites und pullte auf die Lichter des Dampfers zu.

Man hörte Gemurmel auf dem Schiff, metallisch dumpfes Klirren des Maschinenraums, Schritte an Deck. Die Bullaugen leuchteten wie weit aufgerissene Augen. Gestalten bewegten sich, und ein schattenhafter Mann stand hoch oben auf der Brücke. Er hörte meine Ruderschläge.

Und dann, noch ehe ich den Mund auftun konnte, sprach der Osten zu mir, mit einer westlichen Stimme. Ein Wortschwall ergoss sich in die rätselhafte, schicksalsschwere Stille; fremdländische, zornige Worte, vermischt mit Worten und selbst ganzen Sätzen in gutem Englisch, die weniger fremdartig, aber sogar noch überraschender klangen. Die Stimme fluchte und stieß heftige Verwünschungen aus; sie durchsiebte den feierlichen Frieden der Bucht mit einer Salve von Schimpfwörtern. Zuerst wurde ich Schwein genannt, und dann steigerte sich die Stimme bis zu unaussprechlichen Adjektiven – auf englisch. Der Mann dort droben tobte laut in zwei Sprachen und mit einer Aufrichtigkeit in seiner Wut, dass ich fast zu der Überzeugung gelangte, ich hätte mich irgendwie gegen die Harmonie des Alls vergangen. Ich konnte

him, but began to think he would work himself into a fit.

"Suddenly he ceased, and I could hear him snorting and blowing like a porpoise. I said –

"'What steamer is this, pray?'

"'Eh? What's this? And who are you?'

"'Castaway crew of an English barque burnt at sea. We came here to-night. I am the second mate. The captain is in the long-boat, and wishes to know if you would give us a passage somewhere.'

"'Oh, my goodness! I say. ... This is the *Celestial* from Singapore on her return trip. I'll arrange with your captain in the morning, ... and, ... I say, ... did you hear me just now?'

"'I should think the whole bay heard you.'

"'I thought you were a shore-boat. Now, look here – this infernal lazy scoundrel of a caretaker has gone to sleep again – curse him. The light is out, and I nearly ran foul of the end of this damned jetty. This is the third time he plays me this trick. Now, I ask you, can anybody stand this kind of thing? It's enough to drive a man out of his mind. I'll report him. ... I'll get the Assistant Resident to give him the sack, by ...! See – there's no light. It's out, isn't it? I take you to witness the light's out. There should be a light, you know. A red light on the –'

"'There was a light,' I said, mildly.

"'But it's out, man! What's the use of talking like this? You can see for yourself it's out – don't you? If you had to take a valuable steamer along this Godforsaken coast you would want a light, too. I'll kick him from end to end of his miserable wharf. You'll see if I don't. I will –'

"'So I may tell my captain you'll take us?' I broke in.

ihn kaum sehen, begann aber zu glauben, er steigere sich in einen Tobsuchtsanfall hinein.

Plötzlich schwieg er, und ich konnte ihn wie einen Tümmler schnauben und prusten hören. Ich sagte:

‹Was ist das für ein Dampfer, bitte?›

‹Hm? Was ist das? Und wer sind Sie denn?›

‹Schiffbrüchige Besatzung einer englischen Bark, die auf See verbrannt ist. Wir sind heute nacht hierher gekommen. Ich bin der Zweite Offizier. Der Kapitän ist im Großboot und lässt sich erkundigen, ob Sie uns irgendwohin mitnehmen würden.›

‹Ach, du meine Güte! Ich sag's ja ... Das hier ist die *Celestial* aus Singapur auf der Rückreise. Ich werde die Sache morgen früh mit Ihrem Kapitän erledigen, ... und, ... was ich noch sagen wollte, ... haben Sie mich eben gehört?›

‹Ich möchte meinen, die ganze Bucht hat Sie gehört.›

‹Ich hielt Sie für ein Küstenboot. Nun, schauen Sie – dieser verfluchte, faule Halunke von einem Wärter hat sich schon wieder aufs Ohr gelegt – der Teufel soll ihn holen! Das Licht ist aus, und ich wäre fast gegen diesen verdammten Molenkopf gerannt. Zum drittenmal schon spielt er mir diesen Streich. Nun ich frage Sie, kann denn das jemand aushalten? Es langt, um einen durchdrehen zu lassen. Ich werde ihn melden. ... Ich werde dafür sorgen, dass der Vizeresident ihn rauswirft, beim ...! Sie sehen – es ist kein Licht da. Es ist aus, nicht wahr? Sie sind mir Zeuge, dass das Licht aus ist. Es sollte ein Licht brennen, nicht wahr? Ein rotes Licht auf dem ...›

‹Es war auch ein Licht da›, sagte ich sanft.

‹Aber es ist aus, Mann! Was nutzt so ein Gerede? Sie können selber sehen, dass es aus ist – oder nicht? Wenn Sie einen wertvollen Dampfer an dieser gottverdammten Küste entlangführen müssten, dann möchten Sie auch ein Licht haben. Ich werde den Burschen von einem Ende seiner elenden Pier zum andern stoßen. Sie werden's erleben. Ich werde ...›

‹Dann kann ich also meinem Kapitän ausrichten, dass Sie uns mitnehmen wollen?› bemerkte ich zwischendurch.

"'Yes, I'll take you. Good-night,' he said, brusquely.

"'I pulled back, made fast again to the jetty, and then went to sleep at last. I had faced the silence of the East. I had heard some of its language. But when I opened my eyes again the silence was as complete as though it had never been broken. I was lying in a flood of light, and the sky had never looked so far, so high, before. I opened my eyes and lay without moving.

"And then I saw the men of the East – they were looking at me. The whole length of the jetty was full of people. I saw brown, bronze, yellow faces, the black eyes, the glitter, the colour of an Eastern crowd. And all these beings stared without a murmur, without a sigh, without a movement. They stared down at the boats, at the sleeping men who at night had come to them from the sea. Nothing moved. The fronds of palms stood still against the sky. Not a branch stirred along the shore, and the brown roofs of hidden houses peeped through the green foliage, through the big leaves that hung shining and still like leaves forged of heavy metal. This was the East of the ancient navigators, so old, so mysterious, resplendent and sombre, living and unchanged, full of danger and promise. And these were the men. I sat up suddenly. A wave of movement passed through the crowd from end to end, passed along the heads, swayed the bodies, ran along the jetty like a ripple on the water, like a breath of wind on a field – and all was still again. I see it now – the wide sweep of the bay, the glittering sands, the wealth of green infinite and varied, the sea blue like the sea of a dream, the crowd of attentive faces, the blaze of vivid colour – the water reflecting it all, the curve of the shore, the jetty, the high-sterned outlandish craft floating

‹Ja, ich werde Sie mitnehmen. Gute Nacht!› sagte er kurz angebunden.

Ich ruderte zurück, machte wieder an der Mole fest und ging dann endlich schlafen. Ich hatte das Schweigen des Ostens erlebt. Ich hatte etwas von seiner Sprache gehört. Doch als ich die Augen wieder aufschlug, war das Schweigen so vollkommen, als wäre es nie unterbrochen worden. Ich lag in einer Flut von Licht, und nie zuvor hatte der Himmel so fern und so hoch gewirkt. Ich öffnete die Augen und lag reglos.

Und dann sah ich die Menschen des Ostens – sie blickten mich an. Der Kai war auf seiner ganzen Länge voller Menschen. Ich sah braune, bronzefarbene, gelbe Gesichter, die schwarzen Augen, den Glanz, die Farbigkeit einer östlichen Menschenmasse. Und alle diese Geschöpfe starrten ohne ein Murmeln, ohne einen Seufzer, ohne eine Bewegung. Sie starrten auf die Boote herab, auf die schlafenden Männer, die nachts von der See her zu ihnen gekommen waren. Nichts rührte sich. Die Palmwedel standen still gegen den Himmel. Kein Zweig regte sich entlang der Küste, und die braunen Dächer verborgener Häuser lugten durch das grüne Laub, durch die großen Blätter, die schimmernd und still herab hingen, wie aus Schwermetall geschmiedet. Das war der Osten der Seefahrer von einst, so alt, so geheimnisumwoben, strahlend und düster, lebendig und unwandelbar, voller Gefahr und Verheißung. Und dies waren die Menschen. Ich setzte mich plötzlich auf. Eine Welle der Bewegung ging durch die Menge, von einem Ende zum andern, lief die Köpfe entlang, riss die Leiber mit, lief den Kai entlang wie ein Kräuseln über das Wasser, wie ein Windhauch über ein Feld – und alles war wieder still. Ich sehe es jetzt noch – die weitgeschwungene Bucht, die glitzernden Sandstrände, den unendlichen und mannigfachen Reichtum an Grün, die See blau wie die See eines Traumes, die Menge aufmerksamer Gesichter, die Glut kräftiger Farben – das Wasser, welches all dies widerspiegelte, die Krümmung der Küste, den Kai, die fremdländischen, still auf dem Wasser gleitenden Schiffe mit dem

still, and the three boats with the tired men from the West sleeping, unconscious of the land and the people and of the violence of sunshine. They slept thrown across the thwarts, curled on bottom-boards, in the careless attitudes of death. The head of the old skipper, leaning back in the stern of the long-boat, had fallen on his breast, and he looked as though he would never wake. Farther out old Mahon's face was upturned to the sky, with the long white beard spread out on his breast, as though he had been shot where he sat at the tiller; and a man, all in a heap in the bows of the boat, slept with both arms embracing the stem-head and with his cheek laid on the gunwale. The East looked at them without a sound.

"I have known its fascination since; I have seen the mysterious shores, the still water, the lands of brown nations, where a stealthy Nemesis lies in wait, pursues, overtakes so many of the conquering race, who are proud of their wisdom, of their knowledge, of their strength. But for me all the East is contained in that vision of my youth. It is all in that moment when I opened my young eyes on it. I came upon it from a tussle with the sea – and I was young – and I saw it looking at me. And this is all that is left of it! Only a moment; a moment of strength, of romance, of glamour – of youth! ... A flick of sunshine upon a strange shore, the time to remember, the time for a sigh, and – good-bye! – Night – Good-bye ...!"

He drank.

"Ah! The good old time – the good old time. Youth and the sea. Glamour and the sea! The good, strong sea, the salty, bitter sea, that could whisper to you and roar at you and knock your breath out of you."

He drank again.

hohen Heck, und die drei Boote mit den müden Männern aus dem Westen, die da schliefen, ohne etwas zu ahnen vom Land, den Leuten und dem grellen Sonnenschein. Sie schliefen quer über die Ruderbänke hingestreckt, oder zusammen gerollt auf Brettern, mit denen der Boden ausgelegt war, in jenen unbekümmerten Haltungen, wie sie der Tod verleiht. Dem alten Kapitän, der sich im Heck des Großbootes zurück lehnte, war der Kopf auf die Brust gesunken, und der Mann sah aus, als würde er nie wieder erwachen. Weiter weg hatte der alte Mahon das Gesicht dem Himmel zugewandt; der lange weiße Bart bedeckte die Brust, als wäre der Mann dort an der Ruderpinne erschossen worden; einer schlief, zu einem Häufchen zusammen gekauert, im Bug des Bootes, umklammerte mit beiden Armen den Stevenkopf und ruhte mit der Wange auf dem Dollbord. Der Osten blickte sie lautlos an.

Ich kenne seither seinen Reiz; ich habe die geheimnisvollen Küsten gesehen, das ruhige Wasser, die Länder braunhäutiger Völker, wo eine im verborgenen wirkende Nemesis auf der Lauer liegt und so viele aus der Rasse der Eroberer verfolgt und überfällt, der Eroberer, die stolz sind auf ihre Weisheit, ihr Wissen, ihre Stärke. Aber für mich ist der ganze Osten in dieser Vision meiner Jugend enthalten. Er steckt ganz und gar in jenem Augenblick, da ich meine jungen Augen zu ihm aufschlug. Ich trat dem Osten nach einem heftigen Kampf mit der See entgegen – und ich war jung – und ich sah, wie der Osten mich anblickte. Und dies ist alles, was davon übrig ist! Ein Augenblick nur, ein Augenblick der Stärke, der romantischen Schwärmerei, des Zaubers – der Jugend! ... Ein flüchtiger Sonnenstrahl auf einem fremden Ufer, Zeit für eine Erinnerung, Zeit für einen Seufzer, und – leb wohl! – Nacht – leb wohl ...!

Er trank.

«Ah! Die gute alte Zeit – die gute alte Zeit. Die Jugend und die See. Der Zauber und die See! Die gute, starke See, die salzige, bittere See, die einem zuflüstern konnte, die einem aber auch entgegenbrüllen und den Atem rauben konnte.»

Er trank wieder.

"By all that's wonderful it is the sea, I believe, the sea itself — or is it youth alone? Who can tell? But you here — you all had something out of life: money, love — whatever one gets on shore — and, tell me, wasn't that the best time, that time when we were young at sea; young and had nothing, on the sea that gives nothing, except hard knocks — and sometime a chance to feel your strength — that only — what you all regret?"

And we all nodded at him: the man of finance, the man of accounts, the man of law, we all nodded at him over the polished table that like a still sheet of brown water reflected our faces, lined, wrinkled; our faces marked by toil, by deceptions, by success, by love; our weary eyes looking still, looking always, looking anxiously for something out of life, that while it is expected is already gone — has passed unseen, in a sigh, in a flash — together with the youth, with the strength, with the romance of illusions.

«Bei allem, was da wundervoll ist, es ist die See, glaube ich, die See selbst – oder ist es allein die Jugend? Wer kann das sagen? Doch ihr hier – ihr habt alle etwas vom Leben gehabt: Geld, Liebe – was immer man auch an Land erreicht – und, sagt mir, war das nicht die beste Zeit, jene Zeit, da wir jung auf See waren; jung waren und nichts hatten, auf der See, die nichts austeilt außer harten Püffen – und mitunter eine Gelegenheit, die eigene Kraft zu spüren – ist es nicht allein das, dem ihr alle nachtrauert?»

Und wir alle nickten ihm zu: der Finanzmann, der Buchhalter, der Jurist, wir alle nickten ihm zu, über den polierten Tisch hinweg, der wie eine ruhige Fläche braunen Wassers unsere gefurchten, gerunzelten Gesichter widerspiegelte; unsere Gesichter, die von Mühe, Enttäuschung, Erfolg, Liebe gezeichnet waren; unsere müden Augen, die still, stetig und begierig Ausschau hielten nach etwas im Leben, das, während man es erwartet, schon dahin ist – unbemerkt verflogen ist, in einem Seufzer, einem kurzen Aufflammen – zusammen mit der Jugend, mit der Kraft, mit der romantischen Schwärmerei für Traumbilder.

Katherine Mansfield
The Voyage

The Picton boat was due to leave at half past eleven. It was a beautiful night, mild, starry, only when they got out of the cab and started to walk down the Old Wharf that jutted out into the harbour, a faint wind blowing off the water ruffled under Fenella's hat, and she put up her hand to keep it on. It was dark on the Old Wharf, very dark; the wool sheds, the cattle trucks, the cranes standing up so high, the little squat railway engine, all seemed carved out of solid darkness. Here and there on a rounded wood-pile, that was like the stalk of a huge black mushroom, there hung a lantern, but it seemed afraid to unfurl its timid, quivering light in all that blackness; it burned softly, as if for itself.

Fenella's father pushed on with quick, nervous strides. Beside him her grandma bustled along in her crackling black ulster; they went so fast that she had now and again to give an undignified little skip to keep up with them. As well as her luggage strapped into a neat sausage, Fenella carried clasped to her her grandma's umbrella, and the handle, which was a swan's head, kept giving her shoulder a sharp little peck as if it too wanted her to hurry. ... Men, their caps pulled down, their collars turned up, swung by; a few women all muffled scurried along; and one tiny boy, only his little black arms and legs showing out of a white woolly shawl, was jerked along angrily between his father and mother; he looked like a baby fly that had fallen into the cream.

Then suddenly, so suddenly that Fenella and her grandma both leapt, there sounded from behind the largest wool shed, that had a trail of smoke hanging over it, *Mia-oo-oo-O-O*!

Katherine Mansfield
Die Reise

Die Fähre nach Picton sollte um halb zwölf Uhr ablegen. Es war eine schöne Nacht, mild, sternenklar, doch als sie aus der Droschke stiegen und sich anschickten, den Alten Kai hinabzugehen, der in den Hafen hinausragte, fuhr ein leichter Wind, der vom Meer her wehte, unter Fenellas Hut, und sie legte ihre Hand darauf, um ihn festzuhalten. Auf dem Alten Kai war es dunkel, sehr dunkel; die Wolllagerschuppen, die Viehwagen, die hochaufragenden Kräne, die kleine gedrungene Lokomotive, alles wirkte, als wäre es aus der kompakten Dunkelheit herausgemeißelt. Hier und da hing eine Laterne an einem gebogenen Holzpfahl, der wie der Stiel eines riesigen schwarzen Pilzes aussah, aber es war beinahe, als scheute sie davor zurück, ihr furchtsames, zitterndes Licht in all der Schwärze zu entfalten; sie brannte sanft vor sich hin, als wollte sie nur sich selbst leuchten.

Fenellas Vater schritt mit schnellen, nervösen Schritten aus. Neben ihm eilte die Großmama in ihrem raschelnden schwarzen Mantel voran; sie gingen so schnell, dass sie von Zeit zu Zeit einen ganz unvornehmen kleinen Hüpfer machen musste, um mit ihnen Schritt zu halten. Abgesehen von dem zu einer ordentlichen Wurst verschnürten Gepäck trug Fenella den Schirm ihrer Großmama, an sich gepresst, und der Griff, ein Schwanenkopf, pickte ihr unaufhörlich in die Schulter, als wollte auch er sie zur Eile antreiben ... Männer mit heruntergezogenen Mützen und hochgeschlagenen Krägen huschten vorüber; ein paar rundum eingemummelte Frauen hasteten dahin; und ein Knirps, von dem nur die kleinen schwarzen Arme und Beine aus einem weißen Wollschal hervorragten, wurde gereizt zwischen Vater und Mutter mitgezerrt; er sah aus wie ein Fliegenbaby, das in die Sahne gefallen war.

Da ertönte plötzlich, so plötzlich, dass Fenella und ihre Großmama beide einen Satz machten, hinter dem größten Wollschuppen, über dem eine Rauchfahne hing, ein *Mia-uu-uu-U-U!*

'First whistle,' said her father briefly, and at that moment they came in sight of the Picton boat. Lying beside the dark wharf, all strung, all beaded with round golden lights, the Picton boat looked as if she was more ready to sail among stars than out into the cold sea. People pressed along the gangway. First went her grandma, then her father, then Fenella. There was a high step down on to the deck, and an old sailor in a jersey standing by gave her his dry, hard hand. They were there; they stepped out of the way of the hurrying people, and standing under a little iron stairway that led to the upper deck they began to say good-bye.

'There, mother, there's your luggage!' said Fenella's father, giving Grandma another strapped-up sausage.

'Thank you, Frank.'

'And you've got your cabin tickets safe?'

'Yes, dear.'

'And your other tickets?'

Grandma felt for them inside her glove and showed him the tips.

'That's right.'

He sounded stern, but Fenella, eagerly watching him, saw that he looked tired and sad. *Mia-oo-oo-O-O*! The second whistle blared just above their heads, and a voice like a cry shouted, 'Any more for the gangway?'

'You'll give my love to Father,' Fenella saw her father's lips say. And her grandma, very agitated, answered, 'Of course I will, dear. Go now. You'll be left. Go now, Frank. Go now.'

'It's all right, Mother. I've got another three minutes.' To her surprise Fenella saw her father take off his hat. He clasped Grandma in his arms and pressed her to him. 'God bless you, Mother!' she heard him say.

«Der erste Pfiff», sagte ihr Vater kurz, und in diesem Moment erblickten sie die Picton-Fähre. An dem dunklen Kai liegend sah sie mit ihren runden, goldenen Lichtern, die wie Perlen aufgereiht waren, eher aus, als wollte sie zwischen Sternen segeln statt auf die kalte See hinaus. Auf der Gangway herrschte Gedränge. Die Großmama ging als erste, dann der Vater, schließlich Fenella. Eine hohe Stufe führte aufs Deck hinab, und ein alter Matrose im Pullover stand daneben und reichte ihr seine trockene, harte Hand. Sie waren an Bord; sie traten etwas beiseite, um der hastenden Menschenmenge Platz zu machen, und unter einer kleinen Eisentreppe, die aufs Oberdeck führte, begannen sie Abschied zu nehmen.

«Hier, Mutter, da ist euer Gepäck!» sagte Fenellas Vater und reichte Großmama eine weitere verschnürte Gepäckwurst.

«Danke, Frank.»

«Und hast du auch bestimmt deine Kabinenbillets gut verwahrt?»

«Ja, mein Lieber.»

«Und die anderen Tickets?»

Großmama tastete im Innern ihrer Handschuhe danach und zeigte ihm die Spitzen.

«Gut.»

Er klang streng, doch Fenella, die den Blick nicht von ihm wandte, sah, dass er müde und traurig wirkte. *Mia-uu-uu-U-U!* Der zweite Pfiff dröhnte direkt über ihre Köpfe hinweg, und eine Stimme schrie: «Will noch jemand auf die Gangway?»

Fenella sah, wie die Lippen ihres Vaters formten: «Grüß den Vater herzlich von mir.» Und die Großmama antwortete in großer Bewegung: «Selbstverständlich tu ich das, mein Lieber. Geh jetzt. Du wirst sonst noch an Bord bleiben. Geh jetzt, Frank. Geh schon.»

«Lass nur, Mutter. Drei Minuten bleiben mir noch.» Überrascht sah Fenella, dass ihr Vater den Hut abnahm. Er schloss Großmama in seine Arme und drückte sie an sich. «Gott segne dich, Mutter!» hörte sie ihn sagen.

And Grandma put her hand, with the black thread glove that was worn through on her ring finger, against his cheek, and she sobbed, 'God bless you, my own brave son!'

This was so awful that Fenella quickly turned her back on them, swallowed once, twice, and frowned terribly at a little green star on a mast head. But she had to turn round again; her father was going.

'Good-bye, Fenella. Be a good girl.' His cold wet moustache brushed her cheek. But Fenella caught hold of the lapels of his coat.

'How long am I going to stay?' she whispered anxiously. He wouldn't look at her. He shook her off gently, and gently said, 'We'll see about that. Here! Where's your hand?' He pressed something into her palm. 'Here's a shilling in case you should need it.'

A shilling! She must be going away for ever! 'Father!' cried Fenella. But he was gone. He was the last off the ship. The sailors put their shoulders to the gangway. A huge coil of dark rope went flying through the air and fell 'thump' on the wharf. A bell rang; a whistle shrilled. Silently the dark wharf began to slip, to slide, to edge away from them. Now there was a rush of water between. Fenella strained to see with all her might. 'Was that Father turning round?' – or waving? – or standing alone? – or walking off by himself? The strip of water grew broader, darker. Now the Picton boat began to swing round steady, pointing out to sea. It was not good looking any longer. There was nothing to be seen but a few lights, the face of the town clock hanging in the air, and more lights, little patches of them, on the dark hills.

The freshening wind tugged at Fenella's skirts; she went back to her grandma. To her relief Grandma seemed no longer sad. She had put the

Und Großmama legte ihm ihre Hand mit dem schwarzen Zwirnhandschuh, der am Ringfinger durchgescheuert war, auf die Wange und schluchzte: «Gott segne, dich, mein tapferer Sohn!»

Das war so schrecklich, dass Fenella ihnen schnell den Rücken zukehrte, einmal, zweimal schluckte und dann mit angestrengtem Stirnrunzeln auf einen kleinen grünen Stern an einem Mastkorb starrte. Aber sie musste sich wieder umwenden; ihr Vater war im Aufbruch.

«Auf Wiedersehen, Fenella. Sei ein braves Mädchen.» Sein kalter nasser Schnurrbart strich über ihre Wange. Doch Fenella klammerte sich an seine Mantelaufschläge.

«Wie lange werde ich denn wegbleiben?» flüsterte sie ängstlich. Er sah sie nicht an. Er löste sich sanft aus ihrer Umklammerung, und sanft sagte er: «Wir werden sehen. Hier! Wo ist deine Hand?» Er drückte ihr etwas in die Hand. «Hier ist ein Schilling, für den Fall, dass du ihn brauchst.»

Ein Schilling! Sie musste für immer wegfahren! «Vater!» schrie Fenella. Doch er war schon weg. Als letzter verließ er das Schiff. Die Matrosen schoben mit vereinten Kräften die Gangway beiseite. Eine riesige dunkle Taurolle sauste durch die Luft und fiel mit einem dumpfen Plumps auf den Kai. Eine Glocke ertönte; ein Pfiff gellte. Lautlos begann der dunkle Kai vor ihnen zurückzuweichen, zu entgleiten, allmählich zu verschwinden. Nun floss schon ein Schwall Wasser dazwischen. Fenella strengte sich mit aller Kraft an, um etwas zu erkennen. War das ihr Vater, der sich umdrehte? – Oder winkte? – Oder abseits stand? – Oder alleine wegging? Der Wasserstreifen wurde breiter, dunkler. Nun drehte die Picton-Fähre gleichmäßig herum und nahm Kurs auf das Meer. Es hatte keinen Zweck, noch länger Ausschau zu halten. Es gab nichts mehr zu sehen außer vereinzelten Lichtern, das in der Luft schwebende Zifferblatt der Rathausuhr und weitere Lichter, kleine Punkte auf den dunklen Hügeln.

Der auffrischende Wind zerrte an Fenellas Röcken; sie kehrte zurück zu ihrer Großmama. Zu ihrer Erleichterung sah die Großmama nicht mehr traurig aus. Sie hatte die bei-

two sausages of luggage one on top of the other, and she was sitting on them, her hands folded, her head a little on one side. There was an intent, bright look on her face. Then Fenella saw that her lips were moving and guessed that she was praying. But the old woman gave her a bright nod as if to say the prayer was nearly over. She unclasped her hands, sighed, clasped them again, bent forward, and at last gave herself a soft shake.

'And now, child,' she said, fingering the bow of her bonnet-strings, 'I think we ought to see about our cabins. Keep close to me, and mind you don't slip.'

'Yes, Grandma!'

'And be careful the umbrellas aren't caught in the stair rail. I saw a beautiful umbrella broken in half like that on my way over.'

'Yes, Grandma.'

Dark figures of men lounged against the rails. In the glow of their pipes a nose shone out, or the peak of a cap, or a pair of surprised-looking eyebrows. Fenella glanced up. High in the air, a little figure, his hand thrust in his short jacket pockets, stood staring out to sea. The ship rocked ever so little, and she thought the stars rocked too. And now a pale steward in a linen coat, holding a tray high in the palm of his hand, stepped out of a lighted doorway and skimmed past them. They went through that doorway. Carefully over the high brass-bound step on to the rubber mat and then down such a terribly steep flight of stairs that Grandma had to put both feet on each step, and Fenella clutched the clammy brass rail and forgot all about the swan-necked umbrella.

At the bottom Grandma stopped; Fenella was rather afraid she was going to pray again. But no, it was only to get out the cabin tickets. They were

den Gepäckwürste aufeinandergestellt und saß nun mit gefalteten Händen und leicht zur Seite geneigtem Kopf darauf. Auf ihrem Gesicht lag ein entschlossener, schön konzentrierter Ausdruck. Dann sah Fenella, dass ihre Lippen sich bewegten, und nahm an, dass sie betete. Doch die alte Frau nickte ihr aufmunternd zu, als wollte sie ihr bedeuten, dass das Gebet fast beendet war. Sie löste ihre Hände, seufzte, faltete sie erneut, beugte sich vor und gab sich schließlich einen kleinen Ruck.

«Und nun, mein Kind», sagte sie, während sie an der Schleife ihrer Haubenbänder nestelte, «sollten wir, glaube ich, nach unseren Kabinen sehen. Bleib dicht bei mir und pass auf, dass du nicht ausrutschst.»

«Ja, Großmama!»

«Und gib acht, dass die Schirme nicht im Treppengeländer hängen bleiben. Auf der Hinfahrt habe ich gesehen, wie ein hübscher Schirm auf diese Weise entzwei brach.»

«Ja, Großmama.»

Dunkle Männergestalten lehnten sich an die Reling. Im Aufglühen ihrer Pfeifen wurde eine Nase sichtbar oder ein Mützenschirm oder ein Paar überrascht hochgezogene Augenbrauen. Fenella sah hinauf. Hoch oben in der Luft stand eine kleine Gestalt, deren Hände in den Taschen einer kurzen Jacke steckten, und starrte aufs Meer hinaus. Das Schiff schaukelte unentwegt ganz sanft, und ihr war, als ob auch die Sterne schwankten. Und da kam ein bleicher Steward im Leinenmantel, der ein Tablett hoch auf der Handfläche trug, aus einer beleuchteten Türöffnung und glitt rasch an ihnen vorbei. Sie schritten durch diese Tür. Vorsichtig traten sie über die hohe, messingbeschlagene Stufe auf die Gummimatte und gingen dann eine so entsetzlich steile Treppenflucht hinab, dass die Großmama beide Füße auf einer Stufe aufsetzen musste und Fenella das klamme Messinggeländer ergriff und jeden Gedanken an den schwanenhalsigen Schirm vergaß.

Unten angekommen blieb Großmama stehen; Fenella befürchtete schon, sie würde wieder zu beten beginnen. Doch nein; sie holte nur die Kabinenbillets hervor. Sie befanden

in the saloon. It was glaring bright and stifling; the air smelled of paint and burnt chop-bones and india-rubber. Fenella wished her grandma would go on, but the old woman was not to be hurried. An immense basket of ham sandwiches caught her eye. She went up to them and touched the top one delicately with her finger.

'How much are the sandwiches?' she asked.

'Tuppence!' bawled a rude steward, slamming down a knife and fork.

Grandma could hardly believe it.

'Twopence *each*?' she aked.

'That's right,' said the steward, and he winked at his companion.

Grandma made a small, astonished face. Then she whispered primly to Fenella. 'What wickedness!' And they sailed out at the further door and along a passage that had cabins on either side. Such a very nice stewardess came to meet them. She was dressed all in blue, and her collar and cuffs were fastened with large brass buttons. She seemed to know Grandma well.

'Well, Mrs Crane,' said she, unlocking their washstand. 'We've got you back again. It's not often you give yourself a cabin.'

'No,' said Grandma. 'But this time my dear son's thoughtfulness –'

'I hope –' began the stewardess. Then she turned round and took a long mournful look at Grandma's blackness and at Fenella's black coat and skirt, black blouse, and hat with a crape rose.

Grandma nodded. 'It was God's will,' said she.

The stewardess shut her lips and, taking a deep breath, she seemed to expand.

'What I always say is,' she said, as though it was her own discovery, 'sooner or later each of us has to go, and that's a certingty.' She paused.

sich im Salon. Dort war es gleißend hell und stickig; ein Geruch nach Farbe und verbrannten Kotelettknochen und Gummi lag in der Luft. Fenella wünschte, die Großmama würde weitergehen, doch die alte Frau ließ sich nicht aus der Ruhe bringen. Ihr Blick fiel auf einen riesigen Korb mit Schinkenbrötchen. Sie ging hin und berührte das zuoberst liegende zart mit dem Finger.

«Wieviel kostet ein Brötchen?»

«Zwei Pence!» bellte ein ungehobelter Steward und knallte ein Messer und eine Gabel nieder.

Großmama konnte es kaum glauben.

«Zwei Pence für *eines*?» fragte sie.

«So ist es», sagte der Steward und zwinkerte seinem Kollegen zu.

Großmama zog ein kleines erstauntes Gesicht. Dann flüsterte sie Fenella empört zu: «Was für eine Unverschämtheit!» Dann segelte sie zur hinteren Tür hinaus und einen Gang entlang, an dessen beiden Seiten Kabinen lagen. Eine reizende Stewardess empfing sie. Sie war ganz in Blau gekleidet, und ihr Kragen und ihre Manschetten waren mit großen Messingknöpfen geschlossen. Sie schien Großmama gut zu kennen.

«Nun, Mrs Crane», sagte sie, während sie die Waschgelegenheit aufschloss. «Haben wir Sie auch wieder bei uns? Es kommt ja nicht oft vor, dass Sie sich eine Kabine leisten.»

«Nein», sagte Großmama. «Aber dieses Mal konnte ich dank der Fürsorge meines Sohnes ...»

«Ich hoffe ...» hob die Stewardess an. Dann drehte sie sich um und musterte mit einem langen bekümmerten Blick Großmamas schwarze Kleidung und Fenellas schwarzen Mantel und Rock, ihre schwarze Bluse, den mit einer Krepprose besetzten Hut.

Großmama nickte. «Es war Gottes Wille», sagte sie.

Die Stewardess schloss die Lippen, und da sie tief einatmete, war es, als dehnte sie sich aus.

«Ich sage immer», versetzte sie, als handelte es sich um eine höchstpersönliche Entdeckung, «früher oder später muss jeder von uns gehen, das ist sicher.» Sie hielt inne. «Und

'Now, can I bring you anything, Mrs Crane? A cup of tea? I know it's no good offering you a little something to keep the cold out.'

Grandma shook her head. 'Nothing, thank you. We've got a few wine biscuits, and Fenella has a very nice banana.'

'Then I'll give you a look later on,' said the stewardess, and she went out, shutting the door.

What a very small cabin it was! It was like being shut up in a box with Grandma. The dark round eye above the washstand gleamed at them dully. Fenella felt shy. She stood against the door, still clasping her luggage and the umbrella. Were they going to get undressed in here? Already her grandma had taken off her bonnet, and, rolling up the strings, she fixed each with a pin to the lining before she hung the bonnet up. Her white hair shone like silk; the little bun at the back was covered with a black net. Fenella hardly ever saw her grandma with her head uncovered; she looked strange.

'I shall put on the woollen fascinator your dear mother crocheted for me,' said Grandma, and, unstrapping the sausage, she took it out and wound it round her head; the fringe of grey bobbles danced at her eyebrows as she smiled tenderly and mournfully at Fenella. Then she undid her bodice, and something under that, and something else underneath that. Then there seemed a short, sharp tussle, and Grandma flushed faintly. Snip! Snap! She had undone her stays. She breathed a sigh of relief, and sitting on the plush couch, she slowly and carefully pulled off her elastic-sided boots and stood them side by side.

By the time Fenella had taken off her coat and skirt and put on her flannel dressing-gown Grandma was quite ready.

nun, kann ich Ihnen etwas bringen, Mrs Crane? Eine Tasse Tee? Ich weiß, es hat keinen Sinn, Ihnen etwas gegen die Kälte anzubieten.»

Großmama schüttelte den Kopf. «Nein, danke. Wir haben etwas Gebäck, und Fenella hat eine ganz feine Banane.»

«Dann werde ich später wieder nach Ihnen sehen», sagte die Stewardess und schloss im Hinausgehen die Tür hinter sich.

Was für eine winzige Kabine das war! Es war, als wäre man mit Großmama in einer Kiste eingesperrt. Aus dem dunklen runden Fensterchen über dem Waschtisch fiel ein trüber Schimmer auf sie. Fenella fühlte sich beklommen. Sie lehnte sich an die Tür und umklammerte noch immer ihr Gepäck und den Schirm. Sollten sie sich etwa hier drinnen ausziehen? Ihre Großmama hatte bereits die Haube abgenommen und die Bänder aufgerollt und befestigte nun jedes mit einer Nadel am Futter, bevor sie die Haube aufhängte. Ihr weißes Haar glänzte wie Seide; der kleine Knoten hinten war mit einem schwarzen Netz überzogen. Fenella hatte ihre Großmama so gut wie nie ohne Kopfbedeckung gesehen; sie sah richtig fremd aus.

«Ich werde die wollene Stola umlegen, die mir deine liebe Mutter gehäkelt hat», sagte Großmama, und sie schnürte die Wurst auf, holte sie hervor und wickelte sie um ihren Kopf; die grauen Bommeln des Saums tanzten an ihren Augenbrauen, während sie Fenella zärtlich und kummervoll zulächelte. Dann öffnete sie ihr Mieder und etwas darunter und noch etwas darunter.

Dann gab es eine Art kurzes, heftiges Gerangel, und Großmama errötete leicht. Schnipp! Schnapp! Sie hatte ihr Korsett geöffnet. Mit einem Seufzer der Erleichterung setzte sie sich auf das Plüschsofa, zog langsam und sorgsam ihre Zugstiefel aus und stellte sie nebeneinander hin.

Bis Fenella Mantel und Rock ausgezogen hatte und in ihren Flanellmorgenmantel geschlüpft war, war Großmama fertig.

'Must I take off my boots, Grandma? They're lace.'

Grandma gave them a moment's deep consideration. 'You'd feel a great deal more comfortable if you did, child,' said she. She kissed Fenella. 'Don't forget to say your prayers. Our dear Lord is with us when we are at sea even more than when we are on dry land. And because I am an experienced traveller,' said Grandma briskly, 'I shall take the upper berth.'

'But, Grandma, however will you get up there?'

Three little spider-like steps were all Fenella saw. The old woman gave a small silent laugh before she mounted them nimbly, and she peered over the high bunk at the astonished Fenella.

'You didn't think your grandma could to that, did you?' said she. And as she sank back Fenella heard her light laugh again.

The hard square of brown soap would not lather, and the water in the bottle was like a kind of blue jelly. How hard it was, too, to turn down those stiff sheets; you simply had to tear your way in. If everything had been different, Fenella might have got the giggles.... At last she was inside, and while she lay there panting, there sounded from above a long, soft whispering, as though someone was gently, gently rustling among tissue paper to find something. It was Grandma saying her prayers....

A long time passed. Then the stewardess came in; she trod softly and leaned her hand on Grandma's bunk.

'We're just entering the Straits,' she said.

'Oh!'

'It's a fine night, but we're rather empty. We may pitch a little.'

And indeed at that moment the Picton boat rose and rose and hung in the air just long enough to

«Soll ich meine Stiefel ausziehen, Großmama? Sie sind zum Schnüren.»

Großmama überlegte einen Augenblick angestrengt. «Du wirst dich viel behaglicher fühlen danach, mein Kind», sagte sie. Sie küsste Fenella. «Vergiss nicht deine Gebete aufzusagen. Wenn wir auf See sind, ist der liebe Gott noch mehr bei uns, als wenn wir an Land sind. Und weil ich eine erfahrene Reisende bin», sagte die Großmama munter, «werde ich das obere Bett nehmen.»

«Aber Großmama, wie willst du denn da hinauf kommen?»

Alles, was Fenella sah, waren drei kleine, spinnenbeinähnliche Stufen. Die alte Frau stieß ein kleines, kaum hörbares Lachen aus, bevor sie behende hinaufkletterte, und blickte über die hohe Koje auf die verblüffte Fenella hinab.

«Das hättest du deiner Großmutter wohl nicht zugetraut?» sagte sie. Und als sie sich zurückfallen ließ, hörte Fenella sie erneut leise lachen.

Das harte Rechteck brauner Seife wollte nicht schäumen, und das Wasser in der Flasche ähnelte einer Art blauem Gelee. Und wie mühsam es war, diese steifen Laken zurückzuschlagen; man mußte sich geradezu hineinzwängen. Wenn alles anders gewesen wäre, hätte Fenella vielleicht kichern müssen ...

Endlich war sie drin, und während sie keuchend dalag, ertönte von oben ein langes, leises Flüstern, als raschelte jemand ganz sacht, ganz sacht mit Seidenpapier, um etwas zu suchen. Es war Großmama, die betete ...

Eine ganze Weile verging. Dann trat die Stewardess ein; sie bewegte sich leise und legte ihre Hand an Großmamas Koje.

«Wir fahren soeben in die Cook-Straße ein», sagte sie.
«Oh!»
«Es ist eine ruhige Nacht, aber das Schiff ist ziemlich leer. Es kann sein, dass es ein wenig stampft.»

In der Tat stieg die Picton-Fähre in diesem Moment höher und höher und blieb gerade lange genug in der Luft hängen,

give a shiver before she swung down again, and there was the sound of heavy water slapping against her sides. Fenella remembered she had left that swan-necked umbrella standing up on the little couch. If it fell over, would it break? But Grandma remembered too, at the same time.

'I wonder if you'd mind, stewardess, laying down my umbrella,' she whispered.

'Not at all, Mrs Crane.' And the stewardess, coming back to Grandma, breathed, 'Your little granddaughter's in such a beautiful sleep.'

'God be praised for that!' said Grandma.

'Poor little motherless mite!' said the stewardess. And Grandma was still telling the stewardess all about what happened when Fenella fell asleep.

But she hadn't been asleep long enough to dream before she woke up again to see something waving in the air above her head. What was it? What could it be? It was a small grey foot. Now another joined it. They seemed to be feeling about for something; there came a sigh.

'I'm awake, Grandma,' said Fenella.

'Oh, dear, am I near the ladder?' asked Grandma. 'I thought it was this end.'

'No, Grandma, it's the other. I'll put your foot on it. Are we there?' asked Fenella.

'In the harbour,' said Grandma. 'We must get up, child. You'd better have a biscuit to steady yourself before you move.'

But Fenella had hopped out of her bunk. The lamp was still burning, but night was over, and it was cold. Peering through that round eye, she could see far off some rocks. Now they were scattered over with foam; now a gull flipped by; and now there came a long piece of real land.

'It's land, Grandma', said Fenella, wonderingly, as though they had been at sea for weeks together.

um zu erbeben, bevor sie wieder nach unten schwang, und man hörte, wie das Wasser schwer an ihre Seiten klatschte. Fenella fiel ein, dass sie den schwanenhalsigen Schirm aufrecht auf dem kleinen Sofa hatte stehen lassen. Ob er wohl zerbrach, wenn er umfiel? Aber im gleichen Augenblick erinnerte sich auch Großmama daran.

«Ob Sie wohl freundlicherweise meinen Schirm hinlegen könnten, Stewardess?» flüsterte sie.

«Aber selbstverständlich, Mrs Crane.» Und als die Stewardess zu Großmama zurückkehrte, hauchte sie: «Ihre kleine Enkelin schläft so schön.»

«Gott sei Dank!» sagte Großmama.

«Armes kleines mutterloses Wurm!» sagte die Stewardess. Und Großmama erzählte der Stewardess noch immer haargenau, was geschehen war, als Fenella eingeschlafen war.

Doch sie hatte noch nicht lange genug geschlafen, um zu träumen, als sie schon wieder erwachte und sah, wie etwas über ihrem Kopf in der Luft baumelte. Was war das? Was konnte das sein? Es war ein kleiner grauer Fuß. Nun folgte ihm noch ein zweiter. Sie schienen nach etwas zu tasten; dann war ein Seufzer zu vernehmen.

«Ich bin wach, Großmama», sagte Fenella.

«Oh, mein Liebes, bin ich in der Nähe der Leiter?» fragte die Großmama. «Ich dachte, sie wäre an diesem Ende.»

«Nein, Großmama, sie ist am anderen. Ich stelle deinen Fuß darauf. Sind wir da?» fragte Fenella.

«Im Hafen», sagte Großmama. «Wir müssen aufstehen, Kind. Du solltest einen Keks essen, um sicher auf den Füßen zu stehen, bevor du dich bewegst.»

Doch Fenella war schon aus ihrer Koje gesprungen. Die Lampe brannte noch immer, aber die Nacht war zu Ende, und es war kalt. Sie spähte aus dem runden Fensterchen und erkannte in der Ferne ein paar Felsen. Nun zerstob Gischt an ihnen; dann schoss eine Möwe vorbei; und jetzt kam ein langes Stück richtiges Land in Sicht.

«Land, Großmama», sagte Fenella verwundert, als hätten sie Wochen zusammen auf See verbracht. Sie hielt sich fest;

She hugged herself; she stood on one leg and rubbed it with the toes of the other foot; she was trembling. Oh, it had all been so sad lately. Was it going to change? But all her Grandma said was, 'Make haste, child. I should leave your nice banana for the stewardess as you haven't eaten it.' And Fenella put on her black clothes again, and a button sprang off one of her gloves and rolled to where she couldn't reach it. They went up on deck.

But if it had been cold in the cabin, on deck it was like ice. The sun was not up yet, but the stars were dim, and the cold pale sky was the same colour as the cold pale sea. On the land a white mist rose and fell. Now they could see quite plainly dark bush. Even the shapes of the umbrella ferns showed, and those strange silvery withered trees that are like skeletons.... Now they could see the landing-stage and some little houses, pale too, clustered together, like shells on the lid of a box. The other passengers tramped up and down, but more slowly than they had the night before, and they looked gloomy.

And now the landing-stage came out to meet them. Slowly is swam towards the Picton boat, and a man holding a coil of rope, and a cart with a small drooping horse and another man sitting on the step, came too.

'It's Mr Penreddy, Fenella, come for us,' said Grandma. She sounded pleased. Her white waxen cheeks were blue with cold, her chin trembled, and she had to keep wiping her eyes and her little pink nose.

'You've got my –'

'Yes, Grandma.' Fenella showed it to her.

The rope came flying through the air, and 'smack' it fell on to the deck. The gangway was lowered. Again Fenella followed her grandma on to the wharf over to the little cart, and a moment

sie stand auf einem Bein und rieb mit den Zehen des anderen Fußes daran; sie zitterte. Ach, in letzter Zeit war alles so traurig gewesen. Ob sich das nun ändern würde? Aber die Großmama sagte nur: «Beeil dich, Kind. Ich sollte deine feine Banane für die Stewardess zurücklassen, da du sie nicht gegessen hast.» Fenella zog wieder ihre schwarzen Kleider an, und ein Knopf sprang von einem ihrer Handschuhe ab und rollte an eine Stelle, die sie nicht erreichen konnte. Sie gingen an Deck.

Doch wenn es in der Kabine kalt gewesen war, so war es an Deck eisig. Die Sonne war noch nicht aufgegangen, aber die Sterne verblassten, und der kalte, fahle Himmel hatte dieselbe Farbe wie das kalte bleierne Meer. Ein weißer Nebel hob und senkte sich über das Land. Nun konnten sie ziemlich deutlich dunkles Buschwerk erkennen. Selbst die Umrisse der Schirmfarne wurden sichtbar, und diese seltsamen silbrigen verdorrten Bäume, die wie Gerippe aussehen ... Jetzt konnten sie den Landungssteg und ein paar Häuschen erkennen, auch sie bleich, zusammengedrängt wie Muschelschalen auf dem Deckel einer Schachtel. Die anderen Passagiere stapften auf und ab, langsamer jedoch als am Vorabend, und mit verschlossenen Gesichtern.

Nun kam ihnen der Landungssteg entgegen. Langsam schwamm er auf die Picton zu, und ein Mann mit einer Taurolle und ein Karren mit einem kleinen, ermatteten Pferd und ein anderer Mann, der auf dem Bock saß, kamen ihnen ebenfalls entgegen.

«Das ist Mr Penreddy, Fenella, er holt uns ab», sagte Großmama. Sie klang erfreut. Ihre weißen wächsernen Wangen waren blaugefroren, ihr Kinn zitterte, und sie musste sich fortwährend die Augen und die kleine rosige Nase abwischen.

«Hast du meinen ...«

«Ja, Großmama.» Fenella zeigte ihn ihr.

Das Tau flog durch die Luft, und «klatsch» fiel es auf Deck. Die Gangway wurde hinabgelassen. Wieder folgte Fenella ihrer Großmama auf den Kai und hinüber zu dem kleinen Karren, und einen Augenblick später fuhren sie los. Die Hufe

later they were bowling away. The hooves of the little horse drummed over the wooden piles, then sank softly into the sandy road. Not a soul was to be seen; there was not even a feather of smoke. The mist rose and fell, and the sea still sounded asleep as slowly it turned on the beach.

'I seen Mr Crane yestiddy,' said Mr Penreddy. 'He looked himself then. Missus knocked him up a batch of scones last week.'

And now the little horse pulled up before one of the shell-like houses. They got down. Fenella put her hand on the gate, and the big, trembling dewdrops soaked through her glovetips. Up a little path of round white pebbles they went, with drenched sleeping flowers on either side. Grandma's delicate white picotees were so heavy with dew that they were fallen, but their sweet smell was part of the cold morning. The blinds were down in the little house; they mounted the steps on to the veranda. A pair of old bluchers was on one side of the door, and a large red water-can on the other.

'Tut! tut! Your grandpa,' said Grandma. She turned the handle. Not a sound. She called, 'Walter!' And immediately a deep voice that sounded half stifled called back, 'Is that you, Mary?'

'Wait, dear,' said Grandma. 'Go in there.' She pushed Fenella gently into a small dusky sitting-room.

On the table a white cat, that had been folded up like a camel, rose, stretched itself, yawned, and then sprang on to the tips of its toes. Fenella buried one cold little hand in the white, warm fur, and smiled timidly while she stroked and listened to Grandma's gentle voice and the rolling tones of Grandpa.

A door creaked. 'Come in, dear.' The old woman beckoned, Fenella followed. There, lying to one

des Pferdchens trommelten über die Holzbohlen, sanken dann weich in der sandigen Straße ein. Keine Menschenseele war zu sehen; nicht einmal ein Rauchfähnchen war zu erblicken. Der Nebel hob und senkte sich, und das Meer klang noch immer schläfrig, so langsam kam es auf den Strand gerollt.

«Hab gestern Mr Crane gesehn», sagte Mr Penreddy. «War wieder ganz der Alte. Meine Frau hat 'm letzte Woche 'n Blech Teekuchen gebacken.»

Und nun blieb das kleine Pferd vor einem der muschelähnlichen Häuser stehen. Sie stiegen ab. Fenella legte ihre Hand auf das Tor, und die großen, zitternden Tautropfen drangen durch die Fingerspitzen ihrer Handschuhe. Sie gingen einen kleinen Weg mit runden weißen Kieselsteinen und tropfnassen, schlafenden Blumen zu beiden Seiten entlang. Großmamas zarte weiße Nelken waren so schwer vom Tau, dass sie umgefallen waren, doch ihr süßer Duft hing in der kalten Morgenluft. Die Rollläden in dem kleinen Haus waren heruntergelassen; sie stiegen die Verandastufen empor. Ein Paar alter Halbstiefel stand auf der einen Seite der Tür, und eine große rote Gießkanne auf der anderen.

«Tss tss! Der Großvater!» sagte Großmama. Sie drehte am Türknauf. Kein Ton. Sie rief: «Walter!» Und sofort antwortete eine tiefe, halb erstickt klingende Stimme: «Bist du es, Mary?»

«Warte, Liebes», sagte Großmama. «Geh da hinein.» Sie schob Fenella sanft in ein kleines, dämmriges Wohnzimmer.

Auf dem Tisch erhob sich eine weiße Katze, die sich wie ein Kamel zusammengefaltet hatte, streckte sich, gähnte und sprang dann auf die Spitzen ihrer Pfoten. Fenella vergrub eine kalte kleine Hand in dem weißen, warmen Fell und lächelte schüchtern, während sie darüber strich und auf die sanfte Stimme ihrer Großmama und die grollenden Laute ihres Großvaters lauschte.

Eine Tür knarrte. «Komm herein, liebes Kind.» Die alte Frau nickte ihr zu, Fenella folgte. Dort, auf der einen Seite

side of an immense bed, lay Grandpa. Just his head with a white tuft, and his rosy face and long silver beard showed over the quilt. He was like a very old wide-awake bird.

'Well, my girl!' said Grandpa. 'Give us a kiss!' Fenella kissed him. 'Ugh!' said Grandpa. 'Her little nose is as cold as a button. What's that she's holding? Her grandma's umbrella?'

Fenella smiled again, and crooked the swan neck over the bed-rail. Above the bed there was a big text in a deep-black frame:

> Lost! One Golden Hour
> Set with Sixty Diamond Minutes.
> No Reward Is Offered
> For It Is GONE FOR EVER!

'Yer grandma painted that,' said Grandpa. And he ruffled his white tuft and looked at Fenella so merrily she almost thought he winked at her.

eines riesigen Betts, lag der Großvater. Nur sein Kopf mit einem weißen Haarbüschel und das rosige Gesicht mit dem langen, silbrigen Bart waren über der Steppdecke zu sehen. Er sah aus wie ein uralter, hellwacher Vogel.

«Nun, mein Mädchen!» rief Großvater. «Gib mir einen Kuss!» Fenella küsste ihn. «Uh!» rief Großvater. «Ihre kleine Nase ist ja so kalt wie ein Knopf. Was hält sie denn da fest? Den Schirm der Großmama?»

Fenella lächelte wieder und hob ihren Schwanenhals über das Bettgeländer. Über dem Bett hing eine große Inschrift in einem tiefschwarzen Rahmen:

> Verloren! Eine goldene Stunde
> Besetzt mit sechzig diamantenen Minuten.
> Kein Finderlohn ist ausgesetzt,
> Denn sie ist FÜR IMMER VERGANGEN!

«Das hat die Großmutter gemalt», sagte Großvater. Und er zauste an seinem weißen Haarschopf und sah Fenella so fröhlich an, dass sie beinahe dachte, er blinzele ihr zu.

F. Scott Fitzgerald
The Rough Crossing

1

Once on the long, covered piers, you have come into a ghostly country that is no longer Here and not yet There. Especially at night. There is a hazy yellow vault full of shouting, echoing voices. There is the rumble of trucks and the clump of trunks, the strident chatter of a crane and the first salt smell of the sea. You hurry through, even though there's time. The past, the continent, is behind you; the future is that glowing mouth in the side of the ship; this dim turbulent alley is too confusedly the present.

Up the gangplank, and the vision of the world adjusts itself, narrows. One is a citizen of a commonwealth smaller than Andorra. One is no longer so sure of anything. Curiously unmoved the men at the purser's desk, cell-like the cabin, disdainful the eyes of voyagers and their friends, solemn the officer who stands on the deserted promenade deck thinking something of his own as he stares at the crowd below. A last odd idea that one didn't really have to come, then the loud, mournful whistles, and the thing – certainly not a boat, but rather a human idea, a frame of mind – pushes forth into the big dark night.

Adrian Smith, one of the celebrities on board – not a very great celebrity, but important enough to be bathed in flash light by a photographer who had been given his name, but wasn't sure what his subject 'did' – Adrian Smith and his blond wife, Eva, went up to the promenade deck, passed the melancholy ship's officer, and, finding a quiet aerie, put their elbows on the rail.

'We're going!' he cried presently, and they both

F. Scott Fitzgerald:
Stürmische Überfahrt

1

Einmal auf den langen, überdachten Kais angelangt, hat man ein geisterhaftes Land betreten, das nicht länger Hier und noch nicht Dort ist. Vor allem zwischen Tag und Nacht. Es ist ein diesiges gelbes Gewölbe voll von Geschrei und widerhallenden Stimmen. Es ist das Gerumpel von Handkarren und das Gerümpel von Reisekoffern, das schrille Rattern eines Krans und der erste Salzgeruch des Meeres. Du hastest hindurch, obwohl noch Zeit ist. Das Vergangene, der Kontinent, liegt hinter dir; die Zukunft ist der leuchtende Rachen in der Seite des Schiffs; jene düstere aufgeregte Gasse ist, nur allzu verwirrend, die Gegenwart.

Die Gangway hinauf, und die Ansicht der Welt verwandelt sich, schrumpft. Man ist Bürger eines Gemeinwesens kleiner als Andorra. Man ist sich der Dinge nicht mehr so sicher. Seltsam regungslos die Männer am Pult des Proviantmeisters, zellengleich die Kabine, hochmütig die Blicke der Reisenden und ihrer Freunde, würdevoll der Offizier, der auf dem leeren Promenadendeck steht und seinen Gedanken nachhängt, während er die Menge unten betrachtet. Ein letzter abwegiger Gedanke, dass man schließlich nicht hätte zu kommen brauchen, dann die lauten, wehmutsvollen Pfeifen, und das Ding – gewiss kein Schiff, viel eher eine menschliche Vorstellung, ein Zustand des Geistes – legt ab in die große dunkle Nacht.

Adrian Smith, eine der Berühmtheiten an Bord, keine sehr große – wenngleich wichtig genug, um in ein Blitzlichtgewitter getaucht zu werden, von einem Photographen, der seinen Namen gesteckt bekommen, aber keine Ahnung hatte, was sein Gegenstand ‹machte› –, Adrian Smith und seine blonde Frau gingen hinauf zum Promenadendeck, dort vorbei an dem nachdenklichen Schiffsoffizier, und stützten an einem ruhigen Plätzchen ihre Ellbogen auf die Reling.

«Wir fahren!» rief er in diesem Moment, und sie lachten

laughed in ecstasy. 'We've escaped. They can't get us now.'

'Who?'

He waved his hand vaguely at the civic tiara.

'All those people out there. They'll come with their posses and their warrants and list of crimes we've committed, and ring the bell at our door on Park Avenue and ask for the Adrian Smiths, but what ho! the Adrian Smiths and their children and nurse are off for France.'

'You make me think we really have committed crimes.'

'They can't have you,' he said, frowning. 'That's one thing they're after me about – they know I haven't got any right to a person like you, and they're furious. That's one reason I'm glad to get away.'

'Darling,' said Eva.

She was twenty-six – five years younger than he. She was something precious to everyone who knew her.

'I like this boat better than the *Majestic* or the *Aquitania*,' she remarked, unfaithful to the ships that had served their honeymoon.

'It's much smaller.'

'But it's very slick and it has all those little shops along the corridors. And I think the staterooms are bigger.'

'The people are very formal – did you notice? – as if they thought everyone else was a card sharp. And in about four days half of them will be calling the other half by their first names.'

Four of the people came by now – a quartet of young girls abreast, making a circuit of the deck. Their eight eyes swept momentarily toward Adrian and Eva, and then swept automatically back, save for one pair which lingered for an instant with a

beide aufgeregt. «Wir sind entwischt. Jetzt können sie uns nicht mehr kriegen.»

«Wer?»

Er ließ seine Hand unbestimmt in Richtung der Stadtsilhouette schweifen.

«All diese Leute da draußen. Sie werden in Scharen, mit Vollmachten und einer Liste unserer Verbrechen kommen und an unserer Tür in der Park Avenue klingeln und nach den Adrian Smiths fragen, aber sieh da, die Adrian Smiths haben sich mitsamt ihren Kindern und Kindermädchen nach Frankreich abgesetzt.»

«Du bringst es soweit, dass ich wirklich noch glaube, wir hätten ein Verbrechen begangen.»

«Du bist ihnen entzogen», sagte er mit gerunzelter Stirn. «Das ist die eine Sache, weswegen sie hinter mir her sind – sie wissen, dass ich keinerlei Recht auf eine Person wie dich habe, und sie sind außer sich. Das ist einer der Gründe, warum ich froh bin, weg zu sein.»

«Liebling», sagte Eva.

Sie war sechsundzwanzig – fünf Jahre jünger als er. Jeder, der sie kannte, hielt sie für etwas Kostbares.

«Ich mag diesen Dampfer lieber als die *Majestic* oder die *Aquitania*», sagte sie und bewies damit eine gewisse Treulosigkeit gegenüber jenen Schiffen, auf denen sie ihre Flitterwochen zugebracht hatten.

«Er ist viel kleiner.»

«Aber er ist sehr schick, und er hat lauter kleine Läden in den Gängen. Und ich glaube, die Kabinen sind größer.»

«Die Leute sind sehr steif – ist dir das aufgefallen? –, als ob sie glaubten, alle anderen seien Falschspieler. Dabei wird in vier Tagen die eine Hälfte von ihnen die andere Hälfte mit Vornamen anreden.»

Vier der Leute näherten sich jetzt – ein Quartett von jungen Mädchen machte Seite an Seite die Runde auf Deck. Ihre acht Augen wendeten sich kurz Adrian und Eva zu und dann automatisch wieder ab, außer einem Augenpaar, das einen Moment lang mit kleinem Erschrecken auf ihnen verweilte.

little start. They belonged to one of the girls in the middle, who was, indeed, the only passenger of the four. She was not more than eighteen – a dark little beauty with the fine crystal gloss over her that, in brunettes, takes the place of a blonde's bright glow.

'Now, who's that?' wondered Adrian. 'I've seen her before.'

'She's pretty,' said Eva.

'Yes.' He kept wondering, and Eva deferred momentarily to his distraction; then, smiling up at him, she drew him back into their privacy.

'Tell me more,' she said.

'About what?'

'About us – what a good time we'll have, and how we'll be much better and happier, and very close always.'

'How could we be any closer?' His arm pulled her to him.

'But I mean never even quarrel any more about silly things. You know, I made up my mind when you gave me my birthday present last week' – her fingers caressed the fine seed pearls at her throat – 'that I'd try never to say a mean thing to you again.'

'You never have, my precious.'

Yet even as he strained her against his side she knew that the moment of utter isolation had passed almost before it had begun. His antennæ were already out, feeling over this new world.

'Most of the people look rather awful,' he said – 'little and swarthy and ugly. Americans didn't use to look like that.'

'They look dreary,' she agreed. 'Let's not get to know anybody, but just stay together.'

A gong was beating now, and stewards were shouting down the decks. 'Visitors ashore, please!' and voices rose to a strident chorus. For a while the

Es gehörte zu einem Mädchen in der Mitte, welches tatsächlich die einzige Mitreisende von den Vieren war. Sie war nicht älter als achtzehn – eine dunkle kleine Schönheit mit jenem feinen kristallenen Glanz im Haar, der bei Brunetten die strahlende Helle der Blonden ersetzt.

«Wer ist das?» wunderte sich Adrian. «Ich habe sie schon mal gesehen.»

«Sie ist hübsch», sagte Eva.

«Ja.» Er staunte noch, und Eva wartete kurz seine Zerstreutheit ab; dann lächelte sie zu ihm auf und zog ihn in ihre Zweisamkeit zurück.

«Erzähl mir mehr», sagte sie.

«Worüber?»

«Über uns – wie gut wir's haben werden, und um wie viel besser und glücklicher wir sein werden und immer ganz nah beieinander.»

«Wie könnten wir uns noch näher sein?» Er zog sie mit einem Arm an sich heran.

«Aber ich meine auch keinen Streit mehr wegen Kleinigkeiten. Weißt du, als du mir letzte Woche mein Geburtstagsgeschenk gegeben hast, habe ich mir vorgenommen», – ihre Finger fuhren zärtlich über die schönen Perlen an ihrem Hals – «dass ich nie wieder etwas Böses zu dir sagen will.»

«Das hast du doch nie, mein Schatz.»

Doch auch, als er sie mit aller Kraft an seine Seite drückte, wusste sie, dass der Augenblick vollkommenen Abgesondertseins vergangen war, fast bevor er begonnen hatte. Adrians Antennen waren bereits ausgefahren, begierig nach Eindrücken der neuen Welt.

«Die meisten dieser Leute sehen ziemlich grässlich aus», sagte er –, «klein und dunkel und hässlich. Früher sahen Amerikaner nicht so aus.»

«Sie sehen langweilig aus», stimmte sie zu. «Lass uns niemanden kennenlernen, sondern einfach unter uns bleiben.»

Nun ertönte ein Gong, und Stewards riefen zu den Decks hinunter: «Besucher an Land, bitte!», und Stimmen erhoben sich zu einem schrillen Chor. Die Gangways waren eine

gang planks were thronged; then they were empty, and the jostling crowd behind the barrier waved and called unintelligible things, and kept up a grin of goodwill. As the stevedores began to work at the ropes a flat-faced, somewhat befuddled young man arrived in a great hurry and was assisted up the gangplank by a porter and a taxi driver. The ship having swallowed him as impassively as though he were a missionary for Beirut, a low, portentous vibration began. The pier with its faces commenced to slide by, and for a moment the boat was just a piece accidentally split off from it; then the faces became remote, voiceless, and the pier was one among many yellow blurs along the water front. Now the harbour flowed swiftly toward the sea.

On a northern parallel of latitude a hurricane was forming and moving south by south-east preceded by a strong west wind. On its course it was destined to swamp the *Peter I. Eudim* of Amsterdam, with a crew of sixty-six, to break a boom on the largest boat in the world, and to bring grief and want to the wives of several hundred seamen. This liner, leaving New York Sunday evening, would enter the zone of the storm Tuesday, and of the hurricane late Wednesday night.

2

Tuesday afternoon Adrian and Eva paid their first visit to the smoking room. this was not in accord with their intentions – they had 'never wanted to see a cocktail again' after leaving America – but they had forgotten the staccato loneliness of ships, and all activity centred about the bar. So they went in for just a minute.

It was full. There were those who had been there since luncheon, and those who would be there until dinner, not to mention a faithful few who had been

Weile gedrängt voll; dann leerten sie sich, und die Menge im Gestoße hinter der Schranke winkte, rief unverständliche Dinge und hielt ein tapferes Lächeln aufrecht. Als die Stauer mit dem Einholen der Taue begannen, kam in großer Eile ein flachgesichtiger, etwas verwirrt wirkender junger Mann an, dem ein Träger und ein Taxifahrer die Gangway hinauf halfen. Kaum hatte das Schiff ihn verschluckt – so ungeduldig, als ob er ein Missionar für Beirut gewesen wäre –, begann ein tiefes, ungeheures Vibrieren. Der Kai mit seinen Gesichtern glitt langsam vorbei, und für einen Augenblick glich der Dampfer einem Stück Kai, das versehentlich abgebrochen war; dann verloren die Gesichter ihre Stimmen, entfernten sich, und der Kai war nur noch einer unter vielen gelben, nebelhaften Flecken an der Wassergrenze. Der Hafen wich nun rasch dem offenen Meer.

Entlang einem nördlicher gelegenen Breitengrad baute sich ein Hurrikan auf und bewegte sich, einen starken Westwind vorausschickend, nach Süd-Südost. Er sollte auf seinem Kurs die *Peter I. Eudim* aus Amsterdam mit einer Besatzung von sechsundsechzig Mann versenken, einen Mastbaum auf dem größten Segelschiff der Welt zerbrechen und Gram und Not über die Witwen von mehreren hundert Seeleuten bringen. Der Liniendampfer, der New York am Sonntagabend verließ, kam am Dienstag in die Sturmzone und am Mittwoch spät in der Nacht in die des Hurrikans.

2

Am Dienstag nachmittag besuchten Adrian und Eva zum ersten Mal den Raucher-Salon. Dies verstieß gegen ihre Vorsätze – sie wollten, nach dem Abschied von Amerika, ‹keinen Cocktail mehr sehen› –, doch sie hatten die enervierende Einsamkeit auf Schiffen vergessen, und das ganze Leben konzentrierte sich auf die Bar. Also gingen sie hin, nur auf eine Minute.

Es war voll. Es gab einige, die seit dem Mittagessen dort waren, und andere, die bis zum Abendessen ausharrten, nicht zu erwähnen die paar Unentwegten, die seit neun Uhr früh

there since nine this morning. It was a prosperous assembly, taking its recreation at bridge, solitaire, detective stories, alcohol, argument and love. Up to this point you could have matched it in the club or casino life of any country, but over it all played a repressed nervous energy, a barely disguised impatience that extended to old and young alike. The cruise had begun, and they had enjoyed the beginning, but the show was not varied enough to last six days, and already they wanted it to be over.

At a table near them Adrian saw the pretty girl who had stared at him on the deck the first night. Again he was fascinated by her loveliness; there was no mist upon the brilliant gloss that gleamed through the smoky confusion of the room. He and Eva had decided from the passenger list that she was probably 'Miss Elizabeth D'Amido and maid,' and he had heard her called Betsy as he walked past a deck-tennis game. Among the young people with her was the flatnosed youth who had been 'poured on board' the night of their departure; yesterday he had walked the deck morosely, but he was apparently reviving. Miss D'Amido whispered something to him, and he looked over at the Smiths with curious eyes. Adrian was new enough at being a celebrity to turn self-consciously away.

'There's a little roll. Do you feel it?' Eva demanded.

'Perhaps we'd better split a pint of champagne.'

While he gave the order a short colloquy was taking place at the other table; presently a young man rose and came over to them.

'Isn't this Mr Adrian Smith?'

'Yes.'

'We wondered if we couldn't put you down for the deck-tennis tournament. We're going to have a deck-tennis tournament.'

bereits dort saßen. Es war eine fröhliche Gesellschaft, die bei Bridge, Solitaire, Detektivgeschichten, Alkohol, Diskussionen und Liebe Erholung fand. Soweit hätte man sie im Club- und Casinoleben eines jeden Landes antreffen können, aber über alledem herrschte eine bedrückt-nervöse Gereiztheit, eine kaum verborgene Ungeduld, welche die Älteren und die Jüngeren gleichermaßen erfüllte. Die Seereise hatte begonnen, und sie hatten den Anfang genossen, aber das Erlebnis war nicht abwechslungsreich genug, um sechs Tage anzuhalten, und sie wünschten bereits das Ende herbei.

An einem nahen Tisch sah Adrian das hübsche Mädchen, das ihn am ersten Abend an Deck angestarrt hatte. Erneut war er angetan von ihrer Anmut; es lag kein Schatten auf dem sprühenden Glanz, der durch das verrauchte Gewölke des Raums schimmerte. Er und Eva hatten aufgrund der Passagier-Liste entschieden, dass sie wahrscheinlich ‹Miss Elizabeth D'Amido mit Zofe› war, und er hatte gehört, wie sie Betsy genannt wurde, als er an einem Tennisspiel auf Deck vorbeigegangen war. Unter den jungen Leuten neben ihr war der plattnasige junge Mann, der am Abend, als sie ablegten, noch ‹an Bord gespült› worden war; gestern war er missgelaunt über's Deck gewandert, aber offenbar kehrten seine Lebensgeister zurück. Miss D'Amido wisperte ihm etwas zu, und er blickte neugierig zu den Smiths herüber. Adrian war erst so kurz berühmt, dass er sich befangen abwandte.

«Das Meer wird ein bisschen unruhig. Merkst du das?» fragte Eva.

«Vielleicht sollten wir lieber eine kleine Flasche Champagner öffnen.»

Während er die Bestellung aufgab, fand am anderen Tisch eine kurze Unterredung statt; bald darauf stand ein junger Mann auf und kam zu ihnen herüber.

«Sind Sie nicht Mr Adrian Smith?»

«Ja.»

«Wir haben uns gefragt, ob wir Sie nicht für das Tennis-Turnier an Deck eintragen dürfen. Wir machen nämlich ein Tennis-Turnier an Deck.»

'Why –' Adrian hesitated.

'My name's Stacomb,' burst out the young man. 'We all know your – your plays or whatever it is, and all that – and we wondered if you wouldn't like to come over to our table.'

Somewhat overwhelmed, Adrian laughed: Mr Stacomb, glib, soft, slouching, waited; evidently under the impression that he had delivered himself of a graceful compliment.

Adrian, understanding that, too, replied: 'Thanks, but perhaps you'd better come over here.'

'We've got a bigger table.'

'But we're older and more – more settled.'

The young man laughed kindly, as if to say, 'That's all right.'

'Put me down,' said Adrian. 'How much do I owe you?'

'One buck. Call me Stac.'

'Why?' asked Adrian, startled.

'It's shorter.'

When he had gone they smiled broadly.

'Heavens,' Eva gasped, 'I believe they are coming over.'

They were. With a great draining of glasses, calling of waiters, shuffling of chairs, three boys and two girls moved to the Smiths' table. If there was any diffidence, it was confined to the hosts; for the new additions gathered around them eagerly, eyeing Adrian with respect – too much respect – as if to say: 'This was probably a mistake and won't be amusing, but maybe we'll get something out of it to help us in our after life, like at school.'

In a moment Miss D'Amido changed seats with one of the men and placed her radiant self at Adrian's side, looking at him with manifest admiration.

'I fell in love with you the minute I saw you,' she said, audibly and without self-consciousness;

«Wie ...», zögerte Adrian.

«Ich heiße Stacomb», platzte der junge Mann heraus. «Wir kennen alle Ihre – Ihre Theaterstücke oder was es ist, und das Ganze –, und wir haben uns gefragt, ob Sie nicht an unseren Tisch kommen wollen.»

Etwas überrumpelt, lachte Adrian. Mr Stacomb, vorlaut, in schlaffer, gekrümmter Haltung, wartete; augenscheinlich unter dem Eindruck, dass er sich eines schmeichelnden Kompliments entledigt hatte.

Adrian, der das wohl verstand, antwortete: «Danke, aber vielleicht kommen Sie besser zu uns herüber.»

«Wir haben einen größeren Tisch.»

«Aber wir sind älter und – sesshafter.»

Der junge Mann lachte verständnisvoll, als wollte er sagen: «Das ist schon in Ordnung.»

«Tragen Sie mich ein», sagte Adrian. «Wieviel bin ich Ihnen schuldig?»

«Einen Dollar. Nennen Sie mich Stac.»

«Warum?» fragte Adrian erstaunt.

«Es ist kürzer.»

Als er gegangen war, grinsten sie über's ganze Gesicht.

«Du lieber Himmel», entfuhr es Eva, «ich glaube, sie kommen her.»

Und das taten sie auch. Unter einem aufwendigen Leeren der Gläser, Herbeirufen der Kellner und Verrücken der Stühle kamen drei junge Männer und zwei Mädchen an den Tisch der Smiths. Wenn es irgendeine Scheu gab, so war sie ganz auf Seiten der Smiths; denn die neu Hinzugekommenen scharten sich eifrig um sie und beäugten Adrian voller Ehrerbietung – zuviel Ehrerbietung –, als wollten sie sagen: «Es war wohl ein Fehler und wird langweilig, aber vielleicht lernen wir was draus fürs Leben, wie in der Schule.»

Im Nu wechselte Miss D'Amido mit einem der jungen Männer den Platz und ließ ihre strahlende Erscheinung neben Adrian nieder, den sie unverhohlen bewundernd anblickte.

«Ich habe mich sofort in Sie verliebt, als ich Sie sah», sagte sie laut und unbefangen, «es ist also meine Schuld,

'so I'll take all the blame for butting in. I've seen your play four times.'

Adrian called a waiter to take their orders.

'You see,' continues Miss D'Amido, 'we're going into a storm, and you might be prostrated the rest of the trip, so I couldn't take any chances.'

He saw that there was no undertone or innuendo in what she said, nor the need of any. The words themselves were enough, and the deference with which she neglected the young men and bent her politeness on him was somehow very touching. A little glow went over him; he was having rather more than a pleasant time.

Eva was less entertained; but the flat-nosed young man, whose name was Butterworth, knew people that she did, and that seemed to make the affair less careless and casual. She did not like meeting new people unless they had 'something to contribute', and she was often bored by the great streams of them, of all types and conditions and classes, that passed through Adrian's life. She herself 'had everything' – which is to say that she was well endowed with talents and with charm – and the mere novelty of people did not seem a sufficient reason for eternally offering everything up to them.

Half an hour later when she rose to go and see the children, she was content that the episode was over. It was colder on deck, with a damp that was almost rain, and there was a perceptible motion. Opening the door of her stateroom she was surprised to find the cabin steward sitting languidly on her bed, his head slumped upon the upright pillow. He looked at her listlessly as she came in, but made no move to get up.

'When you've finished your nap you can fetch me a new pillowcase,' she said briskly.

wenn wir hier eindringen. Ich habe Ihr Stück viermal gesehen.»

Adrian rief einen Kellner, der ihre Bestellungen entgegennehmen sollte.

«Wissen Sie», fuhr Miss D'Amido fort, «wir kommen in einen Sturm, und Sie sind vielleicht den Rest der Reise erledigt, so dass ich es nicht darauf ankommen lassen wollte.»

Er fand in dem, was sie sagte, keine Untertöne oder Anzüglichkeiten; derer bedurfte es auch nicht. Die Worte selber sagten schon genug, und die Hingegebenheit, mit der sie die jungen Männer links liegen ließ und ihre Aufmerksamkeit ihm zuwandte, rührte ihn irgendwie. Eine leichte Wärme stieg in ihm auf; er empfand eher mehr als nur Vergnügen an alledem.

Eva war nicht so beglückt; doch der plattnasige junge Mann, der Butterworth hieß, kannte Leute, die sie kannte, und das machte die Angelegenheit weniger zwanglos und beiläufig. Sie lernte ungern neue Leute kennen, sofern diese nichts ‹beizutragen› hatten, und oft war sie von der Unmenge von Leuten, die durch Adrians Leben zogen – welcher Art, Stellung und Klasse auch immer – gelangweilt.

Sie selbst ‹hatte alles›, was soviel hieß, dass sie mit gesellschaftlichen Gaben und Charme hinreichend ausgestattet war –, und die bloße Tatsache, dass Leute neu waren, schien noch lange kein Grund, ihnen ständig alles zu offenbaren.

Eine halbe Stunde später stand sie auf, um nach den Kindern zu sehen, froh, dass das Zwischenspiel ein Ende hatte. An Deck war es kälter, die dämpfige Luft war fast wie Regen, und es herrschte eine spürbare Bewegung. Als sie die Tür zu ihrer Kabine öffnete, fand sie zu ihrer Überraschung den Kabinen-Steward kraftlos auf ihrem Bett sitzen vor, den Kopf gegen ihr aufgestelltes Kissen gelehnt. Er sah sie teilnahmslos herein kommen und machte keine Anstalten, sich zu erheben.

«Wenn Sie ausgeschlafen haben, können Sie mir einen neuen Kissenbezug besorgen», sagte sie sachlich.

Still the man didn't move. She perceived then that his face was green.

'You can't be seasick in here,' she announced firmly. 'You go and lie down in your own quarters.'

'It's me side,' he said faintly. He tried to rise, gave out a little rasping sound of pain and sank back again. Eva rang for the stewardess.

A steady pitch, toss, roll had begun in earnest and she felt no sympathy for the steward, but only wanted to get him out as quick as possible. It was outrageous for a member of the crew to be seasick. When the stewardess came in Eva tried to explain this, but now her own head was whirring, and throwing herself on the bed, she covered her eyes.

'It's his fault,' she groaned when the man was assisted from the room. 'I was all right and it made me sick to look at him. I wish he'd die.'

In a few minutes Adrian came in.

'Oh, but I'm sick!' she cried.

'Why, you poor baby.' He leaned over and took her in his arms. 'Why didn't you tell me?'

'I was all right upstairs, but there was a steward – Oh, I'm too sick to talk.'

'You'd better have dinner in bed.'

'Dinner! Oh, my heavens!'

He waited solicitously, but she wanted to hear his voice, to have it drown out the complaining sound of the beams.

'Where've you been?'

'Helping to sign up people for the tournament.'

'Will they have it if it's like this? Because if they do I'll just lose for you.'

He didn't answer; opening her eyes, she saw that he was frowning.

'I didn't know you were going in the doubles,' he said.

Noch immer rührte sich der Mann nicht. Sie bemerkte, dass sein Gesicht grün war.

«Sie können hier drin nicht seekrank werden», sagte sie bestimmt. «Gehen Sie jetzt und legen Sie sich in Ihr eigenes Bett.»

«Es ist meine Seite», sagte er schwach. Er versuchte aufzustehen, gab einen kurzen röchelnden Schmerzenslaut von sich und sank zurück. Eva klingelte nach der Stewardess.

Ständig lagen sie schräg und wurden zurückgeworfen, ein schweres Rollen hatte begonnen; Eva empfand kein Mitgefühl mit dem Steward, wollte ihn nur so schnell wie möglich hinausbekommen. Es war eine Schande für ein Mitglied der Crew, seekrank zu werden. Als die Stewardess eintrat, versuchte Eva dies klarzustellen, aber nun schwirrte ihr selber der Kopf, und sie warf sich auf das Bett und bedeckte ihre Augen.

«Das ist seine Schuld», stöhnte sie, als dem Mann aus dem Zimmer geholfen wurde. «Mir ging es gut, und es hat mich nur krank gemacht, ihn zu sehen. Ich wünschte, er wäre tot!»

Wenige Minuten später trat Adrian ein.

«Oh, mir ist so elend!» weinte sie.

«Warum, du armes Kindchen?» Er beugte sich über sie und nahm sie in den Arm. «Warum hast du mir nichts gesagt?»

«Oben war alles gut, aber hier war ein Steward – oh, mir ist zu elend zum Reden.»

«Besser, du bekommst das Abendessen ans Bett.»

«Abendessen. Oh, mein Gott!»

Er wartete besorgt bei ihr, doch sie wollte seine Stimme hören, sie sollte das Ächzen vom Schiffsgebälk übertönen.

«Wo bist du gewesen?»

«Ich habe beim Einschreiben der Leute für das Tennis-Turnier geholfen.»

«Werden sie es denn abhalten, wenn es so ist? Denn dann wirst du mit mir zusammen verlieren.»

Er antwortete nicht; als sie die Augen öffnete, sah sie ihn die Stirn runzeln.

«Ich habe nicht daran gedacht, dass du beim Doppel mitspielen willst», sagte er.

'Why, that's the only fun.'

'I told the D'Amido girl I'd play with her.'

'Oh.'

'I didn't think. You know I'd much rather play with you.'

'Why didn't you, then?' she asked coolly.

'It never occurred to me.'

She remembered that on their honeymoon they had been in the finals and won a prize. Years passed. But Adrian never frowned in this regretful way unless he felt a little guilty. He stumbled about, getting his dinner clothes out of the trunk, and she shut her eyes.

When a particular violent lurch startled her awake again he was dressed and tying his tie. He looked healthy and fresh, and his eyes were bright.

'Well, how about it?' he enquired. 'Can you make it, or no?'

'No.'

'Can I do anything for you before I go?'

'Where are you going?'

'Meeting those kids in the bar. Can I do anything four you?'

'No.'

'Darling, I hate to leave you like this.'

'Don't be silly. I just want to sleep.'

That solicitous frown – when she knew he was crazy to be out and away from the close cabin. She was glad when the door closed. The thing to do was to sleep, sleep.

Up – down – sideways. Hey there, not so far! Pull her round the corner there! Now roll her, right – left – Crea-eak! Wrench! Swoop!

Some hours later Eva was dimly conscious of Adrian bending over her. She wanted him to put his arms around her and draw her up out of this dizzy lethargy, but by the time she was fully awake

«Wieso, das ist doch das einzige, was Spaß macht.»
«Ich habe der D'Amido gesagt, dass ich mit ihr spiele.»
«Ach.»
«Ich habe nicht daran gedacht. Du weisst, dass ich viel lieber mit dir spielen würde.»
«Und er warum hast du's nicht getan?» fragte sie kühl.
«Ich bin nicht auf die Idee gekommen.»

Sie erinnerte sich, dass sie während ihrer Flitterwochen die Endrunden erreicht und einen Preis gewonnen hatten. Seither waren Jahre vergangen. Aber Adrian runzelte nie so bekümmert die Stirn, es sei denn, wenn er sich etwas schuldig fühlte. Er schwankte hin und her, während er seine Abend-Garderobe aus dem Schrankkoffer zusammensuchte, und sie schloss die Augen.

Als ein mächtiges Schlingern sie erneut aufschreckte, war er umgekleidet und band sich seine Krawatte. Er sah gesund und frisch aus, und seine Augen strahlten.

«Also, was ist jetzt?» fragte er. «Schaffst du es oder nicht?»
«Nein.»
«Kann ich irgend etwas für dich tun, bevor ich gehe?»
«Wohin gehst du?»
«Ich treffe diese Kinder in der Bar. Kann ich irgend etwas für dich tun?»
«Nein.»
«Schatz, ich hasse es, dich so zurückzulassen.»
«Sei nicht dumm. Ich möchte nur schlafen.»

Diese Sorgenfalten auf der Stirn – obwohl sie doch wusste, dass er es kaum erwarten konnte, die Kabine hinter sich zu lassen. Sie war froh, als er die Tür schloss. Das einzige, was sie tun konnte, war schlafen, schlafen.

Auf – ab – zur Seite. He da, nicht so weit! Hol den Dampfer wieder raus da. Jetzt roll ihn, rechts – links – Quie-ietsch! Ruck! Rutsch!

Ein paar Stunden später hatte Eva eine dumpfe Wahrnehmung, dass Adrian sich über sie beugte. Sie wollte, dass er sie umarmte und aus dieser wirren Lethargie herausholte, aber als sie ganz aufgewacht war, fand sie die Kabine leer. Er hatte

the cabin was empty. He had looked in and gone. When she awoke next the cabin was dark and he was in bed.

The morning was fresh and cool, and the sea was just enough calmer to make Eva think she could get up. They breakfasted in the cabin and with Adrian's help she accomplished an unsatisfactory makeshift toilet and they went up on the boat deck. This tennis tournament had already begun and was furnishing action for a dozen amateur movie cameras, but the majority of passengers were represented by lifeless bundles in deck chairs beside untasted trays.

Adrian and Miss D'Amido played their first match. She was deft and graceful; blatantly well. There was even more warmth behind her ivory skin than there had been the day before. The strolling first officer stopped and talked to her; half a dozen men whom she couldn't have known three days ago called her Betsy. She was already the pretty girl of the voyage, the cynosure of starved ship's eyes.

But after a while Eva preferred to watch the gulls in the wireless masts and the slow slide of the roll-top sky. Most of the passengers looked silly with their movie cameras that they had all rushed to get and now didn't know what to use for, but the sailors painting the lifeboat stanchions were quiet and beaten and sympathetic, and probably wished, as she did, that the voyage was over.

Butterworth sat down on the deck beside her chair.

'They're operating on one of the stewards this morning. Must be terrible in this sea.'

'Operating? What for?' she asked listlessly.

'Appendicitis. They have to operate now because we're going into worse weather. That's why they're having the ship's party tonight.'

nur hereingeschaut und war wieder gegangen. Als sie das nächste Mal aufwachte, war die Kabine dunkel, und er lag im Bett.

Der Morgen war frisch und kühl, und die See hatte sich gerade genug beruhigt, um Eva in dem Glauben zu wiegen, sie könnte aufstehen. Sie frühstückten in der Kabine, und mit Adrians Hilfe machte sie notdürftig Toilette. Dann gingen sie auf das Bootsdeck. Das Tennis-Turnier hatte schon angefangen und lieferte einem Dutzend von Amateurkameras Filmmaterial, während leblose Bündel in Liegestühlen neben unangerührten Teetabletts die Mehrheit der Passagiere vorstellten.

Adrian und Miss D'Amido spielten ihr erstes Match. Sie spielte flink und graziös; geradezu unverschämt gut. Hinter ihrer Elfenbeinhaut glühte sogar noch mehr Wärme als am Tag zuvor. Der umherschlendernde Erste Offizier blieb stehen und sprach mit ihr; ein halbes Dutzend Männer, die sie vor drei Tagen noch nicht gekannt haben konnte, nannten sie Betsy. Sie war bereits unbestritten das schönste Mädchen dieser Reise, der Anziehungspunkt für hungrige Passagiersaugen.

Doch nach einer Weile zog Eva es vor, die Möwen in den Telegraphenmasten und das langsame Zuziehen des Himmels zu beobachten. Die meisten der Passagiere sahen mit ihren Filmkameras albern aus – sie hatten sie sich eiligst besorgt und wussten nun nichts mit ihnen anzufangen. Nur die Matrosen, die die Stützpfosten der Rettungsboote anstrichen, waren still, abgearbeitet und ihr angenehm, und wahrscheinlich wünschten sie wie Eva das Ende der Reise herbei.

Butterworth setzte sich auf das Deck zu Füßen ihres Stuhls.

«Sie operieren heute morgen einen der Stewards. Muss schrecklich sein bei dem Seegang.»

«Operieren? Weswegen?» fragte sie teilnahmslos.

«Blinddarm. Sie müssen jetzt operieren, weil wir in schlechteres Wetter kommen. Deswegen findet die Schiffs-Party auch heute Abend statt.»

'Oh, the poor man!' she cried, realizing it must be her steward.

Adrian was showing off now by being very courteous and thoughtful in the game.

'Sorry. Did you hurt yourself? ... No, it was my fault. ... You better put on your coat right away, pardner, or you'll catch old.'

The match was over and they had won. Flushed and hearty, he came up to Eva's chair.

'How do you feel?'

'Terrible.'

'Winners are buying a drink in the bar,' he said apologetically.

'I'm coming, too,' Eva said, but an immediate dizziness made her sink back in her chair.

'You'd better stay here. I'll send you up something.'

She felt that his public manner had hardened toward her slightly.

'You'll come back?'

'Oh, right away.'

She was alone on the boat deck, save for a solitary ship's officer who slanted obliquely as he paced the bridge. When the cocktail arrived she forced herself to drink it, and felt better. Trying to distract her mind with pleasant things, she reached back to the sanguine talks that she and Adrian had had before sailing: There was the little villa in Brittany, the children learning French – that was all she could think of now – the little villa in Brittany, the children learning French – so she repeated the words over and over to herself until they became as meaningless as the wide white sky. The why of their being here had suddenly eluded her; she felt unmotivated, accidental, and she wanted Adrian to come back quick, all responsive and tender, to reassure her. It was in the hope that there was some

«Ach, der arme Mann!» rief sie, als ihr klar wurde, dass es ihr Steward sein musste.

Adrian glänzte jetzt damit, dass er sich im Spiel besonders liebenswürdig und rücksichtsvoll gab.

«Verzeihung. Haben Sie sich verletzt? ... Nein, es war mein Fehler. ... Ziehen Sie Ihre Jacke lieber gleich an, sonst erkälten Sie sich.»

Das Match war vorbei, und sie hatten gewonnen. Erhitzt und gutgelaunt kam er an Evas Stuhl.

«Wie fühlst du dich?»

«Scheußlich.»

«Die Gewinner spendieren einen Drink an der Bar», sagte er entschuldigend.

«Ich komme auch», sagte Eva, aber ein plötzliches Schwindelgefühl ließ sie zurück in den Liegestuhl sinken.

«Du solltest lieber hier bleiben. Ich werde dir was raufschicken.»

Sie spürte, dass er in seinem öffentlichen Benehmen ihr gegenüber etwas nachlässiger geworden war.

«Kommst du zurück?»

«Oh, sofort.»

Sie war allein auf dem Bootsdeck, abgesehen von einem einsamen Schiffsoffizier, der, über die Brücke schreitend, in Schräglage geriet. Als der Cocktail kam, zwang sie sich, ihn zu trinken, und fühlte sich besser. Sie versuchte, ihren Verstand mit erfreulichen Dingen abzulenken, und erinnerte sich an die zuversichtlichen Gespräche, die Adrian und sie vor der Abfahrt geführt hatten: Die kleine Villa in der Bretagne, die Kinder sollten Französisch lernen – das war alles, woran sie jetzt denken konnte – die kleine Villa in der Bretagne, die Kinder sollten Französisch lernen –, so wiederholte sie sich die Worte wieder und wieder, bis sie bedeutungslos geworden waren wie der weite weiße Himmel. Der Grund, warum sie hier waren, war ihr plötzlich entfallen; sie fühlte sich willenlos, beliebig, und sie wünschte, dass Adrian bald zurück käme, ganz für sie da und zärtlich wäre, um sie zu beruhigen. Es war in der Hoffnung, dass es einen Schlüssel zum anmutigen

secret of graceful living, some real compensation for the lost, careless confidence of twenty-one, that they were going to spend a year in France.

The day passed darkly, with fewer people around and a wet sky falling. Suddenly it was five o'clock, and they were all in the bar again, and Mr Butterworth was telling her about his past. She took a good deal of champagne, but she was seasick dimly through it, as if the illness was her soul trying to struggle up through some thickening incrustation of abnormal life.

'You're my idea of a Greek goddess, physically,' Butterworth was sying.

It was pleasant to be Mr Butterworth's idea of a Greek goddess physically, but where was Adrian? He and Miss D'Amido had gone out on a forward deck to feel the spray. Eva heard herself promising to get out her colours and paint the Eiffel Tower on Butterworth's shirt front for the party tonight.

When Adrian and Betsy D'Amido, soaked with spray, opened the door with difficulty against the driving wind and came into the now-covered security of the promenade deck, they stopped and turned toward each other.

'Well?' she said. But he only stood with his back to the rail, looking at her, afraid to speak. She was silent, too, because she wanted him to be first; so for a moment nothing happened. Then she made a step toward him, and he took her in his arms and kissed her forehead.

'You're just sorry for me, that's all.' She began to cry a little. 'You're just being kind.'

'I feel terribly about it.' His voice was taut and trembling.

'Then kiss me.'

The deck was empty. He bent over her swiftly.

Leben gäbe, einen wirklichen Ersatz für das verlorene, leichtfertige Vertrauen der Einundzwanzigjährigen, dass sie ein Jahr in Frankreich verbringen wollten.

Der Tag verging trübe, mit weniger Leuten an Deck und einem feuchten Himmel, der herabhing. Auf einmal war es fünf Uhr, und sie fanden sich alle in der Bar wieder, und Mr Butterworth erzählte ihr von seiner Vergangenheit. Sie nahm keine geringen Mengen Champagner zu sich, aber sie fühlte sich die ganze Zeit leicht seekrank, als ob ihre Krankheit ihre Seele wäre, die sich durch die dicker werdenden Krusten eines unnatürlichen Lebens nach oben kämpfen wollte.

«Sie entsprechen dem, was ich mir unter einer griechischen Göttin vorstelle, körperlich», meinte Butterworth.

Es war hübsch, Mr. Butterworth' Vorstellung von einer griechischen Göttin zu entsprechen, aber wo war Adrian? Er und Miss D'Amido waren aufs Vorderdeck gegangen, um die Gischt zu spüren. Eva hörte sich das Versprechen geben, dass sie ihre Malfarben herausholen und auf Butterworth' Hemdbrust den Eiffelturm malen wollte, für die Party am Abend.

Als Adrian und Betsy D'Amido, durchnässt von der Gischt, die Tür mit Mühe gegen den heran drückenden Wind öffneten und in die jetzt überdachte Sicherheit des Promenadendecks kamen, blieben sie stehen und wandten sich einander zu.

«Na?» sagte sie. Doch er stand nur mit dem Rücken zur Reling, schaute sie an und fürchtete sich vor dem Reden. Sie schwieg auch, denn sie wollte, dass er den Anfang machte; so geschah einen Moment lang nichts. Dann tat sie einen Schritt auf ihn zu, und er nahm sie in die Arme und küsste ihre Stirn.

«Du hast nur Mitleid mit mir, das ist alles.» Sie fing ein bisschen an zu weinen. «Du bist nur freundlich zu mir.»

«Das macht mir entsetzlich zu schaffen.» Seine Stimme war angestrengt und unsicher.

«Dann küss mich.»

Das Deck war leer. Er beugte sich rasch vor.

'No, really kiss me.'

He could not remember when anything had felt so young and fresh as her lips. The rain lay, like tears shed for him, upon the softly shining porcelain cheeks. She was all new and immaculate, and her eyes were wild.

'I love you,' she whispered. 'I can't help loving you, can I? When I first saw you – oh, not on the boat, but over a year ago – Grace Heally took me to a rehearsal and suddenly you jumped up in the second row and began telling them what to do. I wrote you a letter and tore it up.'

'We've got to go.'

She was weeping as they walked along the deck. Once more, imprudently, she held up her face to him at the door of her cabin. His blood was beating through him in wild tumult as he walked on to the bar.

He was thankful that Eva scarcely seemed to notice him or to know that he had been gone. After a moment he pretended an interest in what she was doing.

'What's that?'

'She's painting the Eiffel Tower on my shirt front for tonight,' explained Butterworth.

'There,' Eva laid away her brush and wiped her hands. 'How's that?'

'A *chef-d'œuvre*.'

Her eyes swept around the watching group, lingered casually upon Adrian.

'You're wet. Go and change.'

'You come too.'

'I want another champagne cocktail.'

'You've had enough. It's time to dress for the party.'

Unwilling she closed her paints and preceded him.

«Nein, küss mich wirklich.»

Er konnte sich nicht erinnern, dass sich je etwas so jung und frisch angefühlt hatte wie ihre Lippen. Der Regen lag wie für ihn vergossene Tränen auf den sanft schimmernden Porzellanwangen. Sie war ganz und gar neu und makellos, und ihre Augen blickten schwärmerisch.

«Ich liebe dich», wisperte sie. «Ich kann nichts dagegen tun, nicht wahr. Als ich dich das erste Mal sah – ach, nicht auf dem Schiff, sondern vor über einem Jahr – Grace Heally nahm mich mit zu einer Probe, und plötzlich bist du in der zweiten Reihe aufgesprungen und hast ihnen erzählt, was sie tun sollen. Ich schrieb dir einen Brief und hab ihn zerrissen.»

«Wir müssen gehen.»

Sie weinte, während sie übers Deck gingen. Noch einmal, an der Tür zu ihrer Kabine, hob sie ihm ihr Gesicht unbesonnen entgegen. Auf dem Weg zur Bar schlug sein Herz in wildem Aufruhr.

Er war dankbar, dass Eva ihn anscheinend kaum bemerkte oder vielleicht gar nicht wusste, dass er fortgewesen war. Nach einer Weile gab er vor, sich dafür zu interessieren, was sie tat.

«Was ist das?»

«Sie malt den Eiffelturm auf meine Hemdbrust für heute Abend», erklärte Butterworth.

«Hier.» Eva legte ihren Pinsel beiseite und wischte sich die Hände ab. «Wie findest du's?»

«Ein Meisterwerk.»

Ihre Augen schweiften über die Gruppe der Zuschauer und blieben zufällig an Adrian haften.

«Du bist nass. Geh und zieh dich um.»

«Du kommst mit.»

«Ich will noch einen Champagner-Cocktail.»

«Du hast genug. Es ist Zeit, sich für die Party umzukleiden.»

Unwillig machte sie ihren Malkasten zu und ging voraus.

'Stacomb's got a table for nine,' he remarked as they walked along the corridor.

'The younger set,' she said with unnecessary bitterness. 'Oh, the younger set. And you just having the time of your life – with a child.'

They had a long discussion in the cabin, unpleasant on her part and evasive on his, which ended when the ship gave a sudden gigantic heave, and Eva, the edge worn off her champagne, felt ill again. There was nothing to do but to have a cocktail in the cabin, and after that they decided to go to the party – she believed him now, or she didn't care.

Adrian was ready first – he never wore fancy dress.

'I'll go on up. Don't be long.'

'Wait for me, please; it's rocking so.'

He sat down on a bed, concealing his impatience. 'You don't mind waiting, do you? I don't want to parade up there all alone.'

She was taking a tuck in an oriental costume rented from the barber.

'Ships make people feel crazy,' she said. 'I think they're awful.'

'Yes,' he muttered absently.

'When it gets very bad I prentend I'm in the top of a tree, rocking to and fro. But finally I get pretending everything, and finally I have to pretend I'm sane when I know I'm not.'

'If you get thinking that way you will go crazy.'

'Look, Adrian.' She held up the string of pearls before clasping them on. 'Aren't they lovely?'

In Adrian's impatience she seemed to move around the cabin like a figure in a slow-motion picture. After a moment he demanded:

'Are you going to be long? It's stifling in here.'

'You go on!' she fired up.

'I don't want –'

«Stacomb hat einen Tisch für neun bekommen», sagte er, während sie durch den Korridor gingen.

«Die junge Clique», sagte sie mit unnötiger Bitterkeit. «Ach, die junge Clique. Und du amüsierst dich königlich – mit einem Kind.»

In der Kabine hatten sie ein langes Streitgespräch, unfreundlich von ihrer Seite, ausweichend von seiner. Es fand ein Ende, als ein gewaltiger Ruck durch das Schiff ging, der in seiner Wucht die Wirkung des Champagners auslöschte. Eva fühlte sich erneut krank. Es blieb nur übrig, einen Cocktail in der Kabine zu nehmen, und danach entschieden sie, zur Party zu gehen – sie glaubte ihm jetzt, oder es war ihr gleichgültig.

Adrian war zuerst fertig – er verkleidete sich nie.

«Ich gehe schon mal hoch. Brauch' nicht zu lang.»

«Warte bitte auf mich; es schaukelt so.»

Er setzte sich auf ein Bett und verbarg seine Ungeduld.

«Es macht dir nichts aus zu warten, oder? Ich mag dort oben nicht ganz allein auftreten.»

Sie machte einen Abnäher in ein orientalisches Kostüm, das sie vom Herrenfriseur gemietet hatte.

«Die Leute sind auf Schiffen wie verdreht», sagte sie. «Ich glaube, sie sind schrecklich.»

«Ja», murmelte er abwesend.

«Wenn es ganz schlimm wird, dann bilde ich mir ein, ich sitze oben in einem Baum, der hin- und herschwankt. Aber schließlich bilde ich mir alles ein, und am Ende muss ich mir einbilden, dass ich noch bei Verstand bin, obwohl ich weiß, dass ich's nicht bin.»

«Wenn du so zu denken anfängst, wirst du noch verrückt.»

«Schau, Adrian.» Sie hielt die Perlenkette in die Höhe, bevor sie sie anlegte. «Ist sie nicht wunderschön?»

In Adrians Ungeduld schien sie sich wie in Zeitlupe durch die Kabine zu bewegen. Kurz darauf fragte er:

«Brauchst du noch lang? Es ist stickig hier drin.»

«Geh nur vor!» sagte sie wütend.

«Ich will nicht ...»

'Go on, please! You just make me nervous trying to hurry me.'

With a show of reluctance he left her. After a moment's hesitation he went down a flight to a deck below and knocked at a door.

'Betsy.'

'Just a minute.'

She came out in the corridor attired in a red pea-jacket and trousers borrowed from the elevator boy.

'Do elevator boys have fleas?' she demanded. 'I've got everything in the world on under this as a precaution.'

'I had to see you,' he said quickly.

'Careful,' she whispered. 'Mrs Worden, who's supposed to be chaperoning me, is across the way. She's sick.'

'I'm sick for you.'

They kissed suddenly, clung close together in the narrow corridor, swaying to and fro with the motion of the ship.

'Don't go away,' she murmured.

'I've got to. I've —'

Her youth seemed to flow into him, bearing him up into a delicate romantic ecstasy that transcended passion. He couldn't relinquish it; he had discovered something that he had thought was lost with his own youth forever. As he walked along the passage he knew that he had stopped thinking, no longer dared to think.

He met Eva going into the bar.

'Where've you been?' she asked with a strained smile.

'To see about the table.'

She was lovely; her cool distinction conquered the trite costume and filled him with a resurgence of approval and pride. They sat down at a table.

«Geh vor, bitte! Du machst mich nur nervös, wenn du mich zu hetzen versuchst.»

Scheinbar widerstrebend verließ er sie. Nach kurzem Zögern lief er eine Treppe zu einem der tiefer gelegenen Stockwerke hinunter und klopfte an eine Tür.

«Betsy.»

«Eine Minute noch.»

Sie trat auf den Flur hinaus, angetan mit einem *Red-Pea*-Jackett und Hosen, die sie vom Liftboy zu leihen genommen hatte.

«Sag mal, haben Liftboys Flöhe?» fragte sie. «Ich hab mir alles Mögliche drunter angezogen, als Vorsichtsmaßnahme.»

«Ich musste dich sehen», sagte er schnell.

«Vorsicht», wisperte sie. «Mrs Worden, die den Auftrag hat, mich als Anstandsdame zu begleiten, wohnt gegenüber. Sie ist krank.»

«Ich bin krank nach dir.»

Sie küssten sich unvermittelt, standen eng umschlungen in dem schmalen Gang, wiegten mit der Bewegung des Schiffs hin und her.

«Geh nicht fort», sagte sie leise.

«Ich muss. Ich . . .»

Ihre Jugend schien in ihn überzufließen, trug ihn empor in eine köstliche romantische Entrückung, die mehr als Leidenschaft war. Er konnte nicht davon lassen; er hatte etwas entdeckt, von dem er gedacht hatte, es sei mit seiner Jugend für immer verloren. Als er durch den Gang lief, wusste er, dass er aufgehört hatte zu denken, dass er nicht mehr zu denken wagte.

Er traf Eva auf dem Weg zur Bar.

«Wo bist du gewesen?» fragte sie mit angestrengtem Lächeln.

«Habe nach dem Tisch gesehen.»

Sie war hinreißend; ihre kühle Vornehmheit stritt mit dem gewöhnlichen Kostüm und erweckte in ihm wieder den alten Beifall und Stolz. Sie setzten sich an einen Tisch.

The gale was rising hour by hour and the mere traversing of a passage had become a rough matter. In every stateroom trunks were lashed to the washstands, and the *Vestris* disaster was being reviewed in detail by nervous ladies, tossing, ill and wretched, upon their beds. In the smoking room a stout gentleman had been hurled backward and suffered a badly cut head; and now the lighter chairs and tables were stacked and roped against the wall.

The crowd who had donned fancy dress and were dining together had swollen to about sixteen. The only remaining qualification for membership was the ability to reach the smoking room. They ranged from a Groton-Harvard lawyer to an ungrammatical broker they had nicknamed Gyp the Blood, but distinctions had disappeared; for the moment they were samurai, chosen from several hundred for their triumphant resistance to the storm.

The gala dinner, overhung sardonically with lanterns and streamers, was interrupted by great communal slides across the room, precipitate retirements and spilled wine, while the ship roared and complained that under the panoply of a palace it was a ship after all. Upstairs afterward a dozen couples tried to dance, shuffling and galloping here and there in a crazy fandango, thrust around fantastically by a will alien to their own. In view of the condition of tortured hundreds below, there grew to be something indecent about it, like a revel in a house of mourning, and presently there was an egress of the ever-dwindling survivors toward the bar.

As the evening passed, Eva's feeling of unreality increased. Adrian had disappeared – presumably with Miss D'Amido – and her mind, distorted by illness and champagne, began to enlarge upon the

Der Wind nahm Stunde um Stunde an Stärke zu, und die bloße Durchquerung eines Flurs wurde zu einer gefährlichen Angelegenheit. In jeder Kabine wurden die Koffer gegen die Waschständer geschleudert, und das Unglück der *Vestris* wurde genauestens von aufgeregten Damen besprochen, die sich niedergedrückt und krank auf ihren Betten wiederfanden. Im Raucher-Salon war ein kräftiger Herr rückwärts hingeschmettert worden und hatte eine böse Platzwunde am Kopf erlitten; jetzt wurden die leichteren Stühle und Tische aufeinandergestapelt und an den Wänden festgezurrt.

Die fröhliche Gruppe, die sich verkleidet hatte und zusammen dinierte, war auf sechzehn angewachsen. Die einzige Bedingung des Dazugehörens war die Fähigkeit, den Raucher-Salon zu erreichen. Alles mögliche war da, vom *Groton-Harvard*-Juristen bis zu einem der Sprache kaum mächtigen Makler mit dem Spitznamen *Gyp the Bood*; gesellschaftlicher Rang spielte keine Rolle; im Augenblick waren sie Samurai, die wegen ihres tapferen Widerstands gegen den Sturm unter Hunderten ausgewählt worden waren.

Das Gala-Diner, boshafterweise mit hängenden Lampions und Papierschlangen verziert, wurde von großen gemeinschaftlichen Rutschpartien durch den Raum, jähen Verabschiedungen und Unmengen verschütteten Weins unterbrochen, während das Schiff brüllte und klagte, dass es, unter der prächtigen Zurüstung eines Palasts, doch nur ein Schiff war. Ein Dutzend Paare unternahm danach den Versuch zu tanzen, teils schoben, teils galoppierten sie in einem wild gewordenen Fandango hin und her, wirbelten willenlos im Kreis herum. Angesichts des Zustands Hunderter von Gemarterten weiter unten bekam das Tanzen etwas Schamloses, so wie große Ausgelassenheit in einem Trauerhaus. Und dann fand ein Auszug der fortwährend schwindenden Überlebensgemeinde in Richtung Bar statt.

Während der Abend verging, nahm Evas Gefühl der Unwirklichkeit zu. Adrian war verschwunden – vermutlich mit Miss D'Amido –, und ihr von Krankheit und Champagner benebeltes Bewusstsein versenkte sich dahinein; ihr Ärger

fact; annoyance changed slowly to dark and brooding anger, grief to desperation. She had never tried to bind Adrian, never needed to – for they were serious people, with all sorts of mutual interests, and satisfied with each other – but this was a breach of the contract, this was cruel. How could he think that she didn't know?

It seemed several hours later that he leaned over her chair in the bar where she was giving some woman an impassioned lecture upon babies, and said:

'Eva, we'd better turn in.'

Her lip curled. 'So that you can leave me there and then come back to your eighteen-year –'

'Be quiet.'

'I won't come to bed.'

'Very well. Good night.'

More time passed and the people at the table changed. The stewards wanted to close up the room, and thinking of Adrian – her Adrian – off somewhere saying tender things to someone fresh and lovely, Eva began to cry.

'But he's gone to bed,' her last attendants assured her. 'We saw him go.'

She shook her head. She knew better. Adrian was lost. The long seven-year dream was broken. Probably she was punished for something she had done; as this thought occurred to her the shrieking timbers overhead began to mutter that she had guessed at last. This was for the selfishness to her mother, who hadn't wanted her to marry Adrian; for all the sins and omissions of her life. She stood up, saying she must go out and get some air.

The deck was dark and drenched with wind and rain. The ship pounded through valleys, fleeing from black mountains of water that roared toward it. Looking out at the night, Eva saw that there

wurde langsam zu tiefer, brütender Wut, ihr Schmerz zu Verzweiflung. Sie hatte nie versucht, Adrian festzubinden, hatte es nie nötig gehabt – denn sie waren ernsthafte Leute, mit allen möglichen gemeinsamen Interessen und zufrieden miteinander –, aber dies war ein Vertrauensbruch, es war grausam. Wie konnte er glauben, dass sie nicht Bescheid wusste?

Es schien mehrere Stunden später, als er sich über ihren Sessel in der Bar beugte, wo sie einigen Frauen einen leidenschaftlichen Vortrag über Säuglinge hielt, und sagte:

«Eva, wir wollen uns lieber hinlegen.»

Sie schürzte verächtlich die Lippen. «Damit du mich da zurücklassen kannst und wieder zu deiner Achtzehnjährigen ...»

«Sei still.»

«Ich will nicht ins Bett.»

«Na schön. Gute Nacht.»

Weitere Zeit verging, die Leute am Tisch wechselten. Die Stewards wollten den Raum schließen, und da sie an Adrian dachte – ihren Adrian –, der irgendwo zärtliche Dinge zu einem jungen, reizvollen Mädchen sagte, begann sie zu weinen.

«Aber er ist doch ins Bett gegangen», versicherten ihr die letzten der Gruppe. «Wir haben ihn gesehen.»

Sie schüttelte den Kopf. Sie wusste es besser. Adrian war verloren. Der lange Traum von sieben Jahren war zerbrochen. Wahrscheinlich wurde sie bestraft für etwas, das sie getan hatte; bei diesem Gedanken fingen die ächzenden Spanten über ihrem Kopf an, ihr zuzustimmen. Es war für ihre Eigensucht gegenüber ihrer Mutter, die gegen die Heirat mit Adrian gewesen war; für alle Sünden und Versäumnisse ihres Lebens. Sie stand auf und sagte, sie müsse hinaus an die frische Luft.

Das Deck war dunkel und von Wind und Regen überflutet. Das Schiff stampfte durch Täler, floh vor schwarzen Wasserbergen, die gegen es anbrausten. In die Nacht starrend erkannte Eva, dass das Schiff keine Chance hatte, außer sie

was no chance for them unless she could make atonement, propitiate the storm. It was Adrian's love that was demanded of her. Deliberately she unclasped her pearl necklace, lifted it to her lips – for she knew that with it went the freshest, fairest part of her life – and flung it out into the gale.

3

When Adrian awoke it was lunchtime, but he knew that some heavier sound than the bugle had called him up from his deep sleep. Then he realized that the trunk had broken loose from its lashings and was being thrown back and forth between a wardrobe and Eva's bed. With an exclamation he jumped up, but she was unharmed – still in costume and stretched out in deep sleep. When the steward had helped him secure the trunk, Eva opened a single eye.

'How are you?' he demanded, sitting on the side of her bed.

She closed the eye, opened it again.

'We're in a hurricane now,' he told her. 'The steward says it's the worst he's seen in twenty years.'

'My head,' she muttered. 'Hold my head.'

'How?'

'In front. My eyes are going out. I think I'm dying.'

'Nonsense. Do you want the doctor?'

She gave a funny little gasp that frightened him; he rang and sent the steward for the doctor.

The young doctor was pale and tired. There was a stubble of beard upon his face. He bowed curtly as he came in and, turning to Adrian, said with scant ceremony:

'What's the matter?'

'My wife doesn't feel well.'

selber brächte ein Sühneopfer und besänftigte den Sturm. Adrians Liebe wurde von ihr verlangt. Bedächtig löste sie die Perlenkette von ihrem Hals, hob sie an ihre Lippen – denn sie wusste, dass damit der lebendigste, schönste Teil ihres Lebens verloren ging – und schleuderte sie in den Rachen des Sturms.

3

Adrian erwachte zur Mittagszeit, aber es war ihm klar, dass ein dröhnenderer Laut als das Klingelzeichen ihn aus dem tiefen Schlaf gerissen hatte. Dann merkte er, dass der Schrankkoffer aus seiner Verankerung gerissen war und zwischen einem Garderobenständer und Evas Bett hin und her geworfen wurde.

Mit einem Schrei sprang er auf, aber sie war unverletzt – noch immer verkleidet und in tiefem Schlaf. Als der Steward ihm half, den Schrank festzubinden, öffnete Eva ein Auge.

«Wie geht es dir?» fragte er; er hatte sich auf die Bettkante gesetzt.

Sie schloss das Auge, öffnete es wieder.

«Wir sind in einem Hurrikan», sagte er ihr. «Der Steward sagt, es ist der schlimmste, den er in zwanzig Jahren erlebt hat.»

«Mein Kopf», stöhnte sie. «Halt' meinen Kopf.»

«Wie?»

«Da vorn. Meine Augen treten aus dem Kopf. Ich glaube, ich sterbe.»

«Unsinn. Soll ich den Arzt holen?»

Sie gab ein komisch kleines Keuchen von sich, das ihn erschreckte; er klingelte und schickte den Steward nach dem Arzt.

Der junge Arzt sah blass und müde aus. Er hatte einen Stoppelbart. Er verbeugte sich höflich, als er eintrat, und mit knapper Gebärde zu Adrian sagte er:

«Was gibt's?»

«Meine Frau fühlt sich nicht wohl.»

'Well, what is it you want – a bromide?'

A little annoyed by his shortness, Adrian said: 'You'd better examine her and see what she needs.'

'She needs a bromide,' said the doctor. 'I've given orders that she is not to have any more to drink on this ship.'

'Why not?' demanded Adrian in astonishment.

'Don't you know what happened last night?'

'Why, no, I was asleep.'

'Mrs Smith wandered around the boat for an hour, not knowing what she was doing. A sailor was sent to follow her, and then the medical stewardess tried to get her to bed, and your wife insulted her.'

'Oh, my heavens!' cried Eva faintly.

'The nurse and I had both been up all night with Steward Carton, who died this morning.' He picked up his case. 'I'll send down a bromide for Mrs Smith. Goodbye.'

For a few minutes there was silence in the cabin. Then Adrian put his arm around her quickly.

'Never mind,' he said. 'We'll straighten it out.'

'I remember now.' Her voice was an awed whisper. 'My pearls. I threw them overboard.'

'Threw them overboard!'

'Then I began looking for you.'

'But I was here in bed.'

'I didn't believe it; I thought you were with that girl.'

'She collapsed during dinner. I was taking a nap down here.'

Frowning, he rang the bell and asked the steward for luncheon and a bottle of beer.

'Sorry, but we can't serve any beer to your cabin, sir.'

When he went out Adrian exploded: 'This is an outrage. You were simply crazy from that storm

«Nun, was brauchen Sie? Brom?»

Ein wenig verärgert von seiner Unverbindlichkeit, sagte Adrian: «Sie sollten sie lieber untersuchen und selbst sehen, was sie braucht.»

«Sie braucht Brom», sagte der Arzt. «Ich habe angeordnet, dass sie auf dem Schiff keinen Alkohol mehr bekommt.»

«Warum?» fragte Adrian überrascht.

«Wissen Sie nicht, was letzte Nacht los war?»

«Nein, ich habe geschlafen.»

«Mrs Smith ist eine Stunde lang kopflos auf dem Schiff herumgewandert. Ein Matrose wurde ihr nachgeschickt, und dann versuchte die Arzt-Stewardess sie zu überreden, ins Bett zu gehen, und Ihre Frau hat sie beschimpft.»

«Oh, mein Gott!» stieß Eva schwach hervor.

«Die Krankenschwester und ich haben uns die ganze Nacht um Steward Carton gekümmert, der heute Morgen gestorben ist.» Er nahm seine Tasche vom Boden. «Ich werde Brom nach unten schicken. Auf Wiedersehen.»

Für einige Minuten herrschte Stille in der Kabine. Dann legte Adrian schnell seinen Arm um sie.

«Mach dir nichts draus», sagte er. «Wir werden das in Ordnung bringen.»

«Ich weiß jetzt.» Ihre Stimme war ein verschüchtertes Wispern. «Meine Perlen. Ich hab sie über Bord geworfen.»

«Über Bord geworfen!»

«Dann hab ich nach dir gesucht.»

«Aber ich war doch im Bett.»

«Ich hab's nicht geglaubt. Ich dachte, du wärst bei dem Mädchen.»

«Sie hat beim Abendessen einen Zusammenbruch gehabt. Ich hab hier unten geschlafen.»

Mit finsterer Miene klingelte er und bat den Steward, das Mittagessen und eine Flasche Bier zu bringen.

«Verzeihen Sie, aber wir dürfen kein Bier in Ihre Kabine bringen, Sir.»

Beim Hinausgehen brach es zornig aus Adrian hervor: «Das ist ungeheuerlich. Du warst einfach durchgedreht wegen

and they can't be so high-handed. I'll see the captain.'

'Isn't that awful?' Eva murmures. 'The poor man died.'

She turned over and began to sob into her pillow. There was a knock at the door.

'Can I come in?'

The assiduous Mr Butterworth, surprisingly healthy and immaculate, came into the crazily tipping cabin.

'Well, how's the mystic?' he demanded of Eva. 'Do you remember praying to the elements in the bar last night?'

'I don't want to remember anything about last night.'

They told him about the stewardess, and with the telling the situation lightened; they all laughed together.

'I'm going to get you some beer to have with your luncheon,' Butterworth said. 'You ought to get up on deck.'

'Don't go,' Eva said. 'You look so cheerful and nice.'

'Just for ten minutes.'

When he had gone, Adrian rang for two baths.

'The thing is to put on our best clothes and walk proudly three times around the deck,' he said.

'Yes.' After a moment she added abstractedly: 'I like that young man. He was awfully nice to me last night when you'd disappeared.'

The bath steward appeared with the information that bathing was too dangerous today. They were in the midst of the wildest hurricane on the North Atlantic in ten years; there were two broken arms this morning from attempts to take baths. An elderly lady had been thrown down a staircase and was not expected to live. Futhermore,

dem Sturm, und sie können sich eine solche Anmaßung nicht erlauben. Ich werde mit dem Kapitän sprechen.»

«Ist das nicht schrecklich?» murmelte Eva. «Der arme Mann ist gestorben.»

Sie drehte sich um und schluchzte ins Kissen. Es klopfte an der Tür.

«Darf ich hereinkommen?»

Der unverdrossene Mr Butterworth, erstaunlich gesund und ohne Fehl und Tadel, trat in die bedenklich schief liegende Kabine.

«Na, was macht die Mystik?» fragte er Eva. «Erinnern Sie sich, wie Sie gestern Nacht in der Bar die Elemente beschworen haben?»

«Ich will mich an nichts von gestern Nacht erinnern.»

Sie berichteten ihm von der Arzt-Stewardess, und im Erzählen nahm die Geschichte eher heitere Züge an; sie lachten miteinander.

«Ich werde Ihnen ein Bier zu Ihrem Essen besorgen», sagte Butterworth. «Sie müssen an Deck kommen.»

«Gehen Sie nicht», sagte Eva. «Sie sehen so fröhlich und lieb aus.»

«Nur zehn Minuten.»

Nachdem er gegangen war, klingelte Adrian nach zwei Bädern.

«Es geht darum, dass wir uns die besten Klamotten anziehen und dreimal mit erhobenem Kopf über Deck spazieren», sagte er.

«Ja.» Nach einem Augenblick fügte sie geistesabwesend hinzu: «Ich mag diesen jungen Mann. Er war letzten Abend schrecklich nett zu mir, als du gegangen warst.»

Der für die Bäder zuständige Steward erschien mit der Auskunft, dass Baden heute zu gefährlich sei. Sie seien mitten im wildesten Wirbelsturm, den es seit zehn Jahren auf dem Nordatlantik gegeben habe; bei morgendlichen Versuchen, ein Bad zu nehmen, habe es heute schon zwei gebrochene Arme gegeben. Eine ältere Dame sei die Treppe hinuntergestürzt und würde es wohl nicht überleben. Zusätzlich

they had received the SOS signal from several boats this morning.

'Will we go to help them?'

'They're all behind us, sir, so we have to leave them to the *Mauretania*. If we tried to turn in this sea the portholes would be smashed.'

This array of calamities minimized their own troubles. Having eaten a sort of luncheon and drunk the beer provided by Butterworth, they dressed and went on deck.

Despite the fact that it was only possible to progress step by step, holding on to rope or rail, more people were abroad than on the day before. Fear had driven them from their cabins, where the trunks bumped and the waves pounded the portholes and they awaited momentarily the call to the boats. Indeed, as Adrian and Eva stood on the transverse deck above the second class, there was a bugle call, followed by a gathering of stewards and stewardesses on the deck below. But the boat was sound; it had outlasted one of its cargo – Steward James Carton was being buried at sea.

It was very British and sad. There were the rows of stiff, disciplined men and women standing in the driving rain, and there was a shape covered by the flag of the Empire that lived by the sea. The chief purser read the service, a hymn was sung, the body slid off into the hurricane. With Eva's burst of wild weeping for this humble end, some last string snapped within her. Now she really didn't care. She responded eagerly when Butterworth suggested that he get some champagne to their cabin. Her mood worried Adrian; she wasn't used to so much drinking and he wondered what he ought to do. At his suggestion that they sleep instead, she merely laughed, and the bromide the doctor had sent stood untouched on the washstand. Pretending to lis-

hätten sie am Morgen von verschiedenen Schiffen SOS-Signale empfangen.

«Werden wir ihnen zu Hilfe kommen?»

«Sie sind alle hinter uns, Sir, darum müssen wir sie der *Mauretania* überlassen. Die Seitenfenster werden uns eingedrückt, wenn wir umdrehen.»

Dieses Ausmaß von Katastrophen ließ ihre eigenen Schwierigkeiten kleiner erscheinen. Nachdem sie eine Art Mittagsmahl zu sich genommen hatten, mit Bier von Butterworth, kleideten sie sich an und gingen an Deck.

Obwohl man nur Schritt für Schritt vorwärtskam, indem man sich an Tauen und Geländern festhielt, waren mehr Leute draußen als am Tag zuvor. Die Furcht hatte sie aus den Kabinen getrieben, wo die Koffer rumpelten und die Wellen gegen die Bullaugen donnerten und sie jeden Augenblick den Ruf zu den Rettungsbooten erwarteten.

Tatsächlich ertönte, als Adrian und Eva auf dem Querdeck über der Zweiten Klasse standen, ein Hornsignal, dem ein Zusammenlaufen der Stewards und Stewardessen folgte. Doch das Schiff war unversehrt; es hatte eine seiner Frachten überdauert – der Steward James Carton wurde auf See bestattet.

Es ging sehr britisch und traurig zu. Dort standen die Reihen straffer, disziplinierter Männer und Frauen im treibenden Regen, und dort lag ein Kasten, bedeckt mit der Fahne des Reiches, das von der See lebte. Der Oberproviantmeister las die Liturgie, ein Choral wurde gesungen, der Körper glitt hinaus in den Orkan.

In Eva, während sie hemmungslos über dieses anspruchslose Ende weinte, riss eine letzte Saite. Nun kam es ihr wirklich nicht mehr darauf an. Sie zeigte sich begierig, als Butterworth vorschlug, eine Flasche Champagner in die Kabine zu bringen. Ihre Stimmung verstörte Adrian; sie war so viel Trinken nicht gewöhnt, und er überlegte, was er tun sollte. Auf seinen Vorschlag, stattdessen zu schlafen, lachte sie nur, und das Brom, das der Arzt geschickt hatte, stand unberührt auf dem Waschtisch. Während er so tat, als

ten to the insipidities of several Mr Stacombs, he watched her; to his surprise and discomfort she seemed on intimate and even sentimental terms with Butterworth, and he wondered if this was a form of revenge for his attention to Betsy D'Amido.

The cabin was full of smoke, the voices went on incessantly, the suspension of activity, the waiting for the storm's end, was getting on his nerves. They had been at sea only four days; it was like a year.

The two Mr Stacombs left finally, but Butterworth remained. Eva was urging him to go for another bottle of champagne.

'We've had enough,' objected Adrian. 'We ought to go to bed.'

'I won't go to bed!' she burst out. 'You must be crazy! You play around all you want, and then, when I find somebody I – I like, you want to put me to bed.'

'You're hysterical.'

'On the contrary, I've never been so sane.'

'I think you'd better leave us, Butterworth,' Adrian said. 'Eva doesn't know what she's saying.'

'He won't go. I won't let him go.' She clasped Butterworth's hand passionately. 'He's the only person that's been half decent to me.'

'You'd better go, Butterworth,' repeated Adrian.

The young man looked at him uncertainly.

'It seems to me you're being unjust to your wife,' he ventured.

'My wife isn't herself.'

'That's no reason for bullying her.'

Adrian lost his temper. 'You get out of here!' he cried.

The two men looked at each other for a moment in silence. Then Butterworth turned to Eva, said, 'I'll be back later,' and left the cabin.

hörte er den Geistlosigkeiten mehrerer Mr Stacombs zu, beobachtete er sie; zu seinem Erstaunen und Missfallen schien sie auf vertrautem und sogar herzlichem Fuß mit Butterworth zu stehen. Er fragte sich, ob dies eine Art Rache für seine Aufmerksamkeit gegenüber Betsy D'Amido war.

Die Kabine war voller Rauch, die Stimmen schwirrten ununterbrochen, der Mangel an jeder Betätigungsmöglichkeit, das Warten auf das Ende des Sturms begannen, ihm auf die Nerven zu gehen. Sie waren erst seit vier Tagen auf See; es war wie ein Jahr.

Die beiden Stacombs verließen sie endlich, doch Butterworth blieb. Eva bekniete ihn, noch eine Flasche Champagner zu holen.

«Wir hatten genug», widersprach Adrian. «Wir sollten ins Bett gehen.»

«Ich will nicht ins Bett», platzte sie heraus. «Du musst verrückt sein! Du turtelst überall herum wie du willst, und wenn ich mal jemanden finde, den ich – den ich mag, willst du mich ins Bett stecken.»

«Du bist hysterisch.«

«Im Gegenteil, ich war noch nie so klar im Kopf.»

«Ich denke, Sie verlassen uns lieber, Butterworth», sagte Adrian. «Eva weiß nicht, was sie sagt.»

«Er geht nicht. Ich lass ihn nicht gehen.» Sie ergriff die Hände von Butterworth leidenschaftlich. «Er ist der einzige Mensch, der halbwegs anständig zu mir gewesen ist.»

«Sie sollten gehen, Butterworth», wiederholte Adrian.

Der junge Mann sah ihn unsicher an.

«Mir scheint, dass Sie ungerecht zu Ihrer Frau sind», versuchte er auf's Geratewohl.

«Meine Frau ist nicht mehr sie selbst.»

«Das ist kein Grund, sie herumzukommandieren.»

Adrian verlor die Geduld. «Sie machen, dass Sie hier hinauskommen!» schrie er.

Die beiden Männer sahen sich einen Augenblick lang schweigend an. Dann wandte sich Butterworth zu Eva und sagte: «Ich komme später wieder.» Er verließ die Kabine.

'Eva, you've got to pull yourself together,' said Adrian when the door closed.

She didn't answer, looked at him from sullen, half-closed eyes.

'I'll order dinner here for us both and then we'll try to get some sleep.'

'I want to go up and send a wireless.'

'Who to?'

'Some Paris lawyer. I want a divorce.'

In spite of his annoyance, he laughed. 'Don't be silly.'

'Then I want to see the children.'

'Well, go and see them. I'll order dinner.'

He waited for her in the cabin twenty minutes. Then impatiently he opened the door across the corridor; the nurse told him that Mrs Smith had not been there.

With a sudden prescience of disaster he ran upstairs, glanced in the bar, the salons, even knocked at Butterworth's door. Then a quick round of the decks, feeling his way through the black spray and rain. A sailor stopped him at a network of ropes.

'Orders are no one goes by, sir. A wave has gone over the wireless room.'

'Have you seen a lady?'

'There was a young lady here –' He stopped and glanced around. 'Hello, she's gone.'

'She went up the stairs!' Adrian said anxiously. 'Up to the wireless room!'

The sailor ran up to the boat deck; stumbling and slipping, Adrian followed. As he cleared the protected sides of the companionway, a tremendous body struck the boat a staggering blow and, as she keeled over to an angle of forty-five degrees, he was thrown in a helpless roll down the drenched deck, to bring up dizzy and bruised against a stanchion.

«Eva, du musst dich zusammennehmen», sagte Adrian, als die Tür ins Schloss gefallen war.

Sie antwortete nicht, schaute ihn mürrisch aus halb geschlossenen Augen an.

«Ich bestelle das Abendessen für uns beide hierher, und dann versuchen wir, ein wenig zu schlafen.»

«Ich will hinaufgehen und ein Funk-Telegramm schicken.»

«An wen?»

«Einen Anwalt in Paris. Ich will die Scheidung.»

Trotz seiner Wut lachte er. «Sei nicht albern.»

«Dann will ich die Kinder besuchen.»

«Also schön, geh und besuch sie. Ich bestelle das Abendessen.»

Er wartete zwanzig Minuten auf sie. Dann öffnete er ungeduldig die gegenüberliegende Tür auf dem Flur; das Kindermädchen sagte, dass Mrs Smith nicht bei ihnen gewesen sei.

Mit einer plötzlichen bösen Vorahnung rannte er die Treppe hinauf, warf einen Blick in die Bar, in die Salons, klopfte sogar an die Tür von Butterworth. Dann eine schnelle Runde auf den Decks, seinen Weg tastend durch das schwarze Sprühen und Regnen. Ein Matrose hielt ihn an einem Gespann von Tauen auf.

«Habe Befehl, dass hier niemand durchdarf, Sir. Eine Welle ist über den Funkraum gegangen.»

«Haben Sie eine Frau gesehen?»

«Es war ne junge Dame hier ...» Er hielt inne und blickte sich um. «Tja, sie ist wieder gegangen.»

«Sie ist die Treppe hier hochgelaufen!» sagte Adrian voller Angst. «Zum Funkraum.»

Der Matrose lief zum Deck hinauf; Adrian stolpernd und rutschend hinter ihm her. Als er den geschützten Niedergang verließ, schlug eine gewaltige Masse gegen das Schiff, eine versetzende Sturmböe, und als das Schiff in einem Winkel von fünfundvierzig Grad krängte, wurde er hilflos auf das überflutete Deck gekugelt und prallte benommen und zerschunden gegen einen Pfahl.

'Eva!' he called. His voice was soundless in the black storm. Aganist the faint light of the wireless-room window he saw the sailor making his way forward.

'Eva!'

The wind blew him like a sail up against a lifeboat. Then there was another shuddering crash, and high over his head, over the very boat, he saw a gigantic, glittering white wave, and in the split second that it balanced there he became conscious of Eva, standing beside a ventilator twenty feet away. Pushing out from the stanchion, he lunged desperately toward her, just as the wave broke with a smashing roar. For a moment the rushing water was five feet deep, sweeping with enormous force toward the side, and then a human body was washed against him, and frantically he clutched it and was swept with it back toward the rail. He felt his body bump against it, but desperately he held on to his burden; then, as the ship rocked slowly back, the two of them, still joined by his fierce grip, were rolled out exhausted on the wet planks. For a moment he knew no more.

4

Two days later, as the boat train moved tranquilly south toward Paris, Adrian tried to persuade his children to look out the window at the Norman countryside.

'It's beautiful,' he assureded them. 'All the little farms like toys. Why, in heaven's name, won't you look?'

'I like the boat better,' said Estelle.

Her parents exchanged an infanticidal glance.

'The boat is still rocking for me,' Eva said with a shiver. 'Is it for you?'

'No. Somehow, it all seems a long way off. Even

«Eva!» schrie er. Seine Stimme war lautlos im schwarzen Sturm. Gegen das schwache Licht des Funkraum-Fensters sah er den Matrosen sich vorwärtskämpfen.

«Eva!»

Der Wind blies ihn wie ein Segel hoch gegen ein Rettungsboot. Dann folgte ein neues erschütterndes Krachen, und hoch über seinem Kopf, über dem Boot, sah er eine gigantische, glitzernd weiße Woge, und im Bruchteil einer Sekunde, während sie schwebend innehielt, erkannte er Eva, die neben einem Lüftungsrohr stand, zwanzig Fuß entfernt. Sich von dem Pfahl abstoßend, tat er einen verzweifelten Sprung zu ihr hin, gerade als die Woge sich mit einem zerschmetternden Tosen brach.

Für einen Augenblick war das Wasser fünf Fuß hoch und floss mit reißender Gewalt zur Seite ab, und dann wurde ein Menschenkörper gegen ihn geschwemmt, wie wahnsinnig klammerte er sich an ihn und wurde mit ihm zusammen gegen die Reling gespült. Er spürte seinen Körper wuchtig dagegenstoßen, doch verzweifelt hielt er an seiner Bürde fest; dann, als das Schiff langsam zurückrollte, kugelten beide, noch vereint durch seinen festen Griff, atemlos hinaus auf die nassen Planken. Mehr kam ihm nicht zu Bewusstsein.

4

Zwei Tage später, als der Anschluss-Zug vom Schiff gemächlich Richtung Paris unterwegs war, wollte Adrian seine Kinder überreden, durchs Fenster die Landschaft der Normandie zu betrachten.

«Es ist wunderschön», versicherte er ihnen. «All die Bauernhöfe, wie Spielzeug. Warum, in drei Teufels Namen, wollt ihr nicht hinsehen?»

«Ich mag das Schiff lieber», sagte Estelle.

Ihre Eltern wechselten einen kindsmörderischen Blick.

«Ich fühle das Schiff immer noch schwanken», sagte Eva mit einem Schaudern. «Geht es dir auch so?»

«Nein. Irgendwie scheint es schon lange her zu sein. So-

the passengers looked unfamiliar going through the customs.'

'Most of them hadn't appeared above ground before.'

He hesitated. 'By the way, I cashed Butterworth's check for him.'

'You're a fool. You'll never see the money again.'

'He must have needed it pretty badly or he would not have come to me.'

A pale and wan girl, passing along the corridor, recognized them and put her head through the doorway.

'How do you feel?'

'Awful.'

'Me, too,' agreed Miss D'Amido. 'I'm vainly hoping my fiancé will recognize me at the Gare du Nord. Do you know two waves went over the wireless room?'

'So we heard,' Adrian answered drily.

She passed gracefully along the corridor and out of their life.

'The real truth is that none of it happened,' said Adrian after a moment. 'It was a nightmare – an incredibly awful nightmare.'

'Then, where are my pearls?'

'Darling, there are better pearls in Paris. I'll take the responsibility for those pearls. My real belief is that you saved the boat.'

'Adrian, let's never get to know anyone else, but just stay together always – just we two.'

He tucked her arm under his and they sat close. 'Who do you suppose those Adrian Smiths on the boat were?' he demanded. 'It certainly wasn't me.'

'Nor me.'

'It was two other people,' he said, nodding to himself. 'There are so many Smiths in this world.'

gar die Passagiere kamen mir fremd vor, als sie durch den Zoll gingen.»

«Die meisten von ihnen waren nie an Deck zu sehen gewesen.»

Er zögerte. «Übrigens habe ich für Butterworth einen Scheck eingelöst.»

«Du bist ein Dummkopf. Das Geld siehst du nie wieder.»

«Er muss es bitter nötig gehabt haben, sonst wäre er nicht zu mir gekommen.»

Ein blasses, fahlgesichtiges Mädchen ging auf dem Zugkorridor vorbei, erkannte sie und steckte den Kopf in die Tür.

«Wie fühlen Sie sich?»

«Grässlich.»

«Ich mich auch», stimme Miss D'Amido zu. «Ich habe kaum Hoffnung, dass mich mein Verlobter am Gare du Nord wiedererkennt. Haben Sie gewusst, dass zwei Wellen über den Funkraum gegangen sind?»

«Davon haben wir gehört», sagte Adrian trocken.

Sie verschwand graziös durch den Gang und aus ihrem Leben.

«Die Wahrheit ist, dass nichts davon sich wirklich ereignet hat», sagte Adrian nach einem Augenblick. «Es war ein Alptraum.»

«Wo sind dann meine Perlen?»

«Schatz, es gibt in Paris schönere Perlen. Ich übernehme die Verantwortung für diese Perlen. Ich glaube wirklich, dass du das Schiff gerettet hast.»

«Adrian, lass uns nie mehr andere Leute kennenlernen und immer nur beieinander bleiben – nur wir zwei.»

Er nahm ihren Arm unter seinen, und sie rückten eng zusammen. «Was, glaubst du, wer diese Adrian Smiths auf dem Schiff waren?» fragte er. «Ich war bestimmt keiner von ihnen.»

«Ich auch nicht.»

«Es waren zwei andere Leute», sagte er, zu seinen Worten nickend. «Es gibt so viele Smiths auf der Welt.»

C. S. Forester
The Boy Stood on the Burning Deck

In this story his name is Ed Jones; his real name is completely different from that. He runs a filling station near where I live, and I often buy gas there; his is not a calling that promises high adventure, nor is it likely to demand selfless devotion to duty. Just after the war the crossroads was quite a lonely point, and Ed's filling station was the only building within half a mile. With the population shift into California there are now great tracts of houses within sight, and there are rows of markets and shops. One might expect in cosequence that Ed has made a fortune, but now each of the four corners of the crossroads is occupied by a filling station, and there are plenty of others not far away. Ed agrees that he makes twice as much money as he did when he came here, after his discharge from the Navy; but he points out philosophically that he can buy with his doubled income no more than he could before, and he works four times as hard to earn it.

But I want to write about Ed Jones, and not his filling station; he is the more interesting subject. I have known him for all these years, and I have always liked him, and his sturdy wife Mary, and the four post-war children whom I have seen growing up from babyhood. And I have used the name Ed Jones not only because it is unlike his real one but because it does not suggest heroism or self-sacrifice; neither does he himself – I might otherwise have called him Ironside or Strong. I knew he had served in the Navy during the war, but it was only recently that it came out in casual conversation that he had served in the destroyer *Boon*, and my interest was caught at once, because I have been writing stories about the *Boon*. I did my best to induce him to talk, but without any great success; Ed is not a very communicative man.

C. S. Forester
Der Junge stand auf dem brennenden Deck

In dieser Geschichte heißt er Ed Jones; in Wirklichkeit hat er einen ganz anderen Namen. Er betreibt eine Tankstelle in meiner Nähe, ich fahre oft zum Tanken hin. Er hat einen Beruf, der keine rauschenden Abenteuer verspricht und sicher nie selbstlose Pflichterfüllung verlangen wird. Direkt nach dem Krieg war die Kreuzung ein ziemlich verlassener Ort; Eds Tankstelle war das einzige Gebäude im Umkreis einer halben Meile. Wegen der Bevölkerungsverschiebung nach Kalifornien gibt es da jetzt riesige Wohnbaugebiete in Sichtweite, dazu Marktstraßen und Geschäfte. Man könnte also erwarten, dass Ed ein Vermögen gemacht hat. Aber jetzt ist jede der vier Ecken der Kreuzung mit einer Tankstelle besetzt, und da sind noch viele andere in der Nähe. Ed gibt zu, dass er doppelt so viel verdient wie zu der Zeit, als er herkam, nach seiner Entlassung aus der Marine, aber er stellt philosophisch fest, dass er mit seinem verdoppelten Einkommen nicht mehr kaufen kann als vorher. Dabei muss er viermal so hart arbeiten, um es zu verdienen.

Doch ich will über Ed Jones schreiben, nicht über seine Tankstelle; er ist das interessantere Thema. Ich kenne ihn seit vielen Jahren und habe ihn immer gern gemocht, genauso Mary, seine robuste Frau, und die vier Nachkriegskinder, die ich vom Babyalter an habe aufwachsen sehen. Ich habe den Namen Ed Jones gewählt, nicht nur, weil er so ganz anders ist als sein richtiger, sondern weil er so gar nicht an Heldentum oder Aufopferung denken lässt; Jones selbst übrigens auch nicht – sonst hätte ich ihn Ironside oder Strong genannt. Ich wusste schon, dass er während des Krieges bei der Marine gedient hatte, aber erst kürzlich kam ganz nebenbei in einem Gespräch heraus, dass er auf dem Zerstörer *Boon* gedient hatte. Mein Interesse erwachte sofort, denn ich habe schon Geschichten über die *Boon* geschrieben. Ich versuchte, so gut ich konnte, Ed zum Sprechen zu bringen, aber mit wenig Erfolg; er ist kein sehr mitteilsamer Mensch.

It did not call for any great degree of cunning to enlist the services of Mary, his wife. She was on my side almost from the start, but even her coaxing achieved little. Ed only laughed when he did not shrug his shoulders. Then one day when I was about to drive away Mary put her head in at my car window – it was one of the moments (and there are plenty of them) when she looks twenty rather than forty.

'I still have all the letters that he wrote me during the war,' she said breathlessly.

'That's just the sort of thing I'm after,' I said. 'Are you going to let me read them?'

'Hey, hold on a minute,' interposed Ed. 'Those letters – you know – they're not –'

'They're twenty years old,' protested Mary. 'And there's nothing to be ashamed of. And –' she turned back to me '– you wouldn't –'

'I wouldn't read anything I wasn't supposed to read,' I said. 'I'm pretty good at that. I expect they were most of them read by a censor at some time or other, anyway.'

That was how it happened that one evening I found myself sitting in the Jones's house with a cup of coffee at my elbow, and the sound of the television turned down to the lowest limit the children would tolerate, while Mary brought me the letters. She blushed quite charmingly, with a gesture to excuse the sentiment of a young bride who had tied the letters up in pink ribbons (faded now) and packed in a heart-shaped box which had presumably once held a Valentine's Day of chocolates.

To a man who deals with history, letters contemporary with the events he is studying are frequently valuable material. Accounts written later are usually coloured by the knowledge of what actually happened, and are distorted by later prejudices and legends. Wartime letters may be distorted too, admittedly, through

Es bedurfte keiner besonderen Raffinesse, die Mithilfe seiner Frau Mary zu gewinnen. Fast von Anfang an war sie auf meiner Seite, aber auch ihre Überredungskünste brachten nicht viel. Ed zuckte mit den Schultern oder lachte nur. Eines Tages dann, als ich gerade wegfahren wollte, steckte Mary den Kopf durchs Autofenster – es war einer der Augenblicke (es gibt viele solche), wo sie eher wie zwanzig als wie vierzig aussieht.

«Ich habe immer noch alle die Briefe, die er mir während des Krieges geschrieben hat», sagte sie, außer Atem.

«Das ist genau das, was ich suche», sagte ich. «Werden Sie mir erlauben, sie zu lesen?»

«He, Moment mal», fuhr Ed dazwischen. «Diese Briefe – wissen Sie – die sind nicht ...»

«Sie sind zwanzig Jahre alt», protestierte Mary. «Und da gibt's keinen Grund, sich zu schämen. Und ...», wandte sie sich wieder zu mir, «Sie werden nicht ...»

«Ich lese nichts, was ich nicht lesen soll», sagte ich. «Das kann ich ziemlich gut. Wahrscheinlich hat die meisten ohnehin schon ein Zensor gelesen, bei der einen oder anderen Gelegenheit.»

So kam es, dass ich mich eines Abends im Haus der Jones sitzend wiederfand, mit einer Tasse Kaffee neben mir. Der Fernseher war so leise gedreht, wie es die Kinder noch gerade hinnahmen. Mary brachte mir die Briefe. Sie errötete äußerst bezaubernd und entschuldigte mit einer Geste die Sentimentalität der jungen Braut, die die Briefe mit rosa (inzwischen verblichenen) Bändern zusammengebunden und in eine herzförmige Schachtel verpackt hatte, die wohl ursprünglich einmal Valentinstag-Pralinen enthalten hatte.

Für jemand, der sich mit Geschichte beschäftigt, stellen Briefe aus der Zeit, die er gerade bearbeitet, oft wertvolles Material dar. Im nachhinein aufgezeichnete Berichte sind meist gefärbt durch die Kenntnis späterer Ereignisse und verzerrt durch spätere Vorurteile und Legenden. Briefe aus Kriegszeiten können freilich auch, aus anderen Gründen, verzerrt sein: im Kriegszustand mußte man Zensurbestimmun-

the necessity of obeying wartime censorship regulations, and also because husbands, and wives, often wished to appear more cheerful than they actually were. But even the letters that are distorted badly convey an atmosphere, a mood that it is hard to recapture otherwise, and which is important when reconstructing a period; and sometimes they at least give clues that lead to the unearthing of forgotten facts.

'Thank you, Mary,' I said, and shot a glance at Ed before beginning to read; he appeared to have all his attention concentrated upon television.

The letters were love letters, naturally; from the first they contained much of what might be expected to be written by a young sailor who had newly joined the Navy and was newly separated from his young bride. My eyes ran rapidly down paragraphs that had little bearing on the war, trying not to read the tender passages while making sure there was no history buried in them. The letters were all dated and in sequence, and as I read I was conscious of a feeling that I could see into the future, that I had a Cassandra-like ability to prophecy. The letter of December 6th, 1941, written from machinist's mates striker's school, had a light-hearted gaiety that I knew could not endure; and I was ridiculously pleased with myself, as though I had really achieved something, when the next letter of December 8th, written after Pearl Harbor, confirmed my feeling.

It was interesting to read how Fireman Third Class Jones reacted to that news. The earlier letters had breathed a certain patriotism, whose sincerity could be guessed at despite the writer's difficulty in expressing it; this new letter told of a hardened resolve, of a grimmer determination, and it was easy to read into it the writer's certainty that every recruit around him felt similarly inspired. That was a historical fact.

gen befolgen, und Ehemänner oder Ehefrauen wollten oft fröhlicher erscheinen, als sie eigentlich waren. Aber auch die stark verzerrten Briefe vermitteln eine Atmosphäre, eine Stimmung, die auf andere Weise kaum einzufangen ist, die aber wichtig ist, wenn man eine Epoche rekonstruieren will; manchmal geben sie zumindest Hinweise zur Aufdeckung vergessener Fakten.

«Danke, Mary», sagte ich und warf noch, bevor ich zu lesen anfing, einen schnellen Blick zu Ed hinüber; er schien seine ganze Aufmerksamkeit auf den Fernseher konzentriert zu haben.

Die Briefe waren selbstverständlich Liebesbriefe. Von Anfang an enthielten sie vieles, was man von einem jungen Matrosen erwarten würde, der gerade eben zur Marine gegangen und frisch von seiner jungen Braut getrennt war. Meine Augen überflogen rasch die Abschnitte, die wenig mit dem Krieg zu tun hatten, und versuchten dabei, die zärtlichen Passagen nicht zu lesen und trotzdem sicherzustellen, dass nichts Historisches in ihnen verborgen war. Die Briefe waren alle datiert und geordnet. Beim Lesen überkam mich das Gefühl, dass ich in die Zukunft schauen könnte, dass ich eine prophetische Gabe wie Kassandra hätte. Der Brief vom 6. Dezember 1941, geschrieben während der Ausbildung zum Maschinenoffizier, war von einer unbeschwerten Heiterkeit, von der ich wusste, dass sie nicht lange anhalten konnte; und ich war auf lächerliche Weise stolz auf mich, als ob ich tatsächlich etwas geleistet hätte, als der nächste Brief vom 8. Dezember, nach Pearl Harbor geschrieben, meine Vorahnung bestätigte.

Es war interessant zu lesen, wie der Heizer dritter Klasse Jones auf diese Nachricht reagierte. Die früheren Briefe waren von einem gewissen Patriotismus erfüllt, dessen Aufrichtigkeit zu ahnen war, obwohl der Briefschreiber Schwierigkeiten hatte, ihn in Worte zu fassen. Der neue Brief verriet eine gestählte Festigkeit, eine grimmigere Entschlossenheit, und man konnte leicht die Überzeugung des Schreibenden herauslesen, dass jeder Rekrut in seiner Umgebung ebenso empfand. Das war eine historische Tatsache.

'You don't have to read them if they're not what you want, you know,' said Mary.

'You couldn't stop me,' I answered, reaching for the next letter.

I still felt like Cassandra as I read on; when Fireman Second Class Jones wrote that he was being transferred out of training centre and wondered what was going to happen next. I knew that he was going to the *Boon*, and so he was – here was his new Fleet Post Office to prove it. And when he speculated regarding where *Boon* would be sent, I already knew. I could not merely follow him and the *Boon* across the Pacific and back again – I could travel ahead of them. There were things I knew about which only showed up vaguely in the letters, thanks to the censorship. I knew about the rescuing of the Navy pilot in his rubber boat ten days after the battle of the Coral Sea, and I knew, although Fireman First Class Jones did not, that the *Boon* was going to be one of the ships transferred back to Pearl Harbor to meet the next Japanese thrust, the one that ended in Japanese disaster at Midway, and how the *Boon* comported herself there. The accounts of the battle are so taken up with the action of the carriers, and with the attacks and counter-attacks launched by the aircraft, that there is nothing to spare for an insignificant destroyer like the *Boon*. I wanted to know how much the lower deck knew about the battle; how conscious the men were of having taken part in one of the decisive battles of the war; there was so much I wanted to know. And here was the next letter, just the top and bottom of it, connected by a thin thread of paper, with all the middle of it cut out by the censor's scissors.

My keen anticipation was replaced by a dull disappointment. There it was – Fireman First Class Jones had been promoted to Machinist's Mate Second Class – and then this gap. Some of it I could fill. Jones's

«Sie brauchen sie nicht zu lesen, wenn sie nicht das sind, was Sie suchen», sagte Mary.

«Jetzt hält mich keiner mehr», antwortete ich und griff nach dem nächsten Brief.

Beim Weiterlesen kam ich mir immer noch wie Kassandra vor: als der Heizer zweiter Klasse Jones schrieb, dass er aus dem Schulungszentrum verlegt wurde und gespannt war, was als nächstes kommen würde. Ich wusste, dass er auf dem Weg zur *Boon* war, und so war es auch – hier war seine neue Flottenpostnummer als Beweis. Und wenn er darüber spekulierte, wohin die *Boon* wohl geschickt würde, wusste ich es bereits. Ich konnte ihm und der *Boon* nicht nur einfach folgen, quer über den Pazifik und wieder zurück, nein, ich konnte ihnen vorauseilen. Manches wusste ich, was in den Briefen wegen der Zensurbestimmungen nur angedeutet war. Ich wusste von der Rettung des Marinelotsen in seinem Schlauchboot zehn Tage nach der Schlacht im Korallenmeer, und ich wusste (im Gegensatz zum Heizer erster Klasse Jones), dass die *Boon* eines der Schiffe sein würde, die zurück nach Pearl Harbor verlegt wurden zur Abwehr des nächsten Angriffs der Japaner, und zwar dem, der zur japanischen Katastrophe bei den Midway-Inseln führte, und ich wusste, welche Rolle die *Boon* dabei spielte. Die Schlachtenberichte konzentrieren sich so sehr auf die Kampfhandlungen der Flugzeugträger und die von der Luftwaffe geführten Angriffe und Gegenangriffe, dass für einen unbedeutenden Zerstörer wie die *Boon* kein Platz bleibt. Ich wollte wissen, wie viel das untere Deck von der Schlacht mitbekam; wie weit es den Männern bewusst war, dass sie an einer der entscheidenden Schlachten dieses Krieges teilgenommen hatten; da war so viel, was ich wissen wollte. Und hier war der nächste Brief, aber nur der obere und der untere Rand davon; das ganze Mittelstück hatte die Schere des Zensors herausgeschnitten.

Meine brennende Erwartung machte einer trüben Enttäuschung Platz. Da war es – der Heizer erster Klasse Jones war befördert worden zum Maschinenoffizier zweiter Klasse – und dann diese Lücke. Manches konnte ich auffüllen. Jones'

rapid promotion was proof of his reliability and of the good opinions which his officers held of him; it was also an indication of the rapid expansion of the United States Navy. Clearly on arrival at Pearl there had been considerable transfers of personnel – skilled ratings had been taken out to help man the flood of new construction. Fresh recruits had been filled by promotions. I could be quite sure of this; but what had *Boon* achieved in the battle? What had been Jones's experiences? I broke in upon his contemplation of television.

'What happened here?' I asked, calling his attention to the gap in the letter. He had a look at it twice before he could be sure which letter it was.

'Oh, that?' he said. 'I didn't know they'd cut all that out of the letter. I wrote that from the sick bay at Pearl.'

'So I see,' I said. 'How did you get in there? What happened?'

He told me in the end, neither willingly nor fluently. To a reader that long-drawn interchange of question and answer would be tedious, no doubt. This is the tale of what happened; this is the completed picture, put together as though Jones's halting answers to any questions were the pieces of a jigsaw puzzle, but with nothing else added.

Machinist's Mate Second Class Ed Jones had the duty, at General Quarters, of attending to the throttle of the port engine in the *Boon*. He stood on a restricted area of iron deck down in the engine-room with the wheel of the valve in his hands and an instrument board on the bulkhead before him. Turning the wheel to the right reduced the amount of steam admitted to the turbine from the boilers; turning to the left increased it, and of course the speed of the turbine – and hence of the port propeller – varied in propor-

zügige Beförderung war Beweis für seine Zuverlässigkeit und die hohe Meinung, die seine Offiziere von ihm hatten. Es war zudem ein Zeichen dafür, wie schnell die U.S. Marine anwuchs. Bei der Ankunft in Pearl hatte es offenbar beträchtliche Personalverschiebungen gegeben – gut ausgebildete Truppen waren herausgenommen worden, um die Menge von neugebauten Schiffen mit Mannschaften bestücken zu helfen. Frische Rekruten wurden befördert, um die Lücken zu füllen. In dieser Hinsicht konnte ich ganz sicher sein; aber was hatte die *Boon* in der Schlacht geleistet? Was waren Jones' Erfahrungen gewesen? Ich unterbrach ihn in seiner Versunkenheit vor dem Fernseher.

«Was ist hier passiert?» fragte ich und machte ihn auf die Lücke im Brief aufmerksam. Er schaute zweimal hin, bevor er sicher sein konnte, welcher Brief es war.

«Ach, das?», sagte er. «Ich wusste nicht, dass sie das alles aus dem Brief herausgeschnitten hatten. Das habe ich aus der Krankenstation in Pearl geschrieben.»

«Das sehe ich», sagte ich. «Wie sind Sie dorthin gekommen? Was ist passiert?»

Schließlich erzählte er es mir doch, unwillig und stockend. Der vollständige Wechsel von Frage und Antwort wäre bestimmt langweilig zu lesen. Deshalb folgt hier der Tatsachenbericht, das fertiggestellte Bild, das ich so zusammengefügt habe, als wären Jones' stockende Antworten auf die Fragen Teile eines Puzzles. Ich habe aber nichts hinzugefügt.

Der Maschinenoffizier zweiter Klasse Ed Jones hatte auf seinem Posten die Aufgabe, sich um die Drosselklappe der Backbordmaschine auf der *Boon* zu kümmern. Er stand unten im Maschinenraum in einem abgesperrten Bereich des eisernen Decks, mit dem Rad der Drosselklappe in den Händen und einer Instrumententafel vor sich auf dem Schott. Eine Drehung des Rades nach rechts bewirkte, dass weniger Dampf aus den Kesseln in die Turbinen gelangte; eine Drehung nach links ließ mehr hinein, und natürlich veränderte sich dadurch die Geschwindigkeit der Turbine – und auch der Schrauben-

tion. On the board in front of him appeared repetitions of the signals from the bridge regarding speed, the five speeds ahead and the three speeds astern and stop. By reference to the tachometer there he could adjust the speed of revolution of the turbine in accordance with the demands made upon him; the control was sensitive enough for him to be able to produce almost exactly any number of revolutions required. And on the board was the dial of another tachometer as well, which registered the revolutions of the starboard-engine, and it was Jones's business to see that the two readings agreed.

So during battle that was where he stood, hands on the wheel, adjusting carefully to left or right, or spinning hurriedly when a large change of speed was ordered; a very solitary and usually monotonous job that demanded unflagging attention. A critic might suggest that all this could be as well done, or better, by a machine; an apparatus that would respond automatically to the signals from the bridge and to the readings of the tachometers. That is perfectly true – such an apparatus would be absurdly simple compared with many employed in ships of war. But that was the real point, this was a ship of war and the regulation of the flow of steam was a vital function, one of overwhelming importance. A shell fragment or a near miss could put such an apparatus out of action easily enough, and that would be a disaster – there would be nothing to replace it. Naturally a shell fragment could put the human operator out of action too, but that would not be such a disaster. Once his dead body had been dragged out of the way another man could take his place.

Boon took her way out from Pearl Harbor along with the two carrier task forces which were going to fight the battle. She was part of the screen, naturally, part of the tight ring thrown about the vital car-

welle backbord – entsprechend. Auf der Tafel vor ihm wurden die Geschwindigkeitssignale von der Brücke wiederholt, fünf Geschwindigkeiten voraus, drei Geschwindigkeiten achtern und Stop. Indem er sich an dem Tachometer orientierte, konnte er die Umdrehungsgeschwindigkeit der Turbine den übermittelten Befehlen anpassen; die Klappe reagierte so präzise, dass er fast genau jede gewünschte Drehzahl herstellen konnte.

Auf der Tafel gab es noch eine andere Tachometeranzeige, die die Umdrehungen der Steuerbordmaschine registrierte, und Jones hatte dafür zu sorgen, dass die beiden Anzeigen übereinstimmten.

Hier also stand er während der Schlacht, die Hände am Rad, mit vorsichtigen Bewegungen zum Ausgleichen nach rechts und links, oder auch mit raschen Drehungen, wenn eine einschneidende Änderung der Geschwindigkeit verlangt wurde; eine sehr einsame und normalerweise eintönige Aufgabe, die nimmermüde Aufmerksamkeit erforderte. Man könnte kritisch anmerken, dass all dies genau so gut oder besser von einer Maschine hätte geleistet werden können, einem Gerät, das automatisch auf die Signale von der Brücke und die Tachometeranzeigen reagiert. Das ist vollkommen richtig – so ein Gerät wäre äußerst simpel im Vergleich zu anderen, die man auf Kriegsschiffen verwendet. Aber gerade darum ging es ja, dies war ein Kriegsschiff, und die Regulierung des Dampfzuflusses war eine lebenswichtige Funktion von überragender Bedeutung. Ein Granatsplitter oder ein Fehltreffer konnte ein solches Gerät ganz leicht ausschalten. Das war dann eine Katastrophe – das Gerät war nicht zu ersetzen. Natürlich konnte ein Granatsplitter auch einen Menschen, der die Klappe bediente, ausschalten, aber so ein Unglück war nicht so schlimm. Sobald sein toter Körper aus dem Weg geräumt war, konnte ihn ein anderer ersetzen.

Die *Boon* nahm ihren Weg aus Pearl Harbor zusammen mit den zwei Flugzeugträger-Spezialeinheiten, die den Kampf führen sollten. Sie war natürlich Teil der Abwehr, Teil des dichten Ringes, der um die schlachtentscheidenden Flugzeugträger

riers to protect them as much as possible from submarine and air attack. The tighter the ring the more efficient the protection and the greater the demand for good seamanship. The carriers had to make extravagant turns into the wind to fly off their planes and to fly them on again, and then the screen had to dash madly in far wider arcs to maintain their covering positions; there was fuelling at sea to be carried out, pilots to be rescued. A very small miscalculation could mean a collision and disaster. So could a very small mistake by Jones. The best of captains on the bridge could only watch, helpless, as catastrophe loomed ahead, if Jones in an absent-minded moment spun that wheel the wrong way, or did not pay instant attention to the captain's signals.

Boon had hardly secured from General Quarters after sunrise on that historic morning when the warning sounded again and the men had to go back to their battle stations.

'Did you expect a battle?' I asked, when Jones reached this point in his answers to my questions.

'Oh yes,' said Jones. His tone echoed the fatalism of the man under orders, or perhaps the steady determination of the man with a duty to perform.

'So what happened then?'

Jones ran down below down the iron ladders to his station at the throttle valve. He experienced a momentary regret as he did so, for on deck it was a beautiful day of sunshine and occasional cloud, just warm enough and delightful. He wished that fate had made him a gunner at one of the twenty-mm guns, so that he could stay topside and enjoy it. His battle station was too brightly lit to be called gloomy, but it was stark and inhospitable and lonely. He stood there with the steel deck gently swaying under his feet, busy enough after a few moments when the bridge signalled for revolutions for twenty-five knots –

gezogen war, um sie so gut wie möglich gegen Angriffe von U-Booten und Flugzeugen zu schützen. Je enger der Ring, desto wirksamer der Schutz und desto größer die Anforderungen an nautisches Können. Die Flugzeugträger hatten ausgefallene Schwenks in den Wind zu machen, um die Flugzeuge starten und wieder landen zu lassen; dann mussten die Abwehrschiffe rasend schnell viel weitere Bögen bilden, um ihre deckenden Positionen beizubehalten. Tankvorgänge mussten auf hoher See ausgeführt werden, Piloten mussten gerettet werden. Eine ganz kleine Fehleinschätzung konnte Zusammenstoß und Katastrophe bedeuten. Das gleiche konnte auch passieren, wenn Jones einen ganz kleinen Fehler machte. Die besten Kapitäne der Welt konnten nichts tun als hilflos zuschauen, wie die Katastrophe nahte, falls Jones in einem Moment der Unaufmerksamkeit jenes Rad falsch herumdrehte oder nicht augenblicklich die Signale des Kapitäns befolgte.

Kaum waren an jenem historischen Morgen nach Sonnenaufgang die Männer der *Boon* von ihren Posten weggetreten, als nochmals der Alarm ertönte und sie zurück mussten.

«Haben Sie mit einer Schlacht gerechnet?» wollte ich wissen, als Jones meine Fragen so weit beantwortet hatte.

«Klar», sagte Jones. In seiner Stimme klang die Ergebenheit eines Mannes, der unter Befehl steht, vielleicht auch die Standhaftigkeit eines Mannes, der eine Pflicht zu erfüllen hat.

«Also, was geschah dann?»

Jones eilte über die eisernen Leitern zu seinem Platz an der Drosselklappe hinunter. Dabei empfand er einen Augenblick des Bedauerns, da der Tag oben auf Deck schön war, Sonnenschein, ab und zu eine Wolke, gerade richtig warm und wunderbar. Es wäre ihm lieber gewesen, das Schicksal hätte ihn als Schützen an eines der 20 mm-Geschütze gestellt, so dass er hätte oben bleiben und den Tag genießen können. Sein Kampfposten war zu hell erleuchtet, als dass man ihn hätte düster nennen können; aber er war trist, unwirtlich und einsam. Jones stand da, das Stahldeck unter ihm schwankte leicht. Wenige Minuten später hatte er genug zu tun, als die Brücke Umdrehungen für fünfundzwanzig Knoten verlangte

about as fast as the old *Boon* could go without straining herself – and then for repeated small variations to keep her in station screening the carrier. The speed itself, with the old destroyer vibrating and trembling, was enough to make Jones quite certain that action was impending, but he knew nothing more than that. He could only stand there, watching his instrument board and moving his wheel, while the fate of the civilized world – and of the uncivilized world – was being decided over his head. He knew nothing of the Japanese carrier force far away over the horizon, of the fleets of planes soaring into the air and returning, of the fighters wheeling overhead maintaining combat air patrol high up in the blue. He could not guess at the decisions that were being reached by the admirals – decisions that might determine his immediate death or survival, but which might affect his whole future life, even if he lived on to old age as a civilian.

He knew nothing of how the Japanese admirals had been tempted into delivering a blow at Midway, so that they were caught off guard by the sudden unexpected appearance of the American carriers within striking distance of their own. The hours went by for Jones in solitary monotony while death rained down on Midway and the bombers from Midway went into heroic death round the Japanese carriers, and while the planes from his own task force avenged them a hundredfold in a new surprise attack. Jones knew almost nothing of what was going on; the breaks in the monotony – the only indications that the task force was engaged in operations – were the occasional sudden turns, when the *Boon* lay over, without warning, under full rudder. When she did that Jones might well have lost his footing, but he was an experienced seaman by now, and he could steady himself by his hands that gripped the wheel, although

gerade so schnell, wie es die alte *Boon* schaffte, ohne sich zu überanstrengen – und dann mehrere kleine Veränderungen, um sie in der Position zu halten, wo sie den Flugzeugträger decken konnte. Schon allein die Geschwindigkeit, die den alten Zerstörer vibrieren und zittern ließ, machte Jones klar, dass Kampfhandlungen bevorstanden, aber mehr wusste er nicht. Er konnte nur einfach da stehen, die Instrumententafel beobachten und das Rad drehen, während das Schicksal der zivilisierten Welt – und auch der unzivilisierten – über seinem Kopf entschieden wurde. Er wusste nichts von den japanischen Flugzeugträgereinheiten weit hinter dem Horizont, von den Fliegerflotten, die in die Luft aufstiegen und wieder zurück kehrten, von den Jagdfliegern, die oben im blauen Himmel kreisten, um die Lufthoheit zu behalten. Er hatte keine Ahnung von den Entscheidungen, die die Admirale trafen – Entscheidungen, die jetzt gleich für ihn Tod oder Überleben bedeuteten, die aber auch sein ganzes künftiges Leben prägen würden, wenn er als Zivilist ein hohes Alter erreichte.

Er wusste nichts davon, wie man die japanischen Admirale dazu verlockt hatte, bei den Midway-Inseln loszuschlagen, so dass sie nicht auf das plötzliche unerwartete Auftauchen der amerikanischen Flugzeugträger in Treffweite gefasst waren. Für Jones vergingen die Stunden in einsamer Monotonie, während der Tod auf Midway herabregnete und die Bomber von Midway im Umkreis der japanischen Flugzeugträger in den Heldentod gingen, während andererseits die Flugzeuge seiner eigenen Spezialeinheit dafür in einem neuen Überraschungsangriff hundertfach Rache nahmen. Jones bekam von dem, was draußen vor sich ging, fast gar nichts mit. Ab und zu kam Abwechslung – einziger Hinweis darauf, dass die Einheit in Kriegshandlungen verstrickt war – in die Eintönigkeit durch plötzliche Wendemanöver, wenn die *Boon* ohne Vorwarnung, aus voller Fahrt heraus beidrehte. Dabei hätte Jones leicht das Gleichgewicht verlieren können. Aber er war inzwischen ein erfahrener Seemann und konnte mit den Händen am Rad die Balance halten. Allerdings musste

even then he sorely wrenched himself in his efforts to combat the sudden inclinations. These told him, however, that the task force was flying planes on and off and that the screen was having to wheel about to shelter the carrier.

Then the monotony was abruptly broken in a new way. Every gun the *Boon* carried suddenly began to fire. The loud bangs of the five-inch and the ear-splitting cracks of the small calibres were carried by the fabric of the ship direct, it almost appeared, to a focus in the steel cell where Jones stood. The concentrated fire was frightful, and the deck on which he stood and the wheel which he held in his hands, leaped and vibrated with the concussions, and it seemed as if every five seconds the ship was making a radical alteration of course, lying over madly first one way and then the other, so rapidly and unexpectedly that this, combined with the vibrations, came nearer than ever to sweeping him off his feet.

He could guess perfectly well what was going on. The suddenness with which it all began, the fact that the small guns were firing as well as the large ones, and the constant alterations of course told him that they were under air attack. Any other kind of daylight battle would have developed more slowly and the small-calibre guns would not have opened fire, as yet, while if they were under submarine attack the guns would not be firing at all, most likely, and certainly not for so long continuously. Being under air attack made no difference to his circumstances; all he had to do still was to attend to his signals and tachometers, and regulate his valve.

The destiny of the world was being decided over his head; the Japanese carrier planes had at last discovered the presence of the task force and were hurtling in to the attack. They were coming in with the speed and skill developed in years of training; their

er sich schmerzhaft verrenken in seinem Kampf gegen die plötzlichen Kippbewegungen. Er konnte daraus immerhin schließen, dass die Einheit immer wieder Flugzeuge losschickte, und dass der Schutzschirm ständig herumschwenken musste, um den Flugzeugträger zu schützen.

Dann wurde die Eintönigkeit auf ganz andere Weise abrupt unterbrochen. Alle Geschütze auf der *Boon* fingen auf einmal zu schießen an. Der laute Knall der Fünfzoll und das ohrenbetäubende Krachen der kleineren Kaliber wurden durch das Material des Schiffes selbst, wie es schien, direkt in einen Brennpunkt übertragen, genau in die stählerne Zelle, wo Jones stand. Das geballte Feuer war furchtbar. Das Deck, worauf er stand, und das Rad, das er in den Händen hielt, bebten und vibrierten durch die Erschütterung. Es schien, als ob das Schiff alle fünf Sekunden eine radikale Kursänderung vollführte, dass es wie verrückt einmal hierhin, einmal dorthin schlingerte, so schnell und unerwartet, dass es ihm nun doch, in Verbindung mit dem Vibrieren, beinahe den Boden unter den Füßen weggerissen hätte.

Er konnte sich ganz genau vorstellen, was los war. Dass alles so plötzlich angefangen hatte, dass sowohl die kleinen wie die großen Geschütze feuerten, dass der Kurs sich ständig änderte: dies alles bedeutete, dass ein Luftangriff im Gange war. Jeder andere Kampf bei Tageslicht hätte sich langsamer entwickelt, und die kleinkalibrigen Geschütze hätten noch nicht das Feuer eröffnet,

während sie bei einem U-Boot-Angriff höchstwahrscheinlich überhaupt nicht geschossen hätten, auf jeden Fall nicht so lange am Stück. Der Luftangriff änderte nichts an Jones' Lage; er hatte immer noch lediglich seine Signale und Tachometer zu beobachten und die Klappe zu regulieren.

Über seinem Kopf wurde jetzt das Schicksal der Welt entschieden. Die japanischen Flugzeuge hatten endlich die Anwesenheit der Einheit entdeckt und rasten zum Angriff heran. Sie kamen mit der Geschwindigkeit und Geschicklichkeit, die sie in jahrelangem Training entwickelt hatten; ihre Piloten

pilots were displaying the courage of their race; some of them more reckless even than usual, for they knew of the disasters that had befallen some of their own carriers and were frantic for revenge – frantic with desperation, some of them, for they guessed that their sinking carriers could no longer provide them with a refuge, so that the pilots' lives at longest could be measured by the gasoline in their tanks.

Suddenly it appeared to Jones as if the *Boon* had leaped clear out of the sea, as if his feet were pressing like ton weights upon the deck beneath them, and as if his thighs were being driven into his body, and then the deck fell away beneath him and the *Boon* rolled and pitched and plunged so that once more only his grip on the wheel saved him from being flung down. He knew, of course, what had caused all this. It was the near miss, the bomb bursting close alongside, which to this day is coldly recorded in the statistical accounts of the battle. It left the *Boon* strained and buckled, although she could still steam and still fight and still cover the aircraft carrier she had to guard with her life. Jones knew that she was strained and buckled – he had cautiously to shift position to keep his footing, and, looking down, he could see that the steel plate on which he stood was inclined slightly upwards from one edge, where it had torn free from its weld to its neighbour, leaving a gap, and it threatened to part altogether and drop him down into the bilges below.

But he could not think about that; his tachometer was registering a declining number of revolutions and he had to spin the wheel hurriedly to bring it back to its proper figure, even while his brain told him that the boiler room must have suffered damage so that the steam pressure had fallen. Not even that deduction had full time to mature. Even as he was thinking along these lines a new hellish noise broke round him.

bewiesen den Kampfesmut ihres Volkes, einige sogar noch halsbrecherischer als sonst, weil sie von den verheerenden Zerstörungen auf einigen ihrer Flugzeugträger erfahren hatten und nun auf Rache aus waren – einige auch mit dem Mut der Verzweiflung, weil sie annahmen, dass ihre sinkenden Schiffe ihnen keine Zuflucht mehr bieten konnten, so dass sich die dem Piloten verbleibende Lebensspanne an der Benzinmenge im Tank abmessen ließ.

Plötzlich schien es Jones, als ob die *Boon* aus dem Wasser gesprungen wäre, als ob seine Füße wie Tonnengewichte auf das Deck drückten, als ob seine Schenkel in den Körper hineingetrieben würden. Dann sackte das Deck wieder unter ihm weg und die *Boon* schlingerte und stampfte und rollte, so dass ihn wieder nur der feste Griff ums Rad vor dem Umfallen bewahrte. Natürlich wusste er, woher das kam. Es war der Fehltreffer, die Bombenexplosion ganz nah an der Längsseite, die auch heute noch ganz nüchtern in den statistischen Schlachtberichten aufgeführt wird.

Danach war die *Boon* verbeult und mitgenommen, konnte aber immer noch fahren, kämpfen und den Flugzeugträger decken, den sie mit ihrem Leben zu schützen hatte. Jones wusste, dass sie verbeult und mitgenommen war – er musste seine Stellung vorsichtig verändern, um Halt für seine Füße zu haben. Beim Hinunterschauen konnte er erkennen, dass die Stahlplatte, auf der er stand, sich an einem Rand leicht nach oben gebogen hatte, wo sie aus der Schweißnaht zur nächsten Platte gebrochen war und eine Lücke bildete. Sie drohte, ganz herauszubrechen – und dann würde er hinunter ins Leckwasser fallen.

Aber darüber konnte er nicht nachdenken. Sein Tachometer registrierte eine abnehmende Umdrehungszahl. Er musste das Rad rasch drehen, um sie auf ihre richtige Höhe zu bringen, während sein Kopf ihm sagte, dass der Kesselraum beschädigt sein musste, so dass der Dampfdruck gefallen war. Selbst für diese Überlegung hatte er nicht genügend Zeit. Während er darüber nachdachte, brach rundherum ein neuer Höllenlärm los. Wango-wango-wango – aber viel schneller, als mensch-

Wango-wango-wango – but much faster than human lips could enunciate those sounds. Some low-flying torpedo plane, its torpedo launched, was doing what further damage it could, and had opened fire with its machine-guns. The bullets beat upon the thin steel plates; the heavy-calibre ones came clean through, and the tracers set the *Boon* on fire. To Jones those seconds were like being in an iron pipe while a dozen men pounded the outside with hammers, but it was only a matter of seconds. The tachometer was behaving erratically, echoing what was going on in the boiler-room, and he had to work hard on the valve to keep it steady.

Then the *Boon* lay over again in another desperate turn and he became aware of a fresh complication. There was a rush of flames up through the gaps in the plating on which he stood, flames licking knee-high around him. He had to shrink to one side to avoid them, and then, as the *Boon* steadied herself on her new course, they died down leaving only a red glow below. The *Boon* lay over again, and the flames lifted their heads again. A ruptured fuel tank had leaked some of its contents into the bilges, and the oil had been set on fire. With the motion of the ship the flaming oil was washing back and forth under Jones's feet, rising higher towards him as the *Boon* turned. Amid the continuous din of the guns Jones was being roasted over an intermittent fire.

Yet whether *Boon* was turning or not, there was still some fire below him; the iron deck on which Jones stood was growing hotter and hotter. Amid the varying stinks that filled the engine room Jones noticed a new one – the acrid smell of burning leather, and at the same time he was conscious of agony in the soles of his feet. The worn-out old schoes that he kept for wear in the engine room were charring against the hot iron. He took his hand from the valve long enough to

liche Lippen diesen Laut formen könnten. Ein tieffliegendes Torpedoflugzeug versuchte nach Abschuss des Torpedos noch so viel Schaden wie möglich anzurichten und hatte mit seinen Maschinengewehren das Feuer eröffnet. Die Kugeln knallten auf die dünnen Stahlplatten. Die schwerkalibrigen schlugen glatt durch, die Leuchtspurgeschosse setzten die *Boon* in Brand.

Jones kam sich in diesen Sekunden vor wie in einem Eisenrohr, auf das ein Dutzend Männer mit Hämmern einschlugen, aber das dauerte nur einige Sekunden. Der Tachometer verhielt sich sprunghaft, entsprechend den Vorgängen im Kesselraum, und Jones hatte alle Hände voll mit der Drosselklappe zu tun, um sie zu stabilisieren.

Dann schwenkte die *Boon* noch einmal in einer verzweifelten Wende, und er bemerkte eine neue Schwierigkeit. Durch die Lücken zwischen den Stahlplatten, auf denen er stand, schossen Flammen hoch, die bis zu seinen Knien züngelten. Er musste sich zur Seite drücken, um ihnen auszuweichen. Dann, als die *Boon* wieder gleichmäßig ihren neuen Kurs fuhr, erstarben sie und ließen nur rote Glut dort unten zurück. Die *Boon* drehte wieder, und wieder schlugen die Flammen hoch. Aus einem aufgerissenen Treibstofftank war ein Teil des Inhalts in das Leckwasser gelaufen, und das Öl war in Brand geraten. Mit der Bewegung des Schiffes schwappte das brennende Öl unter Jones' Füßen hin und her, und jedesmal, wenn die *Boon* drehte, kam es hoch bis zu ihm. Unter dem andauernden Lärm der Geschütze wurde Jones über einem auf und ab lodernden Feuer gebraten.

Doch ob die *Boon* nun wendete oder nicht, etwas Feuer war immer noch unter ihm. Das Eisendeck, auf dem Jones stand, wurde heiß und heißer. Unter den wechselnden Gestankskomponenten im Maschinenraum bemerkte Jones eine neue – den beißenden Geruch von brennendem Leder.

Gleichzeitig wurde ihm scharfer Schmerz in den Fußsohlen bewusst. Die abgetragenen alten Schuhe, die er im Maschinenraum trug, waren dabei, auf dem heißen Eisen zu verkohlen. Er nahm

tear off his outer clothing, and he trampled that under his feet to insulate them from the plating, kicking off the smouldering shoes. That gave him a momentary respite, but momentary only. Soon his jumpers and trousers were smouldering too, as he stood on them. He was leaping with the pain.

'What about damage control?' I asked.

'They'd had a lot of casualties,' explained Jones. 'And there were plenty of other fires to put out, too.'

'How long did this go on?'

'Oh, I don't know. Long enough.'

The guns were silent by now, for the Japanese planes had gone, the pilots to their deaths. *Akagi* and *Kaga*, *Hiryu* and *Soryu*, the four proud Japanese carriers, were sunk or sinking, and the battle of Midway was won. The *Boon* lay over once more, as she turned to help pick up survivors from the sinking *Yorktown*, and Jones was momentarily bathed in flames again. And then came the signal from the bridge.

'Stop.'

Jones spun the wheel as his tortured feet charred on the hot plating, and then down the ladder came clattering the damage control party. It was only a matter of moments for the foam to extinguish the flames in the bilges, and even a brief spraying from a hose cooled the twisted plating on which Jones stood. Nor did he have to bear the agony of standing much longer, for he asked for, and obtained, a relief. He was a vigorous and athletic young man, and he was able to go up the ladder hand over hand without torturing himself further by putting his burned feet on the rungs, and then he could crawl on hands and knees along the deck for a little way before he collapsed. And the task force returned victoriously to Pearl Harbor, and *Boon* went into dry dock, and Jones went into hospital.

kurz die Hand von der Klappe, um seine Oberbekleidung herunterzureißen. Die trampelte er zur Isolierung unter seine Füße, wobei er die schwelenden Schuhe abwarf. Das verschaffte ihm einen kurzen Aufschub, aber wirklich nur einen kurzen. Bald schwelten auch Pullover und Hose unter seinen Füßen. Vor lauter Schmerzen sprang er auf und ab.

«Was war mit der Schadensbekämpfung?» fragte ich.

«Sie hatten eine Menge Verletzte», erklärte Jones. «Und es gab noch viele andere Brände zu löschen.»

«Wie lang dauerte das?»

«Ach, ich weiß nicht. Ziemlich lang.»

Inzwischen schwiegen die Geschütze, denn die japanischen Flugzeuge waren verschwunden, die Piloten in den Tod gegangen. *Akagi* und *Kaga*, *Hiryu* und *Soryu*, die vier stolzen japanischen Flugzeugträger, waren gesunken oder waren am Sinken, die Schlacht bei den Midway Inseln gewonnen. Die *Boon* wendete noch einmal, als sie umkehrte, um die Überlebenden der *Yorktown* mit aufzunehmen, und wieder war Jones einen Augenblick lang in Flammen gehüllt. Dann kam das Kommando von der Brücke:

«Stop.»

Jones drehte das Rad, während seine Füße auf den heißen Platten verbrannten, und dann kam die Mannschaft zur Schadensbekämpfung mit Geklapper die Leiter herunter. In wenigen Augenblicken löschte der Schaum die Flammen im Leckwasser, ein kurzes Sprühen mit dem Schlauch kühlte die verbogene Platte, auf der Jones stand. Er musste auch die Qual des Stehens nicht mehr viel länger ertragen, denn er erbat und erhielt Ablösung.

Er war ein kräftiger, sportlicher junger Mann, so konnte er sich mit den Händen an der Leiter hochziehen, ohne die Füße auf die Sprossen zu stellen und sich dadurch weitere Torturen zuzumuten, und dann konnte er noch auf Händen und Knien ein Stückchen übers Deck kriechen, bis er zusammenbrach. Die Einheit kehrte siegreich nach Pearl Harbor zurück, die *Boon* kam ins Trockendock und Jones ins Lazarett.

'Didn't anybody ask you how your feet got burned?' I asked.

'Not specially. A lot of fellows got burns that day. Worse than mine,' said Jones.

'What about this?' I went on, indicating his mutilated letter.

'Oh, of course I wrote to Mary. I wanted to tell her how I'd come to be in hospital, naturally, and I suppose they cut it out.'

I could picture that part quite well; the weary officer with a hundred letters to censor, reading a description of the flaming bilges of the *Boon*. The damage had not been announced, and this was censorable material. He would take his scissors and cut out the offending passage. His brain would be too numb to think much about the heroism written between the lines of that passage; or perhaps he took heroism for granted.

Now I have told the story. One of the best-known pieces of verse in the English language tells us of a boy standing on a burning deck; I can only write a short story. Of course, in addition, I can go on buying gasoline from Ed Jones.

«Hat Sie denn niemand gefragt, woher die Verbrennungen an den Füßen kamen?» fragte ich.

«Nicht so genau. Viele von den Jungs hatten an jenem Tag Verbrennungen. Schlimmere als meine», sagte Jones.

«Und was ist damit?» fragte ich und zeigte auf den verstümmelten Brief.

«Nun, ich schrieb natürlich an Mary. Ich wollte ihr erzählen, wie ich ins Lazarett geraten bin, und ich nehme an, sie haben das herausgeschnitten.»

Diese Szene konnte ich mir gut vorstellen: den aufmerksamen Offizier, der hunderte von Briefen zu zensieren hatte, wie er die Beschreibung des brennenden Leckwassers auf der *Boon* las. Der Schaden war nicht bekanntgegeben worden, daher unterlag dieses Material der Zensur. Er nahm die Schere und schnitt den unzulässigen Absatz heraus. Er war zu abgestumpft, um sich groß Gedanken über den Heldenmut zu machen, der zwischen den Zeilen dieses Absatzes stand. Oder vielleicht war ihm Heldenmut selbstverständlich.

Jetzt habe ich die Geschichte erzählt. Eines der bekanntesten Gedichte in englischer Sprache erzählt uns von einem Jungen, der auf einem brennenden Deck steht. Ich kann nur eine Kurzgeschichte schreiben. Natürlich kann ich obendrein noch weiterhin zu Ed Jones zum Tanken fahren.

Nachwort

In unserer Auswahl findet sich der Normalfall der touristischen Seereise nur ein einziges Mal. Wir wollen zur Hauptsache Seefahrergeschichten bieten, in denen sich auch der Seemann ab und an wiederfindet, wenn er's denn liest: in denen das Nasse, Ungemütliche und an die Grenze der menschlichen Kraft Gehende dargestellt wird.

Kaum ein Gebiet des Welt-Geschehens bietet so viele Symbole für menschliche Lebensverhältnisse wie die Seefahrt. Nirgendwo wird das elementare Ausgesetztsein und das gemeinschaftliche Angewiesensein so radikal spürbar wie auf einem Schiff auf hoher See. Der Philosoph Hans Blumenberg hat den enormen Bestand an Seefahrtsmetaphern in der Sprache eine eigene Untersuchung gewidmet: «Schiffbruch mit Zuschauer». Wie oft erleiden Menschen Schiffbruch, wird ihnen der Wind aus den Segeln genommen, steuern sie den Hafen der Ehe an, sitzen sie im gleichen Boot.

Altmodisch und brutal beginnt unser Buch, und wie so oft erweist sich ein historischer Text als die böseste Kritik dessen, was er rühmend beschreibt. Die Tagebuchblätter von Jeremiah N. Reynolds (?1799–1858) erschienen 1839 in «The Knickerbocker Magazine». Der Text, ein Vorläufer zu Herman Melvilles Roman «Moby Dick», erscheint hier zum ersten Mal in deutscher Sprache. Kein Leser wird ohne Schmerz und Grauen die Jagd auf den weißen Wal, das sinnlose Töten des Walkindes verfolgen, aber da dies Wirklichkeit war und ist, sollte es hier auch nicht verschwiegen werden. Die wenig empfindliche Umständlichkeit der Erzählung gibt einen recht genauen Einblick in das Lebensgefühl einer Zeit, als die Hochseefischerei noch vorindustriell war. Dass die Wale hier für Fische gelten, ist ebenfalls der Herkunftszeit des Textes geschuldet.

Jack London (1876–1916) dagegen ist schon Naturalist, und seine darwinistische Obsession nimmt in «Westwärts» kriminelle Züge an: der Kapitän als Mörder. Doch großartig, wie London, der in seiner Jugend auf Jollen in der Bay von

San Francisco Austernbänke räuberte und später auf seiner berühmten Yacht «Snark» durch die Südsee schipperte, hier die Dramatik der großen Segelschiffahrt für sich erfindet und nacherlebbar macht.

Die größte Erzählung des Buchs – nicht nur nach Seiten – ist der Text von Joseph Conrad (1857–1924): «Jugend». Es ist nicht nur Conrads schönste Seefahrergeschichte, sondern vielleicht die beste der Weltliteratur. Mit hinreißender Verve beschreibt hier der polenstämmige Autor, der in England eine neue Heimat fand und lange Jahre als Seemann auf den Weltmeeren unterwegs war, das Ineinander von Sehnsucht und Scheitern, also das Thema der Jugend – wenn nicht des Lebens selbst. In seiner Erzählung findet dieser Konflikt eine Verklärung, die keineswegs die harten Tatsachen romantisiert: es ist der Wind des jugendlichen Bewusstseins, der noch den Bericht des gealterten Erzählers durchfährt, und auch vor den Trümmern stehen wir schließlich bezaubert.

Die Trauer und das unverständliche Schicksal des Abschieds benennt Katherine Mansfield (1888–1923) in ihrer Kurzgeschichte «Die Reise». Ein Kind wird verschickt. Diese Perspektive der Ohnmacht wollten wir nicht unterschlagen. Es ist eine Art literarischer Tachismus, mit der die Autorin die kindlichen Empfindungen ahnen lässt.

Die Kinder spielen für das elterliche Ehepaar Smith in der Erzählung von Francis Scott Fitzgerald (1896–1940) so wenig eine Rolle, dass man ihre Eheprobleme für ein wenig leichtfertig halten möchte. Doch gelingt es Fitzgerald, in der Überfahrt von Amerika nach Europa diese Probleme mit den meteorologischen Fährnissen derart zu verquicken, dass man nur staunen kann. Ähnlich verwundert, ferienreif wie die Betroffenen, dürfte der Leser aus diesem Tumult von Gefühlen und Stürmen nach der Lektüre erwachen.

Zur Seefahrt gehört seit Menschengedenken der Krieg. Davon sollte in diesem Buch auch Zeugnis gegeben werden. Cecil Scott Forester (eigentlich Cecil Lewis Troughton Smith; 1899–1966), der einen großen Teil seines Schreibens der Seefahrt widmete, schildert wie ein Detektiv, der ein Geschehen

rekonstruiert, eine hochdramatische Situation unter Deck, im Maschinenraum: ein wesentlicher Aspekt, denn die Schifffahrt findet heutzutage größtenteils unter Ausschluss des freien Himmels statt. Die Geschichte nimmt in dem für den Zweiten Weltkrieg so wichtigen Hafen von Pearl Harbour ihren Ausgang. Ihr Titel ist eine Zeile aus dem populären Gedicht «Casabianca» der englischen Dichterin Felicia Dorothea Hemans (1795–1835).

Dies ist eigentlich kein zwei-, sondern ein dreisprachiges Buch, denn zum Englischen und Deutschen kommt noch die besondere Terminologie der Seefahrersprache hinzu, die, wie alle Geheimsprachen – siehe Philosophie, Rottwelsch und die Sprache der Liebenden – nur den Eingeweihten verständlich ist. Wir haben ein kleines Glossar angehängt, um bei den größten Schwierigkeiten über die Klippen zu helfen.

Andreas Nohl

Kleines Glossar seemännischer Fachbegriffe

Achterstag, das *(standing backstay)*: Drahttauwerk, das einen hochgetakelten Mast gegen Belastungen von achtern sichert.

Achterholer, der *(guy, brace)*: Luvseitige Leine zum Trimmen des Spinnakers.

achtern *(astern)*: Hinten

anholen *(to haul)*: Eine Leine einholen.

Back, die *(forecastle, foc's'le)*: Aufbau auf dem Vorschiff.

backsetzen *(to back)*: Ein Segel so setzen, dass der Wind gegen die eigentliche Leeseite des Segels wehen kann.

Baum, der *(boom, spar)*: Ein längsschiffs fest angebrachtes Rundholz.

Besan, der *(1. mizzen, jigger, 2. mizzen mast, jigger mast))*: 1. Das Segel des Besanmasts. – 2. Der hintere Mast auf einem Anderthalbmaster.

Beschlag, der *(fitting)*: Sammelbezeichnung für alle fest mit dem Schiffsrumpf und der Takelage verbundenen Ausrüstungsteile.

Bram, die *(topgallant)*: Vorletzte Mastverlängerung.

Davit, der *(davit)*: Einfache, schwenkbare, kranartig gebogene und senkrecht stehende Vorrichtung zum Fieren und Hieven von Lasten.

Faden, der *(fathom)*: Längenmaß: 1 Faden = 6 Fuß = 1,83 Meter.

fieren *(to lower)*: Herunterlassen.

Fock, die *(jib, forestaysail)*: Das hintere von zwei Vorsegeln.

Gaffel, die *(gaff)*: Ein Rundholz, das zum Hinausstrecken des oberen Teils eines Gaffelsegels dient.

glasen *(to strike the watch-bell)*: Anschlagen der Schiffsglocke nach Ablauf jeder halben Stunde. Jede Wache beginnt das Glasen mit 1 Glas (z. B. 8.30 Uhr) und endet mit 8 Glas (z. B. 12.00 Uhr).

Großtoppsegel, das *(main top sail)*: Das am Großmast über der Gaffel gesetzte Toppsegel.

Hüttendeck, das *(poop deck)*: Das begehbare Dach der Achter-

kajüte, ein über dem eigentlichen Oberdeck liegendes Achterdeck.

Kabellänge, die *(vable, cable length)*: Nautisches Längenmaß von 185,2 Metern oder 1/10 Seemeile.

Klampe, die *(fairlead, chock)*: Hier die Leitöffnung zum Durchlauf z. B. eines Seils.

krängen *(to heel)*: Sich neigen, nach einer Seite überliegen.

Lee, die oder das *(leeward, down wind)*: Die Richtung, in die der Wind weht.

Luv, die oder das *(windward, up wind)*: Die Richtung aus der der Wind kommt.

Maat, der *(mate)*: Allg. Gehilfe, Genosse Kamerad. Auf alten englischen Schiffen war der erste Maat der Steuermann. First (Second, Third) mate hat später die Bedeutung Erster (Zweiter, Dritter) Offizier.

Masttopp, der *(Mast head, top)*: Der oberste Teil des Mastes, die Spitze des sich (oft) verjüngenden oberen Teils.

Mittelwache, die *(middlewatch, midwatch)*: Die Wache von Mitternacht bis 4.00 Uhr.

niederholen *(to lower, to haul down)*: Ein Segel bergen bzw. es nach unten ziehen, wenn es nicht allein fällt.

Oberbramrah, die *(upper top gallant yard)*: Bei einem mit Rahen getakelten Mast die 5. Rah von unten, die das Oberbramsegel trägt.

Oberbramsegel, das *(upper top gallant sail)*: Bei einem Vollschiff oder einem mit Rahsegeln getakelten Mast das 5. Segel von unten gezählt.

pullen *(to pull, to row)*: Seemännischer Ausdruck für Rudern.

Rack, das *(rack)*: Seefeste Halterung mit passendem Randgestell für Ausrüstungsteile an Bord.

Rah, die *(yard)*: Lange, kräftige Spiere, die in der Mitte waagrecht an der Vorkante des Mastes befestigt und schwenkbar ist.

Rahsegel, das *(square sail)*: Rechteckiger Segel an der Rah.

Riemen, der *(oar)*: mit beiden Händen zu bewegender Holm, im Gegensatz zu den beidseitig zu bedienenden Skulls. Die Bezeichnung Ruder für diese beiden Geräte-Typen ist falsch

(s. Stichwort Ruder). Wogegen rudern neben pullen gebräuchlich ist, vor allem im Sport.

Ruder, das *(rudder, helm)*: die Leit-Einrichtung des Schiffes, oftmals fälschlich Steuer genannt. Dagegen sind steuern, Steuerer (neben Rudergänger), Steuermann und Steuerrad gebräuchlich (s. Stichwort Riemen).

Rute, die *(rod)*: Längenmaß, 3,77 Meter.

Saling, die *(cross-tree)*: Metallprofil oder Rundholz in halber oder Drittel-Höhe beidseitig am Mast, das die Wanten querschiffs spreizt.

Schlag, der *(hier: turn)*: Bei der Arbeit mit Tauwerk einen Törn um einen Gegenstand legen.

Schott, das *(bulkhead)*: Eine Trennwand an Bord, meist querschiffs. Mit Hilfe mehrerer wasserdichter Schotten lässt sich ein Schiff in mehrere Sicherheitsabschnitte unterteilen.

Seeising s. Zeising (oder umgekehrt).

Skysegel, das *(sky sail)*: Auf einem Rahsegler das an der 7. Rah (von unten gezählt) gesetzte Rahsegel.

Spake, die *(1. bar spike – 2. spoke)*: 1. Etwa 2 Meter langer hölzerner Hebel zum Anheben von Lasten. – 2. Sinngemäß die Speichen des Steuerrads und die über den Rand hinausragenden Zapfen.

Spinnaker, der *(spinnaker)*: Ein großflächiges, ballonähnliches Beisegel.

Spring, die *(spring)*: Leine zum Festmachen.

Stag, das *(stay)*: Das zum stehenden Gut gehörende Drahttauwerk, das den Mast längsschiffs hält.

Stagsegel, das *(staysail, fore staysail)*: Ein Segel, das an einem Stag gefahren wird, im Gegensatz z. B. zu einem Rahsegel.

Steuer s. Ruder.

Steuerbord achteraus *(on the starboard quarter)*: Ungefähre Richtungsangabe für ein Objekt, das sich in einem Bereich bis ca. 45°, vom Heck rückwärts nach Steuerbord (in Blickrichtung links, in Fahrtrichtung rechts) in Sicht befindet.

«Stütz!» *("steady!")*: Ein Ruderkommando, um bei einer Drehung des Boots eine zu schnelle Drehtendenz aufzufangen.

Takelage, die *(rigging, tackling, rig)*: Das gesamte Geschirr, das zum Ausnutzen der Windenergie an den Segeln notwendig ist.

Talje, die *(tackle)*: Eine Kombination von Tauwerk und Blöcken, um nach dem Prinzip eines Flaschenzugs die Arbeit zu erleichtern.

Untermarssegel, das *(lower topsail)*: Auf einem Rahsegler das zweite Segel von unten.

Want, das *(shrout)*: Das Drahttauwerk oder die massiven Stangen, die zur seitlichen Verspannung des Mastes dienen.

Warpleine, die *(warp, warp line)*: Leine zum Einholen eines Boots.

Zeising, der *(tayer, stop, seizing)*: Kurze Enden von Tauwerk, mit denen sich ein aufgetuchtes Segel festschnüren («zeisen») lässt.

Wir danken dem Verlag Delius Klasing, dessen zweisprachigem «Segler-Lexikon» von Joachim Schult wir, mit seiner freundlichen Genehmigung, den größten Teil der Worterklärungen, für unseren Zweck allerdings gekürzt, übernommen haben.

Anzeige des Deutschen Taschenbuch Verlages:

Wir möchten den Lesern dieses Buches sagen, dass wir in der Reihe dtv zweisprachig zwei weitere Seefahrer-Erzählungen haben, jede der beiden in einem Band für sich. Beide sind berühmte Texte der Weltliteratur, beide sind wunderbar, beide bedeuten – wie jede wirklich gute Geschichte – viel mehr, als was da «berichtet» wird.

Joseph Conrad (1857–1924): The Secret Sharer; An Episode from the Coast / Der geheime Teilhaber; Eine Geschichte von der Küste. dtv 9340.
  Es ist die Geschichte von den ersten Tagen eines jungen Kapitäns auf seinem ersten Schiff, einem Frachtsegler in der Südsee. So weit hört es sich ähnlich an wie die Joseph-Conrad-Erzählung dieses Buches. Und Ähnlichkeiten gibt es! Aber diesen Kapitäns-Anfang macht eine menschliche Begegnung zu einer ganz anderen Lebens-Initiation. Nach einem klassisch gemessenen Beginn wird die Erzählung immer dramatischer. Ihren Glanz erhält sie von der noblen Männlichkeit der beiden «Teilhaber», ihrem geradezu philosophischen Ernst und ihrem ritterlich-sportlichen Humor.

Herman Melville (1819–1891): Billy Budd, Sailor; An Inside Narrative / Billy Budd, Seemann; Innenansichten einer Geschichte. dtv 9344.
  Diese Geschichte, vor hundert Jahren in Amerika geschrieben, spielt vor zweihundert Jahren auf einem englischen Kriegsschiff. Ihre Hauptpersonen sind: Ein tüchtiger, liebenswürdiger, schöner und bestürzend unschuldiger junger Matrose; ein dienstseifriger, keineswegs abstoßender, nicht recht durchschaubarer, zuletzt unheimlicher Unteroffizier; und ein vornehmer, gebildeter, rigoros gesetzestreuer Kapitän. Die Spannung dieser mit Alters-Genauigkeit und Alters-Güte erzählten Geschichte wird durch nautische, historische, psychologische und sogar religiöse Einschübe unterbrochen und ungeheuer gesteigert.

In der Reihe dtv zweisprachig gibt es außer englisch-deutschen Bänden auch französisch-deutsche, italienisch-deutsche, spanisch-deutsche, russisch-deutsche, türkisch-deutsche, portugiesisch-deutsche, neugriechisch-deutsche und lateinisch-deutsche. Ein Verzeichnis der etwas über hundert Bände der Reihe kann beim Verlag angefordert werden.

Deutscher Taschenbuch Verlag
Friedrichstraße 1a, 80801 München